A TODA VELA

A TODA VELA

MEMORIAS DE
RAFAEL HERNÁNDEZ COLÓN

1985–1992

FUNDACIÓN
**Rafael
Hernández
Colón**

CONTENIDO

PRIMERA PARTE
Memorias
Rafael Hernández Colón

SEGUNDA PARTE
Memorias Inconclusas
Pablo J. Hernández Rivera

PRÓLOGO

Rafael Hernández Colón falleció el 2 de mayo de 2019. Su secretaria, Lynnette Navarro, conservó el expediente de trabajo del tercer tomo de sus memorias que cubrirían su segunda administración, de 1985 hasta 1992.

Hernández Colón escribía a mano, dictaba y luego revisaba una versión impresa que devolvía para hacer correcciones. Para estas memorias Hernández Colón pudo escribir una introducción y los capítulos sobre su gestión en asuntos de gobierno, desarrollo económico, convivencia democrática, seguridad pública, educación, salud, asuntos sociales, desastres naturales y de los cambios que atravesó su familia. Él dependía mucho de pasados escritos, en ocasiones editando publicaciones anteriores, como hizo con el capítulo que dejó sin terminar del proceso plebiscitario, que en esencia reproduce un artículo que publicó en 1996. El bosquejo de este tomo, que revisó por última vez en enero de 2019, indica que dejó sin escribir los capítulos titulados "Campaña 88", "Olimpismo", "Urbanismo y Cultura" y "Despedida".

El texto y el bosquejo que legó excluyeron temas y subtemas que probablemente él hubiera incluido si hubiera tenido tiempo para revisarlos. Sobresale, por ejemplo, que no escribió sobre su experiencia en el fuego del Dupont Plaza en 1985 pero cubrió los desastres de Mameyes y el huracán *Hugo*, o su esfuerzo por privatizar la telefónica. Hay temas que quizás no incluyó porque no parecían apropiados grabar para la historia cuando escribió estas memorias entre el 2017 y 2019, pero que cobraron relevancia después, como el plan que elaboró en 1992 para un terremoto catastrófico. De igual forma hay otros temas que pudo haber elaborado en más detalle, como el fallido referéndum de 1991, el cual da la impresión que solo procuraba mencionar brevemente en sus reflexiones sobre el proceso plebiscitario de 1989–1991, que a su vez son recicladas del artículo de 1996. Tampoco habla de sus nombramientos al Tribunal Supremo, que incluyeron la primera mujer, Miriam Naveira, y colaboradores como Víctor M. Pons, José Andreu García, Jaime Fuster y Federico Hernández Denton, a quien le confesó el día de su nombramiento que uno de sus mayores anhelos era ser juez del Tribunal Supremo como lo había sido su padre.[1] Pero estas son sus memorias, y si eso fue lo que él escribió, no me corresponde añadirle más detalle. Como escribió Jaime Benítez sobre los editores de las memorias póstumas de Luis Muñoz Marín: "Hemos trabajado con absoluta lealtad a los textos y a la expresión".[2]

Según su viuda, Nelsa López Colón, él expresó el deseo de que yo culminara su trabajo. Como no recibí la encomienda de terminar de editar sus memorias directamente de él, no sé si se refería a meramente editar lo que él había escrito o si se extendía a escribir lo que el cáncer no le permitió. Sin embargo para que la historia no fuera inconclusa, decidí escribir una segunda parte a este libro que abordara los capítulos que no escribió, basándome en expresiones y reflexiones que hizo sobre cada tema en columnas, discursos y entrevistas que efectuó durante y posterior a su gobernación. Al tratarse de un esfuerzo de concluir sus memorias, me recuesto de sus expresiones lo más posible. Evito insertar mi criterio o balancear distintas perspectivas; intento narrar para el récord, y al citar extensamente sus palabras sacrifico algunas técnicas de buena redacción. Lo hago porque mi meta es que él sea quien termine de contar su historia.

Por casualidad o misterios del destino, entrevisté a Hernández Colón sobre dos de los cuatro temas que dejó sin escribir. En el 2007, cuando era un estudiante de undécimo grado, mi maestra de Español, Diana Escobar, me pidió que lo entrevistara sobre la ley que declaró el español como único idioma oficial. De esa entrevista pude extraer sus memorias de ese proceso. Casi una década más tarde, en el 2016, lo entrevisté para un documental *amateur* que filmé y edité sobre el famoso debate entre él y Baltasar Corrada del Río en las elecciones de 1988. De ahí pude sacar sus palabras para la historia tras bastidores, que no dudo sería lo que más personas interesarían leer de sus memorias sobre aquellas elecciones.

Este libro se divide en dos partes. La primera parte son las memorias que pudo escribir. La segunda parte son las memorias inconclusas que redacté. Siguiendo el orden de su bosquejo, la segunda parte de sus memorias comienza con el capítulo de las elecciones; luego procede a narrar su trabajo en olimpismo, urbanismo y cultura y su despedida de la gobernación.

Muchos sostienen que el cuatrienio de 1985–1988 fue el mejor en la historia de Puerto Rico desde los años de Luis Muñoz Marín. "Fue entre 1985 y 1988 que Rafael Hernández Colón hizo historia, porque se dedicó a trabajar por Puerto Rico y obtuvo un crecimiento económico mayor que el de Estados Unidos, cosa que no ocurría desde la década exitosa de 1960", escribió su secretario de Hacienda, Juan Agosto Alicea.[3] "Probablemente el mejor cuatrienio que tuvo Puerto Rico desde 1964, creciendo a un ritmo económico mejor que los propios Estados Unidos", coincidió el comentarista Jay Fonseca, décadas más tarde.[4] Como resume en estas memorias Hernández Colón, entre 1985 y 1991 se crearon 240,000 empleos y solo Japón superó a Puerto Rico en crecimiento económico.

Fueron años donde Hernández Colón creció como líder, como señaló Sila M. Calderón, su secretaria de Estado, después que murió el exgobernador en 2019: "El gobernador electo en 1984 fue un hombre diferente del que había triunfado en 1972. Era mucho más fuerte en su carácter y al mismo tiempo, más sensible y considerado en su trato personal".[5] También fueron años donde cultivó nuevos líderes: su administración produjo dos gobernadores (Calderón y Aníbal Acevedo Vilá), dos alcaldes de San Juan (Héctor Luis Acevedo y Calderón), dos comisionados residentes (Antonio J. Colorado y Acevedo Vilá), un presidente del Senado (Eduardo Bhatia) y legisladores como Roberto Prats.

Su trabajo en materia de status y cultura le ganó elogios hasta de la oposición política. Cuando anunció su retiro en 1992, Fernando Martín del Partido Independentista Puertorriqueño reconoció que Hernández Colón puso el status en *issue*, defendió la puertorriqueñidad y asumió el riesgo "de que se le acusara de independentista" con "valentía moral que el país tanto necesita".[6] Después de su muerte, el expresidente del Colegio de Abogados Eduardo Villanueva, independentista, sostuvo que el proceso plebiscitario que Hernández Colón llevó a cabo "[f]ue lo más cerca que estuvimos de alcanzar un plebiscito vinculante".[7] "No hubo una sola ocasión en que, luego de que llegáramos a un acuerdo, no lo cumpliera", recordó el presidente del PIP, Rubén Berríos.[8]

Hernández Colón siempre insistió que su deseo era ser gobernador por ocho años consecutivos y retirarse en 1992. Al así hacerlo, se le comparó con Luis Muñoz Marín, quien hizo lo propio después de cuatro términos. Luego de retirarse, Hernández Colón imitó a Muñoz y se exilió voluntariamente en Europa, en la isla de Mallorca en España. "Mallorca fue para mí una oportunidad para reflexionar sobre lo que habría de hacer durante la próxima etapa de mi vida", escribió en 1998. "Esa oportunidad de tomar distancia de lo que ocupaba mis días hasta entonces me permitió esclarecer mis prioridades, sobre todo las espirituales. Centrar la existencia en Dios es el secreto de llevar bien la vida."[9] Cuando volvió a Puerto Rico en un breve receso durante julio de 1993, se reunió con su amigo, el periodista A. W. Maldonado. ¿Cuál fue la lección principal de sus años en el Gobierno?, le preguntó Maldonado. "Que el Gobierno de Puerto Rico no funciona", respondió el exgobernador. Sin embargo, nunca en su vida había estado tan feliz, le dijo. Había encontrado el propósito de su vida: servirle a Dios.[10]

Este libro no hubiera sido posible si no fuera por la labor que lleva a cabo el archivo de la Fundación Rafael Hernández Colón, particularmente su director ejecutivo, Víctor Otaño Nieves, Gerardo L. Berríos Martínez y Julio A. González Olán. También hay que agradecer a Lynnette Navarro, la secretaria de Rafael Hernández Colón que conservó el manuscrito de estas memorias, y a José A. Hernández Mayoral, Héctor Luis Acevedo y Juan E. Hernández Mayoral por sus revisiones al texto. Y naturalmente, agradezco a mi abuelo, Rafael Hernández Colón por su trabajo y ejemplo, y por el honor de permitirme culminar esta obra. Confío que si hubiera podido terminarla, él hubiera agradecido al pueblo por la oportunidad de servirle como gobernador y a todos los que trabajaron junto a él durante este período. Creo también que hubiera agradecido a su familia —Lila, Rafa, José, Dora y Juan— por los sacrificios que conllevó su carrera en el servicio público.

Pablo J. Hernández Rivera
julio de 2021

INTRODUCCIÓN

RAFAEL HERNÁNDEZ COLÓN

El 2 de enero de 1993 terminé mi último mandato como gobernador. Los enormes cambios que iban a ocurrir durante las tres décadas siguientes en el mundo y en Puerto Rico no eran imaginables. La revolución informática le imprimió una velocidad inusitada al cambio en todos los órdenes del quehacer humano. La tecnología, los teléfonos móviles e inteligentes, el internet, los satélites, ensancharon nuestro espacio vital, convirtiéndolo en uno virtual de intercambios inmediatos de información, de imágenes y de sonido. Se produjo un torbellino de cambios de la magnitud de los ocurridos con motivo de la revolución industrial. Estamos en un mundo y un Puerto Rico cambiado. Una nueva época en la historia de la humanidad.

Estos cambios tecnológicos y el final de la guerra fría trajeron la globalización, un estado de cosas donde el capital se desplaza por todo el planeta y se puede producir cualquier cosa, en cualquier país, para venderla en mercados abiertos a lo largo del globo. Esto desplazó miles de empleos de los países desarrollados a los países en desarrollo. A la vez redujo la capacidad de atracción de nuevas inversiones generadoras de empleo en Puerto Rico. La derogación de la Sección 936 del Código de Rentas Internas de los Estados Unidos redujo esa capacidad aún más. Perdimos una ventaja competitiva para atraer nuevas inversiones de otros países u otras regiones de Estados Unidos. Su entrega en el 1995 le produjo un daño enorme al país. Se secó la fuente de buenos empleos, duraderos y bien pagados. En adelante la mayoría de los nuevos empleos han sido de corta duración y mal pagados. Al agotarse la corriente de inversiones, se produjo una recesión, que perdura al día de hoy, que impactó al fisco de tal manera que hizo imposible el pago de la deuda pública. El Congreso creó una Junta de Supervisión, Gerencia y Estabilidad

Económica y le proveyó al Gobierno y sus instrumentalidades un acceso a la Corte de Quiebras. La soberanía del Gobierno electo por el pueblo se encuentra subordinada a los procesos que regentan la Junta y la Corte para la rehabilitación del fisco y el retorno a los mercados financieros.[11]

Con la globalización la riqueza se concentró más y más en lugares de pujanza económica como Nueva York o Silicon Valley en California. La especulación financiera desplazó a la economía real. Aumentaron las escandalosas desigualdades. La pobreza contrapuesta a un exceso de riqueza generó serias tensiones. En Puerto Rico y otros lugares se incrementaron las dificultades para salir de la inercia económica y de la pobreza. Regiones de la economía de Estados Unidos como la región de Detroit en Michigan o la región de Scranton en Pensilvania quedaron estancadas.

Al terminar la guerra fría en 1989 parecía que entrábamos en una época de hegemonía de Estados Unidos como la única superpotencia. La democracia ganaba terreno en todos los continentes y el libre comercio se afianzaba. Esto duró poco. Estados Unidos intentó imponer la democracia en el Medio Oriente y fracasó. Las diferencias religiosas vistas desde la óptica de ciertos grupos islámicos fundamentalistas dieron lugar al terrorismo y continuaron las guerras. El orden internacional asentado sobre principios liberales y el multilateralismo cambió hacia un mundo con líderes de corte autoritario y naciones que persiguen sus estrechos intereses sin restricciones significativas. China emergió como una potencia económica primaria a la vez que se insertaba en la dinámica capitalista y mantenía su régimen autoritario. No se percibe un orden mundial que asegure la libertad, la prosperidad y la sustentabilidad. El mundo es menos seguro, más inestable y menos predecible. Vivimos con mayor contingencia, mayor volatilidad en lo político y en lo económico, hay menos certidumbre, menos estabilidad.

La globalización distribuyó el empleo de los países desarrollados a través del planeta cerrando un poco las diferencias económicas mundiales, pero se creó un resentimiento en la clase trabajadora de los países más desarrollados. La tecnología también redujo el empleo en esos mismos países. Todo esto generó un rechazo visceral a las emigraciones provenientes de los países menos desarrollados, lo cual ha dado lugar en Estados Unidos a un populismo nacionalista y autoritario que está quebrantando el respeto a los derechos humanos y los tratados integradores del comercio internacional que están evolucionando hacia tratados de bloques regionales. Su sistema de gobierno ya no funciona como antes. La gobernabilidad a nivel nacional se ha quebrantado. Los intereses de

Puerto Rico se manejan, si es que se atienden, dentro de ese escenario en el cual resulta dificilísimo, cuando no imposible, establecer políticas públicas en defensa del interés general de los propios Estados Unidos.

El calentamiento global amenaza con impactos planetarios devastadores. Como va la cosa, se va a crear un mundo más caliente, más desértico y más mojado. La vida será menos agradable para todos y muy difícil para muchos. Entre estos últimos están aquellos que en Puerto Rico viven cerca del nivel de mar, o en áreas inundables. La transición del uso de combustibles fósiles que generan el calentamiento a la energía renovable en Puerto Rico no tiene calendarización confiable. A nivel internacional se requieren acciones drásticas que no se están tomando para contener el calentamiento. Ya el calentamiento del océano Atlántico le imprimió fuerza de categoría 5 a los vientos del huracán *María*, causando una ola de destrucción y desolación en Puerto Rico y las Antillas Menores. El azote de *María* nos reveló que las entrañas de las instituciones gubernamentales como la Autoridad de Energía Eléctrica eran obsoletas e incapaces de vérselas con las exigencias y oportunidades que hoy día surgen a vertiginosa velocidad.

El país intenta levantarse de la devastación que ha dejado *María* dentro de las tensiones, desavenencias y contradicciones entre el Gobierno electo por el pueblo y la Junta de Supervisión, Gerencia y Estabilidad Económica. El moderador es la Corte de Quiebras. Las operaciones del Gobierno de Puerto Rico y sus principales instrumentalidades se encuentran restringidas por las disposiciones de planes fiscales que regentan los presupuestos y todas las medidas de impacto fiscal y por controles impuestos para el uso de fondos federales de rescate. El gasto público se ha restringido a los servicios esenciales y la infraestructura. Se sigue un procedimiento de quiebra ante el Tribunal Federal para reestructurar las deudas del Gobierno y las instrumentalidades. La columna vertebral del plan fiscal del Gobierno central y del proceso de quiebra la componen los recaudos de la base contributiva que le brinda al país la autonomía fiscal de que goza bajo el Estado Libre Asociado. El proceso durará años hasta que el Gobierno y sus principales instrumentalidades puedan retornar a los mercados financieros.

El partido de gobierno actual pretende un cambio de status que erosionaría la base contributiva de que depende el plan fiscal y el proceso de quiebra. Un cambio de status bajo la reconstrucción post-*María*, bajo la Junta y bajo la Corte de Quiebras es imposible. La dinámica del cambio de status es una distracción ideológica que solo puede hundirnos más. Ya es hora de superar esta dinámica en el discurso político de modo que se enfoque lo que verdaderamente tenemos que hacer para superar la crisis. Para ello precisa desarrollar políticas públicas de envergadura y utilizar los instrumentos que tenemos que son los instrumentos del Estado Libre Asociado. Mientras más pronto aceptemos esa realidad más efectivos seremos en nuestra gobernanza.

En una buena medida, el estéril debate sobre status ocasiona que ninguno de los partidos que se alternan en el Gobierno llegan al poder con la problemática del país bien estudiada, con ideas y estrategias concretas para resolver los problemas, ni con la gente con los conocimientos y la experiencia para gobernar. El conocimiento es esencial para la gobernanza efectiva. El conocimiento de lo que ha funcionado y lo que no ha funcionado y por qué no ha funcionado. El déficit en la capacidad de gobernar es muy grave porque las estructuras y métodos de gobernación existentes no son adecuadas para los tiempos que estamos viviendo. La adecuada institucionalización y la adecuada formación proveen el servicio de excelencia que a su vez genera la mística del servicio comprometido con el país.

El funcionamiento actual de nuestra democracia no facilita la elección de partidos preparados para gobernar. Los patrones de conducta electoral influidos por valores hedonistas priman las satisfacciones a corto plazo sobre las inversiones de futuro. La política es cada vez más emocional. Una parte del electorado emite su voto por una tradición que lo lleva a identificarse con un partido o un status político. Otra parte, que es la que cambia su voto y decide las elecciones, lo emite por simpatías o antipatías respecto al candidato a la gobernación y sus posturas. Esta percepción se genera principalmente a través de la televisión o las redes sociales mediante campañas que manejan los expertos en mercadeo político, en encuestas, en grupos focales y en el uso de los medios. Los mensajes de campaña electoral tienden al simplismo y a la manipulación, no a la información que necesita el elector para apoyar un proyecto de país. Los veredictos electorales no entrañan un mandato sobre políticas públicas de envergadura, sino una preferencia emocional por las posturas o la persona del candidato a gobernador.

Nuestra democracia se ha convertido en una democracia mediática e irreflexiva, al igual que muchas otras democracias en este mundo que tanto ha cambiado desde que terminé en la gobernación del país. El cambio ha sido dramático. La inmediatez de las comunicaciones que viabiliza la tecnología —Twitter, Facebook, etc.— impone una dinámica de 24 horas de ataques y contraataques sobre los temas sensacionalistas del momento. Los medios electrónicos y las redes sociales no constituyen referente objetivo de la razón y la verdad. Se valora por igual, tanto lo que se dice por uno o por otro, como quién lo dice. En consecuencia, la opinión pública cotidiana no refleja un entendimiento del pueblo sobre los temas importantes y complejos.

Una vez en el poder los políticos, arrastrados hacia lo inmediato, ofrecen lo que les genere el apoyo de los grupos de presión, o un titular en la prensa diaria, o que le sea simpático al cacareo del gallinero mediático o de las redes sociales. Esta gobernanza a base de maniguetazos de grupos de presión o mediáticos y reacciones a los mismos desde el poder, desemboca en una regadera de iniciativas simplistas inconexas para atender problemas múltiples. Al caer en este tipo de gobernanza las democracias contemporáneas —Puerto Rico no es una excepción— pierden el propósito estratégico requerido para llevar a cabo políticas de envergadura. La democracia de grupos de presión o golpes mediáticos y reacciones a los mismos afecta por igual a los dos partidos de gobierno que ha tenido Puerto Rico desde que salí de la gobernación. Ninguno ha planteado, y mucho menos ejecutado, un proyecto de país. Puerto Rico no se levantará sin políticas de envergadura que se apliquen a largo plazo. La Junta de Supervisión Fiscal ha refrenado en buena medida la política pública a base de maniguetazos, pero esto ha sido a costa de una usurpación inaceptable de buena medida de nuestro gobierno propio. En el país se siente el peso de la austeridad y la falta de sentido de dirección gubernamental matizado por los fondos federales para la recuperación con motivo del huracán *María*.

El plan fiscal ahora propuesto por la Junta para Puerto Rico tampoco plantea un proyecto de país. Tampoco lo hacen los fondos federales que están llegando. El propósito de la Junta es lograr un presupuesto balanceado sustentable y un retorno a los mercados financieros. El propósito de los fondos federales —salvo lo energético— es la recuperación inmediata, no el desarrollo económico sostenible a largo plazo. Un proyecto de país es mucho más que eso. Requiere una voluntad política para llevar a cabo políticas de envergadura de largo plazo que tomen en cuenta las relaciones e interdependencias de lo político, lo económico, lo ambiental, lo social, lo cultural y de los sistemas operantes dentro de estos contextos. Una voluntad política que, partiendo de las realidades de estrechez del Puerto Rico de hoy, instrumente las políticas que nos lleven a reemprender un desarrollo económico sustentable por nuestra fuerza trabajadora, por nuestro ambiente y por la isla que queremos. Una voluntad política que brote de los valores compartidos y profundos del pueblo puertorriqueño para superar el consumo hedonista y asentar la sociedad puertorriqueña sobre la dignidad de cada persona y su identidad, la solidaridad, la igualdad de oportunidades, la justicia social, el trabajo, la cultura y el bien común.

Históricamente, un proyecto de país se fragua en una democracia cuando se conciertan las mayorías electorales para enfrentar la adversidad, el hambre, la injusticia y la desesperanza, como sucedió en Estados Unidos bajo la presidencia de Franklin Delano Roosevelt. Afortunados son los países que en esas circunstancias no sucumben a la demagogia autoritaria y populista porque en ellos brota una generación que siente el hambre y el dolor del pueblo y se entrega de cuerpo y alma para encausar su progreso y reivindicar su justicia. La generación del 40 forjó un proyecto de país que refundó a Puerto Rico sobre bases de progreso y justicia social. Transformó una economía agrícola con pobreza extrema en una pujante economía industrial con movilidad social, oportunidades de trabajo y educación para todos. Creó una nueva sociedad con un sentido de identidad dentro de la diversidad ideológica y confianza en sí misma.

Las presentes generaciones nacieron en esa nueva sociedad. Colectivamente no han sufrido el dolor y la injusticia que motivó a la generación del 40. Viven en el mundo del consumo y del individualismo. A la luz de esa realidad y de la disfunción actual de nuestra democracia mayormente por los cambios tecnológicos, aglutinar las mayorías para forjar un proyecto de país es prácticamente imposible. Pero hay que tratarlo porque nuestro pueblo tiene la capacidad para superarse y a construir una sociedad más acogedora, más humana, más inclusiva con respeto a la dignidad de cada persona y su identidad anclada en la solidaridad, la igualdad de oportunidades, la justicia social, el trabajo, la cultura y el bien común.

Hasta aquí los rasgos principales del escenario mundial, continental e insular en que vivimos los puertorriqueños en estos momentos en que escribo este tercer y último tomo de mis memorias. Gobernar en esta nueva era es una tarea mucho más difícil y más compleja pero en el fondo los problemas son los mismos: levantar la economía para construir la sociedad que queremos. Con la esperanza de que esta narrativa pueda ayudar en algo a la gobernanza de nuestro Puerto Rico, comienzo estas memorias que cubren mis últimos dos mandatos en la gobernación (1985–1992) cumpliendo con la obligación moral de transmitir a las presentes y futuras generaciones las experiencias de mi generación en el manejo de los problemas del país, los éxitos y los fracasos, y las razones para la toma de nuestras decisiones.

PRIMERA PARTE

Memorias

Rafael Hernández Colón

Segunda toma de posesión como gobernador del Estado Libre Asociado
de Puerto Rico (2 de enero de 1985)

CAPÍTULO 1

ACCESO AL PODER Y PROPÓSITO

Al amanecer del 2 de enero de 1985 me sentía alegre y vibrante, en paz conmigo mismo, con plena consciencia de las dificultades que tenía por delante, decidido a cumplir, con la ayuda de Dios, el mandato de cambio que me había dado el pueblo. Un cambio en el deterioro de nuestra calidad de vida: el desempleo había subido hasta el 21%. Un cambio en el desgobierno producto de una politización, polarización y fanatización ideológica. Un cambio reconciliador hacia la serenidad que restableciera los valores de la convivencia, que levantara la economía y la calidad de vida. Un cambio que oxigenara nuestra democracia. Un cambio para un Gobierno eficaz con respeto a la vida, a la dignidad y a los derechos de cada puertorriqueño. Un cambio reverente hacia las instituciones que viabilizan la democracia y el imperio del derecho.

Me proponía servir al pueblo por ocho años, si el pueblo así lo quería. Al cabo de ocho años me retiraría del Gobierno y de la política. Gracias a mi experiencia previa como gobernador, a mis estudios posteriores sobre la problemática del país y a mi compartir con el pueblo en todos los barrios rurales y áreas urbanas, tenía muy claro lo que había que hacer durante esos ocho años para implantar el cambio. Durante los primeros cuatro años la prioridad sería la recuperación económica para crear empleos y generar recursos con que gobernar para alcanzar las metas de justicia social y calidad de vida que le había prometido al pueblo. Para unir al pueblo detrás de esas metas y concentrarme en lograrlas, me proponía cumplir rigurosamente con el compromiso electoral de no promover durante esos cuatro años ningún plebiscito, referéndum, o proceso político encaminado a cambiar o alterar nuestras relaciones con los Estados Unidos. Si esa recuperación se lograba, durante los cuatro años siguientes gestionaría el tema plebiscitario con la participación de los partidos de oposición como había explicado en *La Nueva Tesis*.[12]

Nada más importante cuando se va a comenzar un esfuerzo como el que yo tenía por delante que pedir la ayuda de nuestro Señor. Temprano en la mañana de aquel 2 de enero elevé mis oraciones y recibí en misa la comunión de parte del cardenal Luis Aponte Martínez, con quien había establecido una entrañable amistad desde mis tiempos de secretario de Justicia. Luego, siguiendo una respetable tradición, el gobernador Carlos Romero Barceló vino a buscarme al Condominio Belén, donde yo vivía, para llevarme al Capitolio para que tomara juramento. Nuestra conversación fue cordial y amistosa por todo el trayecto de la avenida San Patricio hasta Puerta de Tierra.

Una enorme multitud ocupaba la explanada del lado norte del Capitolio. Había un gran avivamiento en la actividad organizada magistralmente por Pepito Rivera Janer. En el templete me acompañaban Lila, mis cuatro hijos —Rafa, José, Dora y Juan— y mi padre Rafael Hernández Matos. Entre las personalidades que allí se encontraban estaba el presidente de la República Dominicana, Salvador Jorge Blanco, el expresidente de Venezuela, Rafael Caldera, el representante del presidente Ronald Reagan, Constantine Menges, Inocencio Arias, el representante del Gobierno español, y mi buen amigo, Mario Moreno (*Cantinflas*). Tomó mi juramento el juez presidente del Tribunal Supremo, José Trías Monge, luego de lo cual me dirigí a los presentes y al pueblo por televisión con el mensaje inaugural. Además de mis ideas, había recibido las ideas sobre el contenido del mensaje provenientes de un variado grupo de personas. Contrario a la práctica de cómo se redactan estos mensajes, quise escribir este personalmente, pues quería que reflejara fielmente mi sentir, mi pensamiento, mi filosofía, mis valores y lo que me proponía hacer. Para que no hubiera duda de mi sentido de identidad, de mi compromiso y de mi libertad existencial afirmé:

> Declaro con orgullo, que soy de esta tierra. Soy un puertorriqueño que ha convivido en las entrañas de este pueblo y conoce sus angustias, sus luchas y sus esperanzas. No me siento menos que nadie, ni más que nadie tampoco. La tara colonial que por siglos padeció esta Isla, no reposa sobre mi espíritu. Me sé un hombre libre; soy hijo de un pueblo que libremente ha escogido su posición política ante el mundo.[13]

A continuación señalé mis metas prioritarias: la reactivación económica para la creación de empleos, la seguridad ciudadana, una mejor educación, mejores servicios de salud, enaltecer la moral pública, establecer la convivencia democrática, asumir un liderazgo en la democratización del Caribe y la afirmación y enriquecimiento de nuestra cultura mediante la conmemoración del quinto centenario del descubrimiento de América, que tendría lugar en el 1992. En mi mente, estas eran las metas para alcanzar en los ocho años durante los cuales aspiraba a gobernar. No incluí en ese momento el tema del status porque era divisorio y me había comprometido a no tratarlo durante los primeros cuatro años para unificar al pueblo detrás del logro de las otras metas prioritarias en las que tenía que concentrarme.

La estrategia para la reactivación económica para crear empleos y generar recursos con los cuales proveer una mejor educación y mejores servicios de salud iba de la mano con la convivencia democrática y asumir un liderazgo en la democratización del Caribe. La defensa de la Sección 936 del Código Federal de Rentas Internas ataba estas tres metas. El Tesoro de los Estados Unidos pretendía la derogación de esta Sección que habíamos logrado durante mi primer cuatrienio como gobernador. Si la derogaban sería catastrófico para Puerto Rico.

Para defender la 936 yo tenía que restituir la convivencia democrática y crear un frente unido. De modo que le hablé así al pueblo:

> Para enfrentar estas dificultades, pido la colaboración de todos los sectores políticos, públicos y privados del país, de los trabajadores, los empresarios, los agricultores, los comerciantes, los profesionales, la banca, y de cada uno de los puertorriqueños, para atacar concentradamente estos retos con decisión, con empuje y con confianza. Convoco a un frente unido para defender los intereses de Puerto Rico.[14]

Pero esto no era suficiente. El frente unido requería una estrategia para mover al Tesoro a cambiar su posición. Richard Copaken, abogado de Covington & Burling, prestigioso bufete de la capital federal, colaborador por muchos años en la lucha por la liberación de Culebra de las prácticas de tiro de la Marina, me había sugerido la estrategia. La consulté con Antonio Colorado, a quien me proponía nombrar administrador de Fomento Económico y decidí adoptarla. El presidente Reagan había lanzado la Iniciativa de la Cuenca del Caribe para promover el desarrollo económico en Centroamérica y las islas caribeñas, afianzando de esta manera la democracia. Esta iniciativa bajaba las tarifas de importación de los productos de esos países a Estados Unidos, pero no proveía incentivos para la inversión de capital en ellos. El uso de los fondos generados por la 936, que estaban en los bancos de Puerto Rico, podía ser el vehículo para estas inversiones y proteger la 936. De ahí que Copaken me

sugirió que utilizáramos esos fondos para desarrollar las plantas gemelas y crear empleos, tanto en los países caribeños como en Puerto Rico.
Puerto Rico tenía un historial de liderazgo en el Caribe bajo Luis Muñoz
Marín en defensa de la democracia que lo acreditaba para llevar a cabo
este proyecto.

Aunque representaba un alto riesgo político lanzar a Puerto Rico en
una operación de esta envergadura, me decidí a hacerlo porque estaba
convencido que iba a funcionar. De modo que señalé en el mensaje que:

> Vamos a asumir un rol de liderazgo para alcanzar aquellos
> objetivos valiosos que persigue la Iniciativa del Caribe del
> presidente Reagan. . . . Vamos a convertirnos en un pro-
> tagonista activo y creador en la promoción del desarrollo
> económico, de la estabilidad política y de la democracia en
> esta región. Vamos a brindarles la mano amiga a nuestros
> vecinos caribeños y, al mismo tiempo, vamos a fortalecer
> nuestra propia economía y nuestro desarrollo. . . . [C]rea-
> mos un atractivo mecanismo de financiación para estimular
> procesos manufactureros que se inicien en otros países cari-
> beños y se terminen en su fase más técnica y sofisticada, en
> Puerto Rico.[15]

Para restablecer la convivencia democrática era necesario cerrar el
capítulo del Cerro Maravilla. La ejecución de Arnaldo Darío Rosado y
Carlos Soto Arriví exigían que los culpables y encubridores fueran procesados y que se hiciera justicia. Los principios democráticos requerían
despolitizar el proceso acusatorio y establecer bases de imparcialidad
institucional. Afirmé:

> Inauguramos un cambio hacia el imperio del derecho. To-
> dos los responsables de los asesinatos en el Cerro Maravilla
> serán procesados por un fiscal especial independiente con
> poderes y permanencia establecidos por ley. Igualmente se-
> rán procesados todos los que sean identificados, mediante
> sólida evidencia, como encubridores de este despiadado
> acto que enluteció a la democracia puertorriqueña.[16]

Mis palabras reflejaban la determinación de cumplir con mi deber.
No encubrían, como algunos pensaron, un estado de ánimo personal
contra el gobernador saliente Carlos Romero Barceló, quien me estaba
escuchando. Intenté dejar esto aclarado cuando más adelante manifesté
en el mensaje: "No albergo odios ni deseos de venganza contra nadie. Al
contrario, guardo para todos el mayor afecto y mejor deseo de que cada

cual pueda encontrar su propia felicidad y la manera de contribuir generosamente al bienestar de nuestro pueblo".[17]

Reafirmando de esa manera el clima de actitudes que quería crear para la unificación del país, pasé al tema del quinto centenario. El Gobierno español, que estaba representado por Inocencio Arias en la inauguración, me había invitado para participar, junto a los países de Iberoamérica y España, en los proyectos que se estaban iniciando para la conmemoración de lo que llamaron el "V Centenario del Descubrimiento de América" en el 1992. Sentí que la conmemoración del V Centenario era un reclamo histórico para la reafirmación de nuestra voluntad de ser, de nuestra personalidad de pueblo, de la historia, valores, tradiciones, cultura y actitud ante la vida, que nos brindan nuestro propio perfil y son credenciales de nuestra identidad. De modo que anuncié en el mensaje que se constituiría una comisión del Estado Libre Asociado de Puerto Rico para representarnos en la Conferencia de Comisiones Nacionales de Países Iberoamericanos encargada de desarrollar y coordinar dichos proyectos. La relación que se desarrolló con España a partir de la creación de esta comisión fue fecunda en actividades y proyectos a lo largo de mis ocho años de gobierno.

Terminé el mensaje expresando lo que fue la fuente de agua viva de todas mis acciones durante los ocho años siguientes y en toda mi vida pública: mi fe en Dios y en la capacidad del pueblo de Puerto Rico. Lo dije así:

> El cambio liberador de profunda justicia social, de progreso económico, de reivindicación cultural y política que, bajo el liderato de Luis Muñoz Marín, produjo [nuestro] pueblo oprimido y hambreado, es un monumento inalterable a la capacidad de los puertorriqueños para tomar el futuro en sus manos y llevar el país hacia más elevados niveles de calidad de vida, de buena y de sana civilización.
>
> ¡Si aquel pueblo que entonces —analfabeta, enfermizo y oprimido— pudo lograr un cambio tan profundo en la justicia y el progreso que le correspondía, cuánto más no podrá hacer este pueblo de hoy con mayor preparación, recursos y experiencia! Si aquellos hombres hambrientos que, sin haber caminando antes los senderos de la historia, caminaron tan largo trecho con Muñoz buscando el amanecer, cuánto más lejos no podremos llegar ahora que sabemos de los escollos y los tropiezos que podemos encontrar, pero también de los caminos que conducen hacia la gran aurora.

Hoy vamos a iniciar la marcha, ¡Vamos con plena confianza, porque el Señor de la Historia caminará con nosotros![18]

Terminado el mensaje, inicié una caminata a Fortaleza en unión a miles de los presentes en la inauguración. Al traspasar los portones de Fortaleza con esa enardecida multitud, no me asaltaron nostalgias de mi primera administración, sino la viva sensación de que estaba tomando el poder para producir el cambio que reclamaba ese pueblo.

Sila María Calderón se instaló en Los Pabellones[19] para cumplir mi encomienda de entrenar al cuerpo de ayudantes. Ni ella ni yo imaginábamos en ese momento que el cumplimiento con la encomienda evolucionaría para constituirla en la primera secretaria de la Gobernación y secretaria de Estado, bases de una carrera política que la llevó a regentar la alcaldía de San Juan y la gobernación de Puerto Rico.

Mi secretaria Irma Gloria Morales, mis ayudantes Papo Vázquez y Enrique Rodríguez, Luz Myriam Delgado y Benedicta (*Tita*) Muñiz ocuparon las oficinas próximas a la mía. Esa misma tarde del 2 de enero de 1985, después de haber jurado como secretario de Estado, Héctor Luis Acevedo juramentó a los miembros del gabinete constitucional y jefes de agencias.[20] Un equipo de hombres y mujeres de vocación y servicio, de integridad y probada capacidad a la altura del reto que teníamos por delante.

Contaba con ese grupo de hombres y mujeres para iniciar una gestión de gobierno centrada en el desarrollo humano del puertorriqueño que se asienta sobre la economía y el trabajo, pero persigue mucho más que eso. Promueve el fortalecimiento de su personalidad y su sentido de identidad y dignidad, de respeto a sí mismo. Vivifica su sensibilidad moral o religiosa, su solidaridad con sus semejantes y su armonía con la naturaleza y el ambiente. Vigoriza su seguridad y su salud. Y afianza su libertad para elegir entre una variedad de alternativas sobre educación, adiestramiento, trabajo o futuro propio, o de su país. El medio: múltiples y variadas oportunidades de educación, de adiestramiento y de trabajo en una economía con diversidad productiva. Levantar la economía era esencial para obtener los recursos para ese pleno desarrollo humano.

CAPÍTULO 2

ECONOMÍA Y TRABAJO

"El trabajo es una necesidad, parte del sentido del trabajo en esta tierra, camino de maduración, de desarrollo humano y de realización personal."

PAPA FRANCISCO

Al día siguiente de mi juramentación, me reuní en Fortaleza con delegaciones de la República Dominicana, Trinidad, Jamaica, Anguila e Islas Vírgenes invitadas a la inauguración. Me acompañó el administrador de Fomento, Antonio Colorado, quien explicó nuestra iniciativa para el desarrollo económico del Caribe. Utilizaríamos los fondos 936 para financiar plantas gemelas, en las cuales se llevaría a cabo la producción que requería mano de obra intensiva en países caribeños y la que requería alta tecnología en Puerto Rico. De esta manera podíamos competir con los países asiáticos al reducir los costos de producción en la manufactura, combinando los salarios más bajos en la primera fase con los más altos en la mano de obra sofisticada y altamente entrenada de Puerto Rico en la fase final. Las delegaciones acogieron nuestra iniciativa con entusiasmo.

Igualmente positiva fue la reacción del delegado del presidente de los Estados Unidos, Constantine Menges. Lo próximo era obtener compromisos de las compañías manufactureras acogidas al régimen de la 936 para establecer plantas gemelas en los países caribeños antes de que el presidente sometiera su propuesta de reforma contributiva al Congreso, lo cual ocurriría para verano. El peso de esos compromisos, bien acogidos en los distintos países, sería decisivo. La vitalidad del sector manufacturero, el más importante en nuestra economía, dependía del éxito de esta estrategia.

Iniciativas múltiples para crear empleos

Ese mismo día, y en las semanas siguientes, puse en marcha otras iniciativas dirigidas a la creación diversificada de empleos. Durante los ocho años de gobierno exportamos servicios financieros, de ingeniería, de salud, de educación y de cinematografía. Nos convertimos en el primer destino turístico de la región caribeña. Se construyeron o reabrieron 3,842 habitaciones, aumentamos en 90% el gasto de visitantes y en 112% los turistas de cruceros. El puerto de San Juan se convirtió en el puerto base de más cruceros en el mundo. Impulsando la agro-industria tecnificada y diversificada, logramos un crecimiento de 22.4% en la producción agrícola y agropecuaria al cabo de los ocho años.

Batallando en todos los frentes iniciamos la construcción de viviendas mediante el primer Fideicomiso Hipotecario. La creatividad de dos puertorriqueños, Edgar Morales y José Ramón Oyola, estructuró este instrumento para usar los fondos 936 para viabilizar los intereses bajos que hacían accesible una vivienda adecuada a miles de familias puertorriqueñas. Debido a los elevados costos prevalecientes, esas familias no tenían acceso a una casa propia. Mediante este programa construimos 10,447 viviendas y, mediante otros programas, construimos o rehabilitamos 17,747 viviendas adicionales durante los ocho años de la administración.

Incrementamos la inversión en infraestructura. Con ello sentamos las bases para el desarrollo de la economía y al mismo tiempo creamos miles de empleos en la construcción. El esfuerzo de los secretarios de Obras Públicas, Darío Hernández y su sucesor Hermenegildo Ortiz, por ampliar y mejorar las vías de transportación fue enorme. Se llevó a cabo una inversión de $2,356 millones en autopistas y vías de alta capacidad. Entre ellas el expreso De Diego de San Juan a Arecibo con la intersección más grande que entonces tenía el país. Contaba con cuatro carriles y cuatro accesos elevados que permitían el flujo de 25,000 vehículos diariamente. Dos proyectos innovadores transformaron la circulación de San Juan a Isla Verde, al Aeropuerto Luis Muñoz Marín y a Carolina. Una empresa puertorriqueña (Las Piedras) diseñó creativamente, construyó y luego montó en tres días puentes elevados sobre cada una las intersecciones que interrumpían el flujo vehicular por la avenida Baldorioty. Otra empresa puertorriqueña (Rexach), en sociedad con Dragados de España, diseñó, financió y construyó el puente Teodoro Moscoso sobre la laguna San José para conectar la avenida Piñero con la Baldorioty. Esta fue la primera privatización de una vía pública que se llevó a cabo en Puerto Rico y los Estados Unidos de América.

En el Aeropuerto Internacional Luis Muñoz Marín privatizamos la inversión en terminales. American Airlines invirtió $47 millones en la creación de un centro para el Caribe y la Eastern Airlines $47 millones en un terminal, el cual posteriormente pasó a la Autoridad de Puertos que lo convirtió en un terminal internacional y doméstico. La Autoridad también construyó una nueva torre de control en el Aeropuerto Luis Muñoz Marín y un nuevo muelle para cruceros en la bahía de San Juan.

Modernizamos la Telefónica con una inversión de $1,557.5 millones. La compañía se posicionó como la primera de su tamaño en digitalización —100%— en los Estados Unidos. Larga distancia se privatizó a través de la compañía española Telefónica Internacional, S.A. Entramos en el nuevo mundo de las comunicaciones inalámbricas. Iniciamos el servicio de radio teléfono celular. Instalamos una red de cables de fibra óptica alrededor de la isla y en los sectores industriales y comerciales. Nos convertimos en el enlace del único cable de fibra óptica entre los Estados Unidos, el Caribe y Centro y Sur América. Esta infraestructura de telefonía que entonces era de avanzada sentó las bases para nuestra incorporación en años subsiguientes a la red electrónica de internet.

Consciente de que la teoría del goteo (*trickle down*) que postula que el crecimiento económico beneficia a todos los colectivos de la sociedad no es correcta, tomé otras iniciativas para crear empleos para los jóvenes, los adultos carentes de destrezas y los dependientes de ayudas federales. El desempleo del 21% que sufríamos afectaba desproporcionalmente a los jóvenes entre los 16 y 29 años, entre quienes el desempleo llegaba a un 48%. En la tarde del 2 de enero de 1985, firmé mi primera orden ejecutiva creando un Programa de Acción Afirmativa que le daba prioridad a los jóvenes en las plazas vacantes del Gobierno y en los contratos del Gobierno con la empresa privada. Mediante esta iniciativa en los ocho años dotamos a 85,025 jóvenes de experiencia laboral mediante posiciones adquiridas en el Gobierno. Además, creamos el Cuerpo de Voluntarios al Servicio de Puerto Rico. El Cuerpo proveyó adiestramientos técnicos a los jóvenes y, simultáneamente, trabajo y salarios en proyectos de beneficio social. Los jóvenes recibieron formación en civismo, labor comunal, desarrollo de liderazgo participativo de carácter democrático y un diploma del Departamento de Educación.

Otro sector que requería una iniciativa creativa para atender su falta de trabajo fue el sector del Programa de Asistencia Nutricional. Yo no creía que la generalidad de los beneficiarios de este programa que podían trabajar no quisieran hacerlo. Un estudio demostró que el 80% deseaba hacerlo siempre y cuando no perdieran los beneficios del programa. Con la cooperación del senador Long, de Luisiana, quien presidía el Comité de Finanzas del Senado de Estados Unidos, logré que el Gobierno federal nos autorizara $44 millones anuales del Programa de Asistencia Nutricional para incentivar la creación de empleos para participantes del programa. Así nació Pan y Trabajo, un programa de subsidio salarial para el establecimiento de nuevas industrias en áreas de alto desempleo. El subsidio consistía de hasta el 25% del salario mínimo federal pagado a los empleados elegibles por un periodo de cinco años. De esta forma convertimos el cheque de alimentos que entonces se usaba en un salario tres veces mayor para aquellos beneficiarios que voluntariamente optaran por los empleos a crearse. Pan y Trabajo brindó empleo en 84 industrias a 9,186 padres o madres de familia.

En dos años logramos un crecimiento económico que bajó el desempleo de un 21% a un 16%. Pero gobernar no se limita a propiciar el crecimiento económico o construir viviendas. No se me olvidaba que el crecimiento económico y el desarrollo urbano tienen que darse con respeto y protección del ambiente y de nuestros recursos naturales. Nuestra producción genera una gran cantidad de desperdicios industriales, muchos de ellos de alta toxicidad. El desparramamiento de las viviendas urbanas atrofia nuestros bosques, y castiga nuestra flora y nuestra fauna. Durante los ocho años rescatamos 17,168 cuerdas de alto valor ecológico, incluyendo la laguna Cartagena y el Bosque Seco de Guánica. La tala de árboles fue reglamentada y se prohibió absolutamente la mutilación de nuestros paisajes urbanos o rurales con la publicidad gráfica externa (*billboards*). Buscamos un balance entre el desarrollo y la conservación. Todos los proyectos para el crecimiento económico y desarrollo urbano que estábamos implantando tenían que cumplir con los reglamentos de ordenación territorial de la Junta de Planificación, de protección ambiental de la Junta de Calidad Ambiental y de conservación del Departamento de Recursos Naturales y Ambientales. Yo tenía mucha confianza en estos organismos que funcionaban bajo leyes creadas durante mi primera gobernación, la Junta de Planificación y la Administración de Reglamentos y Permisos (ARPE), y durante mi presidencia del Senado, la Junta de Calidad Ambiental y el Departamento de Recursos Naturales y Ambientales.

La defensa de la 936 y el liderazgo en desarrollo económico en el Caribe

Avanzábamos hacia nuestras metas de creación de empleos con una visión holística. Pero también los empleos se destruyen a la vez que se crean otros empleos. Por eso era vital defender la 936. Y esto fue lo más difícil para mí. Para preservar los empleos en la manufactura yo tenía que impedir que el Tesoro lograra la derogación de la 936. Esta sección del Código de Rentas Internas de Estados Unidos proveía a Puerto Rico una importante corriente continua de inversiones y de fondos bancarios necesarios para el crecimiento económico. El motor del crecimiento, el sector que más nuevos empleos le generaba a Puerto Rico desde la década de los 50, era la manufactura. En ese año 1985 en que yo retornaba a la gobernación, una tercera parte del total de empleos en Puerto Rico estaba amenazada por la derogación de la 936 propuesta por el Tesoro. Este reto era enorme. El Tesoro planteaba la derogación de la 936 como una parte importante del proyecto de reforma contributiva que el presidente Reagan presentaría al Congreso ese año.

La 936 se incorporó al Código de Rentas Internas federal mediante el Tax Reform Act de 1976. Previo a ello existían unas disposiciones especiales introducidas por el Tax Revenue Act de 1921 sobre la tributación del ingreso de las subsidiarias de corporaciones de los Estados Unidos que operaran en los territorios. Las corporaciones que cumplieran con esta ley no pagaban contribuciones al Tesoro de los Estados Unidos por sus ingresos en Puerto Rico. Esta disposición potenció nuestro programa de Fomento Industrial. Mediante la Ley de Incentivos Industriales de 1948 se agregó una exención contributiva local que permitía que las subsidiarias de corporaciones de Estados Unidos no pagaran contribuciones ni en Estados Unidos ni en Puerto Rico. Con este instrumento se transformó la economía agrícola que tenía Puerto Rico en los años 40 y 50 en una economía de base industrial.

Cuando el Congreso comenzó a considerar el Tax Reform Act de 1976, el Tesoro cuestionó la eficacia del costo de las contribuciones que no se pagaban en función del número de empleos que se creaban. Bajo el liderazgo efectivo de Salvador Casellas, nuestro secretario de Hacienda, Teodoro Moscoso, administrador de Fomento, y Jaime Benítez, comisionado residente, logramos que el Congreso reconociera que las disposiciones especiales dispuestas por el Revenue Act de 1921 habían desempeñado un rol importante en el desarrollo económico de Puerto Rico y que las mismas eran esenciales debido a los costos que el salario mínimo federal y los costos de transportación marítima imponían a Puerto Rico. También concienciaron al Congreso de que el Tesoro no obtendría recaudos con la derogación de las disposiciones que favorecían a Puerto Rico porque las compañías no regresarían a Estados Unidos, sino que establecerían sus subsidiarias en países extranjeros. Así nació la 936 que permitía que las ganancias de esas subsidiarias se mantuvieran en los bancos de Puerto Rico y que los intereses estuvieran libres de contribuciones si los fondos se invertían en actividades debidamente cualificadas. La repatriación de estos dineros a Estados Unidos estaría libre de contribuciones en Estados Unidos, pero, al repatriarlas, pagarían un impuesto de peaje (*toll gate tax*) en Puerto Rico.[21] Con motivo de la llamada que hice en mi mensaje inaugural para crear un frente unido en defensa de la 936, nuestros líderes religiosos, representantes de la industria, del comercio, de las finanzas y las uniones se unieron al esfuerzo. También lo hicieron las compañías 936 establecidas en la isla. Estas organizaron una fundación denominada Puerto Rico-USA Foundation para cooperar en la batalla. Como gobernador tenía que darle cohesión y dirección a este importante apoyo que se había unido para defender los intereses del país. Al Congreso hay que ir con un solo mensaje y un solo propósito para obtener resultados en una situación como esta. Coordinar todos estos esfuerzos con los del Gobierno era mi responsabilidad.

El 20 de enero de 1985, asistí a la segunda inauguración del presidente Reagan que tuvo lugar dentro de la rotonda del Capitolio, por un frío tremendo que congelaba la capital federal. Aproveché el viaje para comenzar mis gestiones en defensa de la 936. Me reuní con oficiales de Casa Blanca, del Tesoro, del Departamento de Comercio, de la Agencia Nacional de Seguridad y con la Junta Editorial del *Wall Street Journal*. Todos los funcionarios con que me reuní me ofrecieron su apoyo a la idea de utilizar los fondos para apoyar la Iniciativa del Caribe, menos el del Tesoro, quien me requirió un estudio sobre el impacto económico que tendría la eliminación de la 936 sobre la economía de Puerto Rico.

En tres semanas preparamos el informe. Para presentarlo, le pedí su colaboración al exgobernador Luis A. Ferré, quien tenía una buena relación con James Baker, quien había sido nombrado secretario del Tesoro un mes antes. Al unirse a mi esfuerzo, don Luis expresó que:

> En los momentos en que una seria crisis amenaza nuestro pueblo, es necesario poner por encima de diferencias ideológicas y político-partidistas el interés común y se impone presentar un frente unido para que se proteja nuestra economía y se respete nuestro derecho de ciudadanos americanos a la igual y justa protección del Gobierno federal. . . . Espero que esta acción siente un buen precedente para que en el futuro nos enfrentemos a los retos que puedan presentarse a nuestro pueblo actuando con desprendimiento patriótico y unidos evitar se lesionen los derechos inherentes a nues-

Con Luis A. Ferré y James Baker, secretario del Tesoro

tra ciudadanía americana y nuestro inalienable derecho de pueblo.[22]

En la mañana del 12 de marzo de 1985 nos reunimos en el vetusto edificio del Tesoro don Luis A. Ferré, Antonio Colorado y yo, con el secretario Baker y un ayudante suyo. De entrada captamos que Baker no estaba bien informado sobre el tema. Le entregamos el informe, elaboramos sobre la importancia de la 936 para la economía de Puerto Rico y lo que se podía lograr en apoyo de las economías de los países caribeños.[23] Baker fue muy cordial y recibió con atención nuestros planteamientos, pero no se comprometió de manera alguna con nosotros. Habíamos dado un buen paso al sembrar entendimiento de nuestra situación y lo que nos proponíamos llevar a cabo en el Caribe, pero faltaba mucho por hacer para convencer al Tesoro de que debía desistir de su propuesta de eliminar la 936.

Anticipando que eso no se pudiera lograr, el comisionado residente Jaime Fuster y yo empezamos a trabajar al Congreso, el cual en definitiva era el que tomaría la decisión sobre la propuesta del Tesoro. El Congreso era demócrata. El primer congresista que se unió a nosotros fue Carroll Hubbard, demócrata de Kentucky, quien presidía el Subcomité de Fiscalización e Investigaciones del Comité de Banca, Finanzas y Asuntos Urbanos de la Cámara. Hubbard por su parte comenzó a trabajar a Dan Rostenkowski, el difícil presidente del Comité de Medios y Arbitrios de la Cámara y a otros miembros de ese Comité. Este Comité tomaría la decisión final sobre la propuesta del Tesoro.

En paralelo con estas gestiones diligenciaba el establecimiento de plantas gemelas en distintos países del Caribe. El 12 de abril de 1985 viajé a Grenada junto al congresista Bob García y Antonio Colorado para reunirme con el primer ministro Herbert Blaize. Me acompañaban representantes de Johnson & Johnson, SmithKline Beechman y Schering-Plough, tres compañías con plantas en Puerto Rico interesadas en establecer plantas gemelas en Grenada. Tuvimos una magnífica acogida y las compañías se comprometieron a establecer las plantas gemelas si se mantenía la 936. El primer ministro Blaize se convirtió en nuestro aliado.

El secretario de Estado, Héctor Luis Acevedo, por su parte viajó a la República Dominicana, a Costa Rica y El Salvador, donde obtuvo el apoyo de los presidentes Jorge Blanco, Luis Alberto Monge y José Napoleón Duarte para la defensa de la 936. Grenada y El Salvador tenían una importancia especial debido a incursiones del Gobierno de Cuba en ambos países. Todos los presidentes se comprometieron a comunicarse por carta con el presidente Reagan dándole el apoyo a nuestra iniciativa. Así lo hicieron.

Avanzábamos, pero el Tesoro se proponía enviar a Casa Blanca su proyecto de reforma contributiva en el mes de mayo y todavía no teníamos indicaciones de que iban a modificar lo de la eliminación de la 936. Viajé a Washington el 30 de abril para darle un impulso al *momentum* que llevábamos. Allí intervendría en una conferencia en la Heritage Foundation, junto a la primera ministro de Dominica, María Eugenia Charles, quien tenía una alta reputación en Washington, y David Rockefeller, presidente del Council of the Americas y del Grupo Acción del Caribe y América Central. También, junto a don Luis A. Ferré, sostendría una reunión con el vicepresidente George H. W. Bush sobre lo que el Tesoro se proponía llevar a cabo.

La actividad en la Heritage sobre el Caribe fue un éxito que resonó en Washington. María Eugenia Charles criticó la forma en que hasta entonces se estaba instrumentando la Iniciativa del Caribe del presidente Reagan porque se concentraba en los países de Centroamérica y no beneficiaba a las islas pequeñas del Caribe. Mostrándose sumamente entusiasmada con nuestra propuesta, señaló que la misma le daría el impulso que le hacía falta a la iniciativa del presidente para beneficiar a las islas pequeñas. Rockefeller por su parte criticó fuertemente al Tesoro por su intención de eliminar la 936, culpándolo de ser cegato y no ver cuáles serían las consecuencias de esa acción. Señaló que el resultado neto podría ser una pérdida y que era de mucho interés desde un punto de vista de seguridad que Puerto Rico permaneciera fuerte.

La reunión con el vicepresidente Bush, aunque muy cordial y amigable, no fue tan buena. El vicepresidente nos comunicó que se tenía que inhibir del proceso de evaluación de nuestra propuesta y de la 936 porque él era miembro de la Junta de Directores de Eli Lilly, una de las farmacéuticas acogidas a la 936. Sin embargo nos sugirió que nos reuniéramos con sus asesores que podrían orientarnos sobre lo que estaba pasando. Así lo hicimos y estos nos informaron que todavía no se había decidido si el Tesoro incluiría cambios para la 936 en la propuesta que tenía que enviar a Casa Blanca para su aprobación.

El 9 de mayo, el Tesoro envió a Casa Blanca su propuesta de reforma contributiva para los Estados Unidos. Lo relativo a la 936 era solo una pequeña parte de la abarcadora reforma planteada. La propuesta seguía el plan original de eliminar la 936 pero concedía un periodo de gracia de cinco años para las compañías acogidas a la misma y se proponía sustituir la 936 por un crédito salarial. Evidentemente no habíamos convencido al Tesoro. Inmediatamente le dirigí una carta al secretario del Tesoro indicándole que su cambio de una muerte rápida para la 936 por una muerte lenta, no era aceptable. Teníamos que bregar con el presidente Reagan, quien anunciaría su decisión sobre la reforma contributiva en general el 27 de mayo de 1985.

Tomando en cuenta el espacio que teníamos para seguir con nuestro plan antes de que el presidente tomara su decisión, viajé a Dominica el 14 de mayo con funcionarios de varias compañías para concretar el establecimiento de tres plantas gemelas y de esta forma obtener un llamamiento especial de la primera ministra Charles al presidente Reagan. La primera de las plantas gemelas procesaría toronjas, parchas y limas en Dominica, las cuales se terminarían de procesar, empacar y distribuir en Puerto Rico. Estas plantas generarían 20 empleos en ambos países. Las segundas producirían partes de muebles de maderas oriundas de Dominica para muebles terminados en Puerto Rico. Estas podrían generar de 45 a 60 empleos en ambos países. Las terceras manufacturarían cartones parcialmente en Dominica con terminación en Puerto Rico. Esto podría generar de 20 a 50 empleos. Las tres plantas gemelas representaban una inversión de un millón de dólares en fondos 936. La primera ministra captó la seriedad de nuestro compromiso y se comprometió a poner todos los recursos a su alcance para ayudar a la permanencia de la 936. Su respaldo tenía mucha importancia en Washington donde se le consideraba una amiga de los Estados Unidos en el Caribe.

El 21 de mayo de 1985 viajé a Washington para participar en la Conferencia Anual del Council of the Americas que presidía David Rockefeller. Era una conferencia de suma importancia pues el presidente Reagan iba a presentar en ella un mensaje especial sobre América Latina. El mensaje del presidente se centró en los países de América Central por su preocupación en cuanto al avance del comunismo en la Nicaragua de aquella época y movimientos que estaban ocurriendo en El Salvador. Las críticas condiciones económicas de esos y otros países de América Central habían nutrido el avance del comunismo. La política a seguir para enfrentarlo era superar la pobreza mediante el desarrollo económico. Su principal iniciativa era la de proveer 12 años de libre comercio con estos países. Nuestra iniciativa de establecer plantas gemelas en los países del Caribe y en Puerto Rico con fondos de las compañías 936 era un importante complemento para la estrategia que quería seguir el presidente. El presidente no mencionó nuestra propuesta. No obstante, me hizo un reconocimiento particular haciéndome subir al podio: "*I'd also like to thank Puerto Rico's Governor, Rafael Hernández Colón, with us today, for the support that you've given to help us promote democracy and economic progress in the entire Caribbean region*.[24]

El reconocimiento fue una sorpresa muy agradable para mí. Sin embargo, el gesto, aunque importante, no era suficiente para darme una seguridad de cuándo y cómo la Casa Blanca modificaría la propuesta del Tesoro. Luego de terminar la conferencia del Council of the Americas que se celebró en la propia Casa Blanca, me marché para reunirme con el presidente de El Salvador José Napoleón Duarte, quien se encontraba en Washington. Allí le conocí por primera vez. Duarte era un hombre de mucha sabiduría, humilde, bien sencillo, que estaba exponiendo su vida para mantener el sistema democrático de gobierno en su país. En su reunión con Reagan sobre asuntos de El Salvador, le había planteado lo de la 936. Tras nuestro encuentro, Duarte le escribió al presidente una segunda carta de endoso a nuestra iniciativa.

La reunión con Duarte fue importante. Teníamos que buscar formas de llegar con nuestro mensaje a la Casa Blanca pues en aquellos días siguientes se habían acrecentado rumores de que el Tesoro habría de prevalecer respecto a la eliminación de la 936. No obstante, Puerto Rico no estaba solo en nuestra lucha contra el Tesoro en Casa Blanca pues tanto el Departamento de Estado como el Consejo de Seguridad Nacional respaldaban nuestra iniciativa. Washington siempre está lleno de rumores sobre lo que los funcionarios principales del Gobierno federal se proponen hacer o no hacer sobre asuntos importantes. A veces los rumores traen verdades, otras veces no. Pero cuando el río suena es porque agua trae, de modo que había que seguir trabajando intensamente.

El 28 de mayo de 1985, el presidente Reagan se dirigió a la nación para presentarle su proyecto de reforma contributiva. Le habló de darle un nuevo significado a las palabras libertad, justicia y esperanza que apoderan a cada hombre y mujer en los Estados Unidos a través de una reforma contributiva que les asegurara a las familias y a las compañías incentivos y recompensas para el trabajo duro y la toma de riesgos en lo que llamó un futuro americano de un fuerte crecimiento económico. No mencionó la 936 ni para bien ni para mal. Sin embargo, en un volumen de 400 páginas publicado por el Tesoro recogiendo los pormenores de la reforma que se denominó el Plan Reagan, se mantenía la eliminación de la 936 que proponía el Tesoro.

No me abatió el mensaje del presidente. Estaba confiado en que nuestra estrategia de defensa era buena para Puerto Rico, para los Estados Unidos y para los países caribeños y por lo tanto a la larga iba a prevalecer. Una hoja de datos que acompañó el texto escrito del mensaje que recibí contenía una especificación de que los subsidios especiales o programas para industrias (936) o sectores debían ser limitados, "excepto cuando exista un claro interés de seguridad nacional que argumente en contra de la medida". A base del interés de seguridad nacional, los funcionarios del Departamento de Estado y del Consejo de Seguridad Nacional respaldaban nuestra iniciativa. Estábamos en la pelea y teníamos aliados poderosos, pero la pelea la teníamos que dar nosotros. Ellos nos apoyarían, pero no darían la pelea por su cuenta.

Dos días después del mensaje del presidente, me dirigí al pueblo de Puerto Rico para explicarle lo que estaba ocurriendo.[25] Los informes mediáticos matizados por una carga negativa habían creado pesadumbre y confusión. Necesitaba el apoyo del pueblo para dar la batalla en el Congreso. Para brindar ese apoyo, el pueblo tiene que estar bien informado y para ello el Gobierno tiene que ser veraz y transparente. Expliqué la situación tal y como yo la conocía. La propuesta del Tesoro era inaceptable y había que luchar contra ella. Pero no estábamos solos y nuestra estrategia tenía apoyo importante en el Gobierno federal. Luego de explicar dónde estábamos, recabé el apoyo del pueblo para salvar los miles de empleos que estaban en riesgo en las 522 compañías acogidas a la 936 que entonces existían en Puerto Rico. Las mismas estaban bien distribuidas a través de la isla. En Carolina, por ejemplo, teníamos 44 fábricas que generaban 5,128 empleos; en Mayagüez 32 que generaban 8,921 empleos. Pedí al pueblo que por cartas y otros medios se comunicaran con el presidente y con el Congreso.

La reacción fue inmediata y positiva. Se organizó una lluvia de cartas que cayó sobre la Casa Blanca y los miembros del Comité de Medios y Arbitrios de la Cámara de Representantes que consideraría la propuesta del presidente. Envié a Rubens Luis Pérez a Chicago para que organizara una campaña de cartas para Rostenkowski desde su propio distrito. Lo llevó a cabo con extraordinario éxito. Las entidades de la sociedad civil como la Asociación de Industriales, la Cámara de Comercio y las uniones se movieron en torno al Congreso. Las compañías también hicieron su trabajo en Washington.

Continué gestionando el apoyo internacional. El 28 de junio viajé a Barbados para reunirme con el primer ministro Bernard St. John e inaugurar un proyecto residencial de 18 casas de bajo costo prefabricadas en Puerto Rico y ensambladas en Barbados. También habría de dirigirme a representantes de las islas del Caribe reunidos en la Conferencia del Caribbean Common Market Council (CARICOM). Las islas representadas eran Montserrat, Bahamas, Jamaica, Belice, Barbados, Saint Kitts,

Antigua, Dominica, Saint Lucia, Saint Vincent, Grenada, Trinidad-Tobago y Guyana.

En mi mensaje convoqué a forjar una nueva alianza antillana para la prosperidad. Una alianza que le trajera una nueva esperanza a todas las islas y las tierras de la región uniendo a Puerto Rico y a las distintas naciones. Consigné nuestro compromiso para lograr la prosperidad en toda la región. Señalé que ninguno de nuestros países puede lograr su verdadero potencial si otros se quedan atrás. Expliqué nuestra iniciativa del desarrollo mediante las plantas gemelas con los fondos 936 y señalé que ya 21 compañías 936 se habían comprometido a desarrollar plantas gemelas en distintas islas del Caribe. Anuncié un programa de becas para 10 estudiantes de cada uno de los países que componían CARICOM para recibir adiestramiento práctico, técnico y académico en el Centro Técnico de la Universidad de Puerto Rico en Mayagüez. El mensaje tuvo un fuerte impacto. La Conferencia aprobó una enérgica resolución dirigida al presidente y al Congreso apoyando nuestra iniciativa.

El 5 de julio de 1985 recibí en la Base Muñiz de Isla Verde al primer ministro de Jamaica Edward Seaga. Este se había pronunciado en Barbados muy favorablemente sobre nuestra iniciativa caribeña. Reconocía a Puerto Rico como la principal economía antillana y entendía con claridad nuestra capacidad de liderazgo para fomentar el desarrollo económico de las islas mediante el uso de los fondos 936. Jamaica tenía un interés especial en desarrollar industrias de textiles y electrónica y en el financiamiento de unidades de viviendas prefabricadas en Puerto Rico para instalación en esa isla caribeña. La visita de Seaga fue corta pero muy importante porque se convirtió en uno de nuestros principales aliados.

Los informes que me llegaban de Casa Blanca eran que los resultados de mis gestiones con los líderes caribeños estaban teniendo un impacto favorable en los círculos allegados al presidente. Sin embargo, el enfoque internacionalista no era el más efectivo para bregar en el Comité de Medios y Arbitrios de la Cámara. Allí se trataba del pragmatismo económico y fiscal. Rostenkowski, uno de los hombres más poderosos de la Cámara de Representantes y quien era el presidente del Comité, había señalado una vista del Comité sobre la reforma para el 11 de julio de 1985. Un hombre duro, político práctico de Chicago, Rostenkowski era de ideología liberal, la cual no favorecía el tratamiento contributivo favorable a las compañías.

Como gobernador yo estaba convocado para testificar ante el Comité. También comparecerían varias entidades puertorriqueñas que habían solicitado intervenir. Consciente de que para prevalecer en el Congreso Puerto Rico tiene que ir con unidad de mensaje, reuní en Fortaleza a todas las entidades del sector privado que habían solicitado comparecer y luego de un productivo intercambio de opiniones, acordé con ellos los puntos básicos que todos habríamos de sostener en nuestras intervenciones ante el Comité. Estos eran: que la eliminación de la 936 no aportará recursos o ingresos al Tesoro porque las compañías se irán a otros países; la eliminación devastaría la economía de Puerto Rico y a cientos de miles de trabajadores puertorriqueños; se produciría una fuerte emigración hacia Estados Unidos; se requeriría un incremento de ayudas federales; y habría una reducción dramática de las compras que hace Puerto Rico en los Estados Unidos. Todas las comparecencias sostendrían estos puntos pero desde la óptica de cada compareciente y al sector que representaba. Me aseguré un frente coherente para comparecer ante el Comité de Medios y Arbitrios.

El 10 de julio de 1985, un día antes de la vista, viajé a Washington para reunirme con Rostenkowski y Baker. En cada una de las reuniones les presenté los argumentos que habíamos acordado en la reunión de Fortaleza y además elaboré sobre lo que estábamos logrando respecto a las plantas gemelas con los países del Caribe. Fueron reuniones informativas pero yo quería comunicarles en especial algo que también había acordado con todos los del sector privado que participarían en la vista. No estábamos dispuestos a aceptar el cambio de la 936 por un incentivo salarial así como tampoco cambios a la propia 936, salvo aquellos cambios necesarios para evitar abusos de parte de las compañías respecto a su contribución sobre ingresos. En estas reuniones tiré con firmeza una línea sobre lo que era aceptable y lo que no era aceptable para Puerto Rico. Cuando el Gobierno de Puerto Rico se posiciona con razón de esta manera, Washington escucha con respeto.

Al día siguiente comparecí a la vista del Comité en la Cámara. Me acompañaron al presentar testimonio Antonio Colorado y Jaime Fuster. El comisionado residente había hecho su trabajo en el Congreso. Había obtenido el respaldo de Jim Wright, el líder de la mayoría de la Cámara y el respaldo de Morris Udall, Ferdinand St. Germain, William Gray, Kika de la Garza y Michael Barnes, presidentes de los cinco principales comités camerales. La representante Barbara Kennelly actuó de presidenta en funciones sustituyendo a Rostenkowski. Tanto ella como otros miembros del Comité expresaron su respaldo a nuestra iniciativa. Uno de esos miembros fue el congresista Charles Rangel, quien asumió un efectivo rol de liderazgo en nuestro favor en las batallas que teníamos por delan-

Con Antonio J. Colorado y Jaime B. Fuster en el Congreso, defendiendo
la sección 936 en 1985

te. Los representantes del sector privado siguieron la línea argumental previamente acordada.

La vista fue todo un éxito para Puerto Rico, pero esto era solo el principio del proceso ante el Comité que presidía Rostenkowski. Unos días después, este hizo expresiones favorables a nuestra posición pero nada concreto. En paralelo a nuestra brega con el Comité, bregábamos con el Tesoro. El 6 de septiembre volví a reunirme con el secretario Baker para entregarle unos informes elaborados con profundidad factual y analítica por la reputada firma internacional ICF con 67 oficinas alrededor del mundo.[26] Un informe establecía que el Gobierno federal no recuperaría los $1,700 millones que el Tesoro postulaba que se recuperarían en recaudos si se eliminaba la 936. El otro precisaba con amplitud los beneficios del plan de las plantas gemelas y establecía cómo el mismo contribuiría al éxito de la Iniciativa del Caribe del presidente. Baker solicitó a los subsecretarios Ronald A. Pearlman y Richard Darman que estudiaran estos informes. Salí esperanzado de que el Tesoro modificara su posición y nos ayudara a defender la 936 ante el Comité de la Cámara. No fue así.

El 28 de septiembre los técnicos del Comité de la Cámara presentaron su informe. El mismo nos favorecía y a la vez nos desfavorecía. Nos favorecía al mantener la 936 y descartar el crédito salarial. Nos desfavorecía por la eliminación del *cost sharing*, el método para contabilizar los intangibles y por la imposición de un impuesto de 17% sobre los ingresos pasivos. Esto afectaba negativamente a las plantas electrónicas trabajando en Puerto Rico y a los fondos depositados en nuestro sistema bancario. A la vez, reducía la efectividad de nuestro plan de plantas gemelas.

Cuando comparecí el 3 de octubre ante el Comité de Finanzas del Senado que estaba considerando en paralelo el proyecto de reforma contributiva, tuve que enfrentarme a ese informe de los técnicos del Comité de la Cámara. El Comité del Senado había sido presidido por Robert Dole, quien era férreo enemigo de la 936 y ahora estaba presidido por Robert Packwood quien tampoco era amigo de la sección. Ataqué fuertemente el informe de los técnicos de la Cámara y frente a las preguntas de los miembros establecí que las enmiendas a la 936 que ellos recomendaban eran totalmente inaceptables para nosotros. Expliqué nuestro plan de plantas gemelas para el Caribe. La recepción de mi testimonio fue muy fría y los senadores se desparramaron con toda clase de preguntas y comentarios sobre temas no relacionados con la 936.

El Comité de la Cámara se reuniría el 16 de noviembre de 1985 para tomar decisiones sobre la reforma contributiva del presidente, incluyendo lo de la 936. Durante los días anteriores a la reunión, Fuster, Colorado y yo cabildeamos intensamente en el Capitolio. Reuniones y reuniones. Largas caminatas por los pasillos del poder. Subidas y bajadas de optimismo. Charles Rangel, nuestro campeón dentro del Comité, consiguió el apoyo bipartita de Richard Gephardt, Andrew Jacobs y John Duncan. Ellos trabajaban a los otros miembros del Comité. Al final la cosa se nos complicó. Tres días antes de la reunión del Comité, el Tesoro bajó recomendando que se mantuviera la 936 pero con una serie de enmiendas todavía más restrictivas que la de los técnicos del Comité. Al amanecer del 16 de noviembre, que cayó un sábado, no sabíamos qué iba a pasar.

A mediodía nos llegó la noticia. Obtuvimos una impresionante victoria. El Comité mantuvo la 936 y rechazó las enmiendas de los técnicos y del Tesoro. Solo incorporó unas pequeñas enmiendas dirigidas a prevenir abusos de parte de las compañías. Fuster dijo que si le aplicáramos una escala de 1 hasta 100 al resultado, habíamos obtenido 99. La noticia causó gran júbilo en Puerto Rico. Todos los entendidos en el tema expresaron su satisfacción y anticiparon un uso muy productivo de la sección para Puerto Rico y en el Caribe. El Tesoro por su parte percibió que, dado lo ocurrido, su posición no iba a prevalecer ni en la Cámara en pleno ni en el Senado.

Al comenzar el 1986 se celebró la conferencia anual de Miami sobre el Caribe. De entrada en la misma el primer ministro Seaga reclamó con fuerza la preservación de la 936. Minutos después, el vicepresidente Bush anunció que la administración había cambiado su posición sobre la 936. En su alocución caracterizó nuestra iniciativa como creativa y como el tipo de iniciativa que se necesitaba para expandir las oportunidades que ha ofrecido la Iniciativa del Caribe del presidente. Vinculó además, sin límites de tiempo, el apoyo de la administración para la 936 con lo que los Estados Unidos podía lograr en el Caribe.

El jaque mate para lograr la aprobación de la iniciativa de Puerto Rico en el Congreso ocurrió en la isla de Grenada. No fue por casualidad que habíamos escogido a Grenada como el primer país caribeño al cual llevamos nuestra iniciativa de las plantas gemelas. Para Reagan, Grenada tenía una importancia especial. Bajo su presidencia en el 1983, los Estados Unidos y varias otras naciones caribeñas llevaron a cabo allí una operación militar en respuesta al golpe de Estado de Hudson Austin y su alianza militar cubano-soviética. Establecido un nuevo Gobierno, las fuerzas se retiraron. Reagan necesitaba fortalecer la economía de la pequeña Grenada.

El 20 de febrero de 1986, Reagan visitó Grenada para reafirmar su compromiso de ayudar económicamente a Grenada y a los países caribeños. Ante unas 20,000 personas que lo esperaban en el Queens Park de la capital de la isla, el presidente no solo reafirmó su compromiso, sino que endosó expresamente la iniciativa de Puerto Rico:

> Our Congress is considering a change in the tax code to permit funds in Puerto Rico's Development Bank to be used for investment loans elsewhere in the Caribbean. This proposal, worked out with Governor Hernández Colón of Puerto Rico, has my endorsement and bipartisan support in our Congress. The Governor has spearheaded a drive to persuade United States firms in Puerto Rico to invest in plants in other parts of the Caribbean. And he is committed to the ambitious goal of $100 million in new investment into Caribbean Basin countries each year. Now, three major U.S. firms have already announced plans to place projects here in Grenada, and other projects are moving forward elsewhere in the Caribbean. The tax provisions being considered by Congress are tied to the success of this investment program. We applaud Puerto Rico's contribution and urge congressional approval.[27]

Las palabras del presidente me causaron gran alegría y una honda satisfacción. Se cristalizaban nuestras esperanzas, no solo para defender miles de puestos de trabajo, sino para mantener cara al futuro una fuerte corriente de inversiones en Puerto Rico y en el Caribe. Pensé en lo acertada que fue la visión que tuvo Copaken al recomendarme la estrategia que seguimos para defender la 936. Me sentía confiado de poder cumplir con el compromiso mencionado por el presidente de generar $100 millones en inversiones anuales en el Caribe con los fondos 936. Sentí seguridad de que luego de estas expresiones del presidente, el Senado se alinearía en apoyo de nuestra iniciativa. Sin embargo, mi experiencia de bregar con el Congreso me decía que tenía que mantener la intensidad de nuestros esfuerzos porque en el mundo del Congreso, cualquier cosa puede pasar cuando se está considerando un proyecto de importancia nacional como la reforma del sistema contributivo.

Esos esfuerzos requerían que las compañías concretaran sus compromisos de establecer plantas gemelas en el Caribe. Así se lo hice saber a las compañías el 21 de marzo en el hotel Cerromar de Dorado, donde se celebró una importante conferencia con asistencia de las compañías y representantes de numerosos países caribeños, destacándose Edward Seaga, primer ministro de Jamaica y Vinicio Cerezo, presidente de Guatemala. Fui claro: la sección 936 solo sobreviviría si las compañías localizadas en Puerto Rico invertían $100 millones al año en el Caribe para cumplir con el compromiso con el Congreso. Algunos de los ejecutivos pusieron en duda que pudiéramos alcanzar esa cifra. Yo no podía dudar.

El 5 de mayo, volvimos a obtener una importante victoria en el Congreso. El Comité de Finanzas del Senado aprobó unánimemente una propuesta que retenía la sección 936 con enmiendas que mejoraban lo aprobado por la Cámara de Representantes. Se autorizaba el uso de los fondos 936 depositados en la banca privada para los proyectos en el Caribe, además de los depositados en el Banco Gubernamental de Fomento; se eliminaba el requisito de que el pago por patentes fuera revaluado anualmente; y se aseguraba que los fondos 936 fueran depositados en los bancos de Puerto Rico, no en bancos extranjeros. Posteriormente se logró otra enmienda que permitiría usar los fondos 936 para financiar proyectos de infraestructura en otras islas del Caribe. El 24 de junio, se aprobó el proyecto del presidente por el Senado federal. Faltaba ahora reconciliar las diferencias con el proyecto de la Cámara.

El 17 de julio comenzaron las negociaciones en el Comité de Conferencias del Senado y la Cámara para reconciliar esas diferencias. Yo estaba presente en Washington pendiente de lo que ocurría. Nunca antes, ni después, vi tanta aglomeración de cabilderos en los pasillos que rodeaban el salón donde se encontraba reunido el Comité de Conferencias. Todos los intereses corporativos y comerciales que serían afectados por la amplia reforma contributiva se estaban moviendo para defender sus exenciones o promover sus intereses. Una reforma contributiva de la magnitud que interesaba el presidente afectaba a todo el mundo. Las difíciles negociaciones en el Comité de Conferencias, a veces con griterías de los miembros, se extendieron a lo largo del mes de julio y principios del mes de agosto.

El 15 de agosto, regresé a Washington junto a Antonio Colorado. El comisionado Fuster nos había advertido que podían surgir problemas con la 936 en la reunión final de la conferencia. El ambiente era tenso. La información que se nos filtró era que había un tranque porque los números de la reforma arrojaban un déficit de $17 mil millones y que todas las alternativas estaban sobre la mesa para solventar el déficit. Esto incluía la 936.

Al otro día, sábado, se reunió el Comité de Conferencias de Senado y Cámara. Cuando se trató lo de la 936, que era solo una parte pequeña del proyecto del presidente, surgió la figura de Charlie Rangel, quien ostentaba un liderazgo poderoso en la parte de la Cámara y dio la batalla triunfante para que prevaleciera la iniciativa de Puerto Rico. La aprobación final por el Comité de Conferencias del proyecto de reforma del presidente ocurrió cerca de medianoche de ese sábado, 16 de agosto de 1986. La Cámara aprobó la versión recomendada por el Comité de Conferencias el 25 de septiembre; el Senado hizo lo propio el 27 de ese mes.

En los jardines de la Casa Blanca, ante los líderes del Congreso, de su gabinete y de más de 1,500 invitados, el presidente Reagan firmó el proyecto el 22 de octubre de 1986. Al firmarlo, caracterizó la ley como "*the best antipoverty bill, the best profamily measure and the best job-creation program ever to come out of the Congress of the United States*".[28]

La noticia produjo un gran júbilo en la isla. Las celebraciones se sucedieron entre los grupos que habían ayudado a dar la batalla. Yo sentí un gran alivio en mi espíritu, porque habíamos evitado la pérdida de un 25% de los puestos de trabajo en la isla. Una catástrofe económica y social que hubiera golpeado brutalmente a miles de familias puertorriqueñas. Al dirigirme al pueblo por televisión le dije:

> Esta noche quiero unirme a la alegría del pueblo de Puerto Rico, porque con la firma del presidente Reagan de la Ley para la Reforma Contributiva, culmina victoriosamente la batalla más importante que hayamos librado juntos, el pueblo y el Gobierno de Puerto Rico. Juntos, hemos logrado salvaguardar para nuestra isla la herramienta más importante de su desarrollo económico; juntos hemos ganado para Puerto Rico la permanencia de la Sección 936.[29]

El 14 de noviembre de 1986, el *New York Times* editorializó describiendo a Puerto Rico como la brisa fresca del Caribe. El editorial enfocó nuestra propuesta de plantas gemelas, valorándola como complemento necesario a la iniciativa del Caribe del presidente Reagan. Describió nuestra lucha para retener la 936 haciendo constar que: "*Puerto Rico fought to retain that exemption in the recent tax reform battle, Twin-planting, the brainchild of Gov. Rafael Hernández Colón, was one of its most potent arguments*".

Aprobada la ley, recaía sobre mi administración la responsabilidad de promover el desarrollo de proyectos en Puerto Rico y en el Caribe por las compañías y los gobiernos caribeños. El Comité de Conferencias había eliminado el condicionamiento de la vigencia de la 936 al cumplimiento por Puerto Rico con el compromiso de promover proyectos montantes a $100 millones anuales. Pero yo me proponía cumplir con esa meta. En gobierno las metas altas siempre son buenas aunque no se alcancen porque el trabajo que se realiza para alcanzarlas rinde muchos frutos de todas maneras. Sobre los hombros de Antonio Colorado recayó la responsabilidad primaria de la gestión que nuestra administración tenía que llevar a cabo. Con el apoyo de todos los funcionarios de la administración, Colorado llevó a cabo su trabajo durante los próximos años con extraordinario éxito. El empuje que le dio trascendió más allá de nuestra administración. La corriente de inversiones que generó en los años de mi administración produjo los resultados siguientes:

- Entre 1985 y 1991 el crecimiento económico acumulativo de Puerto Rico fue de 20.8%. Solo Japón nos superó.[30]
- Se crearon 240,000 empleos en Puerto Rico.[31]
- El empleo total ascendió a 999,000 en el año fiscal 1993, el nivel más alto hasta esa época.[32]
- El ingreso per cápita en Puerto Rico era más alto y estaba más equitativamente distribuido que en cualquier país de América Latina.[33]
- El depósito de fondos 936 en los bancos de Puerto Rico desde 1985 a 1992 ascendió a $46,348,786,000.[34]
- La inversión de fondos 936 en el Caribe ascendió a $1,287,836,069.[35]
- Nuestra economía creció a un nivel más acelerado que la de los Estados Unidos.
- Cuando hubo recesión en Estados Unidos a principios de los 90, en Puerto Rico no la hubo.
- Puerto Rico asumió el liderazgo del desarrollo económico en el Caribe.
- Puerto Rico se convirtió en la capital de la industria farmacéutica en el mundo.

La firma Political Risk Services clasificó a Puerto Rico por dos años consecutivos —1991-1992— como el lugar más atractivo, seguro y confiable para la inversión a nivel mundial.[36]

Íbamos a toda vela.

La administración que me sucedió entró al poder aspirando a convertir a Puerto Rico en un estado de la unión americana. La Constitución de Estados Unidos no permite que el Congreso conceda los beneficios de la 936 a los estados. Cuando el Tesoro cuestionó nuevamente la 936, el Gobierno de Puerto Rico entregó la sección.[37] El Congreso la eliminó de manera escalonada a lo largo de 10 años. Al finalizar los 10 años, en el 2006, la economía de Puerto Rico cayó en una recesión que perdura al

Crecimiento Económico Acumulado 1985–1991
Banco Gubernamental de Fomento, Acelerando el Progreso (1992), FRHC.

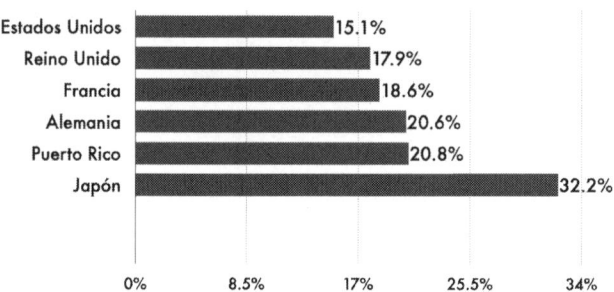

Crecimiento del Producto Bruto Real
Banco Gubernamental de Fomento, Acelerando el Progreso (1992), FRHC.

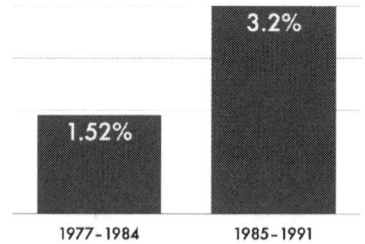

día de hoy.[38] Nunca pensé que un Gobierno electo por el pueblo de Puerto Rico pudiera causarle un daño así a nuestro pueblo por un apasionamiento ideológico. No podía imaginar tal grado de insensibilidad hacia el dolor de miles de padres y madres de familia que perdieron su empleo. No obstante, siempre fui consciente de que el Tesoro era refractario en cuanto a esta sección y que por eso nuestro desarrollo económico no podía depender exclusivamente de la misma.

El esfuerzo para un tratado con Japón

Mientras librábamos la batalla en defensa de la 936 desarrollamos un plan de promoción industrial para complementar —no sustituir— la 936. El plan fomentaba la inversión de capitales nativos y fortalecía el programa de industrias puertorriqueñas. Diversificamos las fuentes de inversión hacia Europa y el Oriente Asiático, en particular España, Inglaterra, Suiza y Japón. Nos interesaba sobre todo Japón, donde Fomento ya tenía una oficina. Para esos años Japón tenía una de las economías más pujantes del planeta. Las compañías japonesas procuraban establecerse dentro de Estados Unidos para combatir las críticas de los miembros del Congreso contra sus exportaciones provenientes de Japón. Durante los años de Operación Manos a la Obra (1948–1976), Puerto Rico llegó a tener un 13% del total de la inversión japonesa en los Estados Unidos. Pero esto bajó hasta solo el 4%.

Hicimos contacto con el Gobierno japonés. En septiembre de 1985, nos visitaba una delegación japonesa encabezada por Kazuo Nakamura, director general de Mitsubishi Bank, el séptimo banco más grande del mundo. El banco había invertido cerca de $500 millones en financiamientos públicos en Puerto Rico y era nuestra punta de lanza para un esquema de inversiones de industrias japonesas en Puerto Rico. Durante esa visita se planificó una visita de Colorado a Japón, la cual sería seguida por otra de mi parte al final del año.

El 2 de diciembre de 1985 en el hotel Okura de Tokio, le dirigí un mensaje promocional para invertir en Puerto Rico a unas 220 personas de los sectores fabriles, de la banca, de exportaciones e importaciones, de la electrónica, de piezas de automóviles, de farmacéuticas, de procesadoras de pescado y de químicos. Del sector público intervinieron Antonio Colorado y José Oyola, el presidente del Banco de Fomento. Del sector privado, Manuel Borrero, el presidente de la Asociación de Industriales y Alberto Paracchini, el presidente de la Asociación de Bancos. De todos nosotros los boricuas, esta fue nuestra primera experiencia en dirigirnos a una audiencia que no hubiera entendido una sola palabra de lo que

En viaje a Japón para negociar un tratado en 1985

decíamos, a no ser por los traductores que simultáneamente traducían nuestros mensajes.

Comenzamos con nuestra delegación una intensa semana de trabajo promocional entre financieros e industriales, incluyendo visitas a fábricas como a la de la Panasonic y la de Nippon Electric Co. (NEC).[39] Esto nos llevó a las ciudades de Tokio, Osaka y Kioto. A nivel manufacturero, varias importantes empresas manifestaron su interés en establecerse en Puerto Rico y posteriormente concretaron su intención. A nivel gubernamental exploré un acuerdo contributivo entre Japón y Puerto Rico con Mike Mansfield, el embajador de los Estados Unidos en Japón. El acuerdo perseguía estimular las inversiones de compañías japonesas en Puerto Rico. El mismo se titulaba: Convention Between Japan and the Commonwealth of Puerto Rico for the Avoidance of Double Taxation and the Prevention of Fiscal Evasion with Respect to Taxes on Income.[40] Lo habíamos estudiado cuidadosamente en Puerto Rico durante los meses anteriores. Posteriormente me reuní con funcionarios de los ministerios de Finanzas y Relaciones Exteriores para discutir la idea que había discutido con Mansfield.

Abríamos camino a inversiones en Puerto Rico complementarias con las provenientes de los Estados Unidos. A finales del año siguiente, a invitación del Gobierno británico, viajaría a Inglaterra con una delegación del sector privado para promocionar la inversión en Puerto Rico. Inglaterra tenía una poderosa industria farmacéutica que había demostrado gran interés en la isla. Unos años después inauguré en Guayama la apertura de la planta ICI, una de las empresas británicas más fuertes en la Unión Europea.

Al regreso de mi viaje a Japón, empecé a trabajar con el Gobierno federal lo del convenio contributivo con Japón. Esencialmente el acuerdo consistía en que, a base de la exención contributiva que concede Puerto Rico, Japón le otorgaría una igual a la compañía inversora. En otras palabras, el convenio proveería para una 936 de Puerto Rico con Japón. Para aquel entonces, Japón concedía este tratamiento contributivo a Corea del Sur y a 13 otros países en vías de desarrollo.

Mansfield apoyaba nuestra iniciativa. Roger Mentz, el secretario auxiliar del Tesoro a cargo de política contributiva, también la apoyó e igual funcionarios del Departamento de Comercio. Sin embargo, el Departamento de Estado reaccionó adversamente cuando la embajada de Estados Unidos en Japón indagó sobre la capacidad de Puerto Rico para llevar a cabo las negociaciones con Japón y el acuerdo.

Esto me planteó dos retos cara al Departamento de Estado. Tenía que convencer al Departamento que Puerto Rico tenía la capacidad para llevar a cabo las negociaciones y concertar el acuerdo, pero también tenía que convencerlo de que el acuerdo no infringía la política exterior que seguía los Estados Unidos en materia de tratados contributivos con otros países. Lo que nos estaba ocasionando el problema con Estado era que Estados Unidos, aunque celebraba tratados contributivos con otros países, al mismo tiempo mantenía una política pública de no establecer tratados contributivos tipo 936 con países extranjeros.

Yo no tenía duda de que Puerto Rico tenía la capacidad legal para entrar en convenios con otros países. También entendía que llevar a cabo el convenio propuesto no estaba en contra de la política exterior de los Estados Unidos porque el mismo se basaba en nuestra autonomía fiscal. El convenio no comprometería a los Estados Unidos que, por su parte, tenía sus propios arreglos contributivos con Japón para evitar la doble imposición y el discrimen contributivo contra los ciudadanos japoneses. La obligación de no imponer contribuciones a las inversiones japonesas sería exclusivamente una de Puerto Rico que goza de autonomía fiscal bajo el Estado Libre Asociado. De parte de Japón, el convenio solamente exoneraría las inversiones que se llevaran a cabo en Puerto Rico.

El 17 de julio 1986, comparecí ante el Comité de lo Interior y Asuntos Insulares de la Cámara de Representantes del Congreso junto a Michael Kozak, asesor legal del Departamento de Estado y otras personas para deponer en torno a las cuestiones legales y de política exterior que se habían levantado con motivo de nuestras negociaciones con Japón. Expliqué el potencial benéfico que tenía la inversión en manufactura japonesa, tanto para Puerto Rico como para el Caribe. Signifiqué el apoyo que teníamos de funcionarios del ejecutivo federal y critiqué la dilación que sufrían las negociaciones por la posición asumida por el Departamento de Estado. Señalé que la posición de Estado era contradictoria con la aprobación que le había dado al Commonwealth de las Islas Marianas para asociarse con la Comisión Económica y Social para Asia y el Pacífico y para la Comisión del Pacífico del Sur. Insistí que, al igual que en el convenio de las Islas Marianas, el Congreso no había limitado a Puerto Rico para llevar acuerdos de esta naturaleza. Recabé del Comité su ayuda para obtener la pronta aprobación del Departamento de Estado.[41]

El testimonio de Kozak, representando al Departamento de Estado y en coordinación con Casa Blanca, coincidió con mi posición de que Puerto Rico tenía la capacidad legal para llevar a cabo convenios con países extranjeros dentro del marco de la política exterior de los Estados Unidos.[42] Kozak explicó que, para llevar a cabo esos acuerdos, era necesario una coordinación amplia con el Gobierno de Estados Unidos. "El propósito de una coordinación amplia y consciente con el Gobierno de Estados Unidos es asegurarse que no habrá conflicto entre los intereses estadounidenses y puertorriqueños", dijo Kozak. "Creemos que los planes de Puerto Rico de entablar una cooperación con sus vecinos contribuye no solo al desarrollo de la isla, sino también al ensanchamiento del objetivo de la política exterior de los Estados Unidos sobre la seguridad económica para todas las naciones beneficiarias de la Iniciativa de la Cuenca del Caribe", afirmó. El testimonio de Kozak resolvió el issue de la capacidad de Puerto Rico para entrar en estos acuerdos internacionales. Sin embargo, dejó abierta la cuestión de si en efecto el convenio sería acorde con la política exterior de los Estados Unidos en materia tributaria. Teníamos que convencer a George Shultz, el secretario de Estado, que el convenio sería acorde con esa política.

El 14 de agosto de 1986 me reuní con Shultz en su oficina del Departamento de Estado. Shultz era un economista y hombre de negocios que había ocupado varias posiciones en el Gobierno federal antes de ser secretario de Estado. La reunión fue larga. Empecé explicándole la necesidad de complementar las inversiones de Estados Unidos con inversiones japonesas en Puerto Rico y el Caribe, y luego pasé a explicarle la naturaleza del tratado que nos proponíamos llevar a cabo. Shultz entonces me presentó la objeción de que esto comprometía a los Estados Unidos. Le expliqué nuestro convenio con Estados Unidos y nuestra autonomía fiscal. Percibí una reacción favorable. Seguimos discutiendo el tema de la política exterior de los Estados Unidos en materia fiscal y la discusión se prolongó bastante. Salí satisfecho de haber comunicado adecuadamente nuestro mensaje.

La decisión de endosar o no nuestra negociación con Japón le tomó cuatro meses al Departamento de Estado. Análisis interno, intercambios con Casa Blanca y otros departamentos, agencias federales y con nuestros asesores y técnicos. En el proceso nos enteramos que el sector estadista de Puerto Rico había planteado en Casa Blanca que no se debía permitir que Puerto Rico llevara a cabo este convenio con Japón porque esto constituiría un serio obstáculo para la estadidad. El secretario me comunicó su decisión el 17 de diciembre de 1986 en una larga carta. En la misma me indicó que se le había dado una consideración muy seria a mi planteamiento pues el Departamento compartía mi interés en promover inversiones externas en Puerto Rico y deseaba cooperar con el desarrollo económico de la isla. Sin embargo, no podía acceder a mi planteamiento por razones de política exterior contributiva de suma importancia:

> [F]or extremely important U.S. policy reasons, the United States Government cannot grant consent to your request. I know you will understand that the length of time the decision has taken is a consequence of the complexity of the issue and the seriousness with which we took your request.
>
> Because the United States is internationally responsible for Puerto Rico, our consent to this proposal would be taken as a change in U.S. policy regarding tax sparing; it would be seen as a U.S. Government request to the Japanese Government to grant tax sparing to Puerto Rico and would be treated internationally as though the United States had entered into the agreement directly with Japan. We considered long and hard authorizing an arrangement between Puerto Rico and Japan subject to conditions which would meet our concerns but came to the conclusion that those conditions were not achievable, and consent on that basis would be disingenuous. We are also concerned at the consequences that consent to your proposal could have for your benefits under Section 936 of the U.S. tax code. Those benefits were maintained with difficulty and Congress would expect its approval to be sought for any expansion of those benefits.[43]

El secretario terminó la carta reiterando el interés del Departamento de cooperar en cuanto a las gestiones promocionales de Puerto Rico en Japón y consignando el apoyo de la sección comercial de la Embajada de Estados Unidos en Japón para nuestras gestiones.

La negativa del consentimiento por el Departamento terminó con las negociaciones del convenio. No obstante, con la cooperación del Departamento de Estado continuamos nuestras gestiones promocionales. Mi experiencia con el Departamento de Estado fue una de cooperación de su parte y la oposición al convenio con Japón fue la excepción. Negaron su aprobación solo al acuerdo contributivo con Japón después de mucho estudio y de tratar de encontrar la manera de permitirlo sin menoscabar la política exterior contributiva de Estados Unidos. No les fue posible.

Aunque el no consentir que Puerto Rico llevara a cabo el convenio con Japón le negó a Puerto Rico una importante corriente de inversiones, la decisión de Estado no representó un menoscabo jurídico o de poderes al Estado Libre Asociado. El Departamento reconoció ante el

Congreso la capacidad de Puerto Rico como Estado Libre Asociado para llevar a cabo convenios con países como Japón. Pero como Estado Libre Asociado el convenio tiene que estar acorde con la política exterior de los Estados Unidos. Esto es un principio básico de la asociación que a su vez nos permitía la 936 con Estados Unidos, lo cual no tenía ningún otro país. Durante los ocho años que cubren estas memorias mi administración celebró muchos acuerdos con países independientes o con instrumentalidades de los mismos.[44] Además se incorporó a Puerto Rico como miembro de organismos internacionales.[45] Nunca tuve objeción del Departamento de Estado para llevar a cabo estas actuaciones a nivel internacional. Al contrario, siempre tuve su cooperación.

En la opinión pública de Puerto Rico, la negativa cayó muy mal pues la idea de tener una 936 con Japón creaba mucha ilusión. Por otra parte atizó el debate sobre el status político. La oposición independentista levantó bandera contra una alegada incapacidad del Estado Libre Asociado. Los estadistas, que habían obstruido el proceso combatiendo el convenio propuesto en Casa Blanca, proclamaron que el Departamento de Estado nos había dado un tapaboca por haber estado jugando a la república.

Las reacciones de los líderes independentistas y estadistas evidenciaron el subdesarrollo político (falta de madurez) que padece ese sector de nuestra clase política. Perciben la realidad bajo el prisma de su ideología, lo cual les lleva a demonizar el status presente y endiosar la independencia o la estadidad como soluciones mágicas a todos nuestros problemas. Esta óptica entraña un bloqueo emocional que impide su percepción de la realidad, su objetividad en el análisis y su creatividad para aportar soluciones a los problemas. Su oposición ideológica se ha convertido en una noria disfuncional que menoscaba el funcionamiento efectivo de nuestro sistema democrático de gobierno. Su cainismo político quebranta el progreso del país.

Nombramiento de Sila M. Calderón como secretaria de Estado
(26 de mayo de 1989)

CAPÍTULO 3

GOBIERNO Y SERVICIO PÚBLICO

Gobernar en Puerto Rico requiere convivir con fuerzas de oposición ideológica poco constructivas. Yo tenía que mantener mi concentración sin permitir que la oposición nos empantanara en el debate sobre el status. Tenía que ocuparme de las gestiones estratégicas para alcanzar nuestros objetivos en las áreas prioritarias que había definido en mi mensaje inaugural. Pero la tarea de gobierno es muchísimo más amplia y más compleja. Ni el tiempo ni la energía del gobernador alcanzan para llevarla a cabo. El gobernador necesita de otra persona de gran capacidad administrativa que le sea completamente leal, aunque se le oponga si cree que sus decisiones son equivocadas. Tuve la suerte de tener en Fortaleza a Sila María Calderón.

Sila trabajó como mi ayudante durante mi primer mandato de 1973 a 1976. Al comienzo de mi segundo mandato le pedí que viniera a Fortaleza para entrenar el Cuerpo de Ayudantes. No pensaba tener un *chief of staff*. Me dijo que vendría a ayudarme por un tiempo limitado. Organizó muy bien el Cuerpo de Ayudantes y los preparó para llevar a cabo sus funciones. Poco tiempo después me dijo que había terminado su tarea y que se iba. Yo le dije que me había dado cuenta de que necesitaba un *chief of staff* y que quería que fuera ella, por lo cual no se podía ir. Y se quedó como *chief of staff* bajo el título de coordinadora interagencial. Al cabo de un tiempo percibí que ella me podía ayudar mucho más a correr el Gobierno, creando un cargo de un mayor rango en la propia Fortaleza. Mediante la Orden Ejecutiva número 4669 creé la Secretaría de la Gobernación y el Cuerpo de Asesores del Gobernador. Nombré a Sila secretaria de la Gobernación. Sus funciones principales eran dirigir la ejecución e instrumentación de la política pública y programática del Gobierno según establecida por mí, a través de todos los departamentos, agencias e instrumentalidades del Gobierno y ser el principal asesor del gobernador. Constituí el Cuerpo de Asesores del Gobernador por la misma orden ejecutiva. Los ayudantes pasaron a integrar el Cuerpo de Asesores bajo la dirección de Sila.[46]

Sila fue mi mano derecha durante los próximos seis años. Corría el Gobierno con una gran eficiencia. Se ganó el respeto de todos. Ejecutaba a perfección. Yo podía dedicarme a los asuntos prioritarios. La unidad de mando y dirección en Fortaleza era impecable. A fines del 88, la nombré secretaria de Estado. Ejerció este cargo junto a la Secretaría de la Gobernación hasta que se retiró en 1990.

Consejos de Gobierno y Centro de Estudios Especializados de Gobierno

Mi intervención en la gestión de gobierno se daba a través de una reunión semanal con Sila y los asesores, y a través de los Consejos de Gobierno con ella y los secretarios o jefes de agencias en forma trimestral. Organicé los Consejos usando la técnica de "gerencia por objetivos" los cuales eran los que había señalado en el mensaje inaugural. Cada uno estaba integrado por los funcionarios a cargo de las áreas de gobierno prioritarias. En sus reuniones los funcionarios tenían que acreditar ante mí la labor realizada durante el trimestre anterior, se elaboraban los planes de trabajo y yo impartía mis encomiendas para el próximo trimestre.

La ejecución de las encomiendas por los departamentos y agencias era esencial para lograr los objetivos. Teníamos que formar servidores públicos. Creamos por ley el Centro de Estudios Especializados en Gerencia de Gobierno. El Centro se conceptualizó por la Escuela de Gobierno John F. Kennedy de la Universidad de Harvard. El Centro y un Programa de Excelencia Gubernamental que creamos dotaron a nuestros funcionarios públicos con las destrezas y los conocimientos necesarios para la más apta administración pública mediante adiestramientos básicos y de alta gerencia gubernamental. Expertos en administración pública de calibre internacional compartían anualmente sus experiencias con los docentes del Centro. Logramos levantar un espíritu de servicio de excelencia en 4,959 servidores públicos que asistieron a adiestramientos extensos y 5,659 servidores públicos que asistieron a adiestramientos de corta duración durante los ocho años de la administración.[47]

En adición a la formación de nuestros servidores públicos aprobamos una Ley de Procedimiento Administrativo Uniforme.[48] Esta ley promovió por primera vez la uniformidad en todos los procedimientos de las agencias administrativas del país. La misma constituyó la culminación de muchos esfuerzos legislativos desde el año 1968 hasta el 12 de agosto de 1988 en que firmé la ley. Las agencias de gobierno se resistían a esta legislación que les reglamentaba sus procesos para adoptar reglamentos y llevar a cabo adjudicaciones. En el Gobierno federal existía el Administrative Procedure Act, una ley que gobernaba esos procesos en las agencias del Gobierno federal desde el 1946. Nuestra ley fue de factura local impulsada por el senador Francisco Aponte Pérez.

La ley constituyó la pieza fundamental del derecho administrativo en Puerto Rico. Estableció el procedimiento para aprobar reglamentos por las agencias y el procedimiento para adjudicar peticiones, reclamaciones o querellas presentadas por los ciudadanos ante las agencias. También proveyó para la revisión judicial de esos procesos. En particular estableció el procedimiento para la concesión de licencias, franquicias, o permisos y el requerimiento de información y publicación de los reglamentos y decisiones de las agencias.

Siempre recordaré la dificultad que tuve para aprobar esa ley cuando me llegó de la legislatura a Fortaleza. Todos los departamentos y agencias del Gobierno me remitieron memorandos oponiéndose. Querían mantener su libertad de manejar los procesos internos de acuerdo con su propia cultura burocrática y sus propios criterios. Yo entendía que era necesario aprobar esta ley para garantizar a la ciudadanía el derecho a ser oída, la oportunidad de intervenir en la redacción de reglamentos que le afecten y el debido proceso de ley cuando se adjudican sus solicitudes, peticiones o querellas por las agencias. Sin encomendarme a nadie firmé la ley. Establecí un grupo de trabajo para asegurarme que los procedimientos requeridos por la ley se establecieran por las agencias. Al cabo de dos años de intensos esfuerzos de este grupo de trabajo, los procesos administrativos de todas las agencias estaban debidamente reglamentados y protegidos los derechos de la ciudadanía.

Finanzas

Los buenos gobiernos requieren buenos servidores públicos, buenas normas de funcionamiento que los encausen a la prestación eficaz de sus servicios con respeto a los derechos de la ciudadanía y una Hacienda pública para financiar sus operaciones. Durante los años fiscales de 1985 a 1993 nuestras finanzas se apoyaron sobre la base sólida de un crecimiento económico promedio de 2.79% del producto bruto. Eliminamos un déficit de caja que venía de la administración anterior y mantuvimos presupuestos balanceados que arrojaron al cierre del año fiscal de 1992 un saldo positivo de $96.4 millones. El producto bruto creció en un 3% en el año fiscal 1993, que fue el último de mi administración y el primero de la siguiente.[49] Al cierre de la administración entregamos por primera vez en Puerto Rico estados financieros auditados según los *General Accounting Privacy Principles* con un flujo de efectivo de sobre mil millones y un presupuesto balanceado con un superávit proyectado de $35 millones al cierre del año fiscal de 1993.[50]

La Constitución del Estado Libre Asociado prohíbe que los bonos o pagarés garantizados por el Estado Libre Asociado excedan el 15% del promedio del monto total de las rentas de los dos años anteriores al año en que se emite la deuda. Entre los años fiscales de 1985 a 1992 redujimos el margen comprometido del ELA de 12.29% a 9.95%. Al cierre de nuestra administración el ELA tenía un margen constitucional para emitir deuda libre de 5.0% que le permitía emitir deuda adicional, cuyo servicio se prestaría con los $186.8 millones equivalentes a dicho margen. Durante esos años se produjo un descenso gradual, pero sistemático, de la deuda pública como proporción del producto bruto, una tendencia deseable desde el punto de vista de la estabilidad financiera del país. En el 1992, Standard & Poor's ratificó la salud fiscal del Gobierno de Puerto Rico al mantener su clasificación crediticia de "A", y Moody's su clasificación de Baa1, lo que representó un voto de confianza al manejo de la situación fiscal en Puerto Rico.[51] El Banco Gubernamental de Fomento obtuvo la clasificación "A" de Thompson Bankwatch. Solo nueve instituciones bancarias en el mundo tenían esa clasificación en el año de 1992. El papel comercial del banco estaba clasificado "A 1", la más alta calificación de Standard & Poor's.[52]

Los principales cambios estructurales en el Gobierno durante los dos mandatos que cubren estas memorias fueron la Ley de Municipios Autónomos, el Departamento de Asuntos de la Comunidad Puertorriqueña en los Estados Unidos y el Tribunal de Apelaciones.

Ley de Municipios Autónomos

La Ley de Municipios Autónomos respondió a una inquietud que tuve desde los años 50 cuando era estudiante de Derecho en la Universidad de Puerto Rico. En esos años se había adoptado la Constitución del Estado Libre Asociado. La deficiencia principal que se le atribuía a la Constitución era que no proveía para la autonomía municipal: la escuela del gobierno democrático.

La proximidad del poder público a la ciudadanía en el nivel municipal es esencial para madurar la capacidad de gobernar de nuestro pueblo. Los poderes autonómicos de gobierno en ese nivel ahondan la cultura democrática y logran una mayor productividad en la gestión de los asuntos públicos. Los 78 municipios maximizan esa oportunidad de formación democrática en el país.

Ya en un homenaje a don Luis Muñoz Marín en 1968, yo planteaba la necesidad de reorganizar el Gobierno para descentralizarlo, darle vitalidad a los municipios con un máximo de autonomía y darle una mayor participación al ciudadano en un mayor número de decisiones de modo que nuestra democracia fuera más efectiva y de mejor calidad.[53] El tema ocupó mi atención durante mi presidencia del Senado y mi primer mandato como gobernador.

Al regresar al Gobierno en el 1985 empecé a bregar con la descentralización y la autonomía municipal. Por orden ejecutiva establecí una Comisión para la Revisión de la Ley Municipal[54] y luego la Oficina para el Desarrollo Autonómico de los Municipios.[55] Con la colaboración de la Asociación y la Federación de Alcaldes se comenzaron los estudios necesarios. Tanto Pedro Padilla, alcalde de Trujillo Alto y expresidente de la Asociación, como Jorge Alberto Ramos Comas, alcalde de San Germán y presidente de la Asociación, al igual que Alejandro *Junior* Cruz, alcalde de Guaynabo, presidente de la Federación, cooperaron intensamente. Sobre la marcha se aprobaron varias medidas en beneficio de los municipios a manera de alivios mientras analizábamos las muchas y complejas áreas —administrativas, competenciales, fiscales— que conllevan una reforma a fondo.

Con estudios de alto peritaje y especialización, y la colaboración de mi asesor Irving Faccio y Carole Acosta, se presentaron a la primera sesión ordinaria de la Asamblea Legislativa del año 1991 los complejos proyectos que componían la reforma municipal. Los mismos establecían la Ley de Municipios Autónomos que confería a los municipios amplios poderes y facultades, entre ellos el poder de ordenación territorial (planificación y zonificación), la expedición de permisos, convenios para la delegación de competencias por convenios con las agencias, mecanismos de participación ciudadana y la facultad de crear corporaciones especiales para el desarrollo de los municipios. Además, enmendaban la Ley de Patentes Municipales, establecían las contribuciones municipales sobre la propiedad, creaban el Centro de Recaudación de Ingresos Municipales (CRIM) gobernado por una junta de alcaldes y la Oficina del Comisionado de Asuntos Municipales del Gobierno Central (OCAM).

Los proyectos generaron una fuerte oposición de banqueros, desarrolladores, uniones obreras y legisladores. Estaban implicados muchos intereses y existía una pobre opinión en el país sobre la capacidad de los alcaldes y el funcionamiento de los municipios como instituciones de gobierno. Los bancos objetaban porque se les iba a aumentar la patente municipal; las uniones pretendían que les autorizara organizar los empleados municipales y los medios de comunicación menospreciaban a los municipios como entes de gobierno. A esto se sumaban expertos en finanzas que cuestionaban el traspaso de la administración del impuesto sobre la propiedad del Departamento de Hacienda al CRIM. Intereses múltiples convergieron sobre la Asamblea Legislativa para impedir la aprobación de los proyectos. Los legisladores populares y novoprogresistas se amedrentaron. Los voceros del PIP levantaron una oposición a la reforma cuestionando la importancia misma de los municipios como institución de gobierno.

Los proyectos no pudieron aprobarse en la sesión ordinaria. Inmediatamente convoqué una sesión extraordinaria. Las luchas de los opositores continuaron. Tuve que reunir a los legisladores y a los alcaldes varias veces en Fortaleza. Las reuniones fueron agrias y polémicas. Los medios rodeaban el salón del gabinete. Tan pronto salían los participantes, los periodistas indagaban sobre los aspectos más controversiales que eran los financieros o fiscales y la concesión de nuevos poderes a los municipios. "Fuego entre RHC y los Legisladores" fue el titular del *Nuevo Día* el 16 de julio de 1991. No fue posible lograr la aprobación en la sesión extraordinaria que terminó el 20 de julio de 1991.

Cinco días después celebrábamos el trigésimo noveno aniversario de la fundación del Estado Libre Asociado en la intersección del expreso de Diego con la número dos en Vega Alta que acabamos de construir. Más de 100 mil personas provenientes de toda la isla asistieron a la actividad que se transmitió por radio y televisión. Aproveché el momento para dirigirle al pueblo mi mensaje sobre la autonomía municipal y lo que queríamos lograr en la legislatura. Nada más importante para un gobernante como lograr el apoyo del pueblo para superar un bloqueo a la aprobación de legislación, generado por las presiones sobre los legisladores de los intereses de asociaciones o grupos que se oponen. Le hablé así a la enorme multitud:

> Cada día palpo que nuestra ciudadanía se siente sin poder para participar en las decisiones que le afectan.
> Que el pueblo siente que las agencias del Gobierno son insensibles a sus problemas.
> Ese es el resultado del centralismo y del gigantismo.
> El centralismo es insensible e inaccesible.
> El centralismo es gobierno en aislamiento.

Hay que romper el muro del centralismo para abrir las puertas a la participación del pueblo.

¿Por qué el municipio para lograr la descentralización y la participación ciudadana?

Por su cercanía al pueblo, a las bases sociales.

Por su capacidad para interactuar con la ciudanía de diversos sectores, áreas, grupos, o intereses para buscar soluciones en común.

Por su consciencia de las necesidades de la gente. Conocimiento real, palpable, que no depende de papeles, de informes, enviados a través de múltiples niveles burocráticos. Conocimiento humano del dolor de un pueblo.

Lo que tenemos hoy son municipios con alcaldes muy bien intencionados y dispuestos, pero con poco poder y limitados recursos fiscales administrativos para resolver los problemas de la ciudadanía.

No hablo del municipio tal y como lo conocemos. Hablo de municipios autónomos. Hablo de municipios administrativa, fiscal y técnicamente equipados. Hablo de llevar a cabo a nivel municipal, una profesionalización como se llevó durante la década del 40 en el Gobierno central. Aquel Gobierno politizado e ineficiente se transformó y se modernizó conforme a las más rigurosas exigencias de una administración pública de calidad.

Les hablo de profundizar nuestra democracia.

Yo no creo que ustedes deban conformarse con una participación democrática que se limite a emitir el voto por aquello que los partidos puedan ofrecerles cada cuatro años.

Yo no creo que deban conformarse con un sistema en el cual, para resolver cualquier cosa de mínima importancia, se necesite bregar con las oficinas centrales del Gobierno. Yo no creo que ustedes deban depender de gestiones que otros, con contactos, les puedan hacer.

Pues, ¿cómo se puede profundizar una democracia donde el ciudadano que quiere construir una marquesina a su casa en Utuado, tiene que obtener un permiso que se emite por la Regional de ARPE en Arecibo? ¿Cómo ejerce sus derechos participatorios una familia de Vieques que va a segregar un solarcito para dárselo a un hijo si tiene que venir hasta San Juan a buscar un permiso?

¿Cómo puede ejercer sus derechos democráticos una comunidad de Maunabo, que para poder lograr que le pavimenten las calles, tiene que vérselas con una agencia llamada Vivienda Rural que toma sus decisiones en la calle Barbosa de Hato Rey?

La reforma municipal es la reforma de hondura democrática que necesitamos para hacer más eficaz nuestro sistema de gobierno.

Para poner un mayor poder en manos del pueblo.

Para desatar energías creadoras, fuerzas de justicia, superación y progreso.[56]

La multitud aplaudió el mensaje efusivamente y los alcaldes presentes manifestaron a la prensa su apoyo. El país que recibió el mensaje por radio y televisión también reaccionó positivamente y yo convoqué a una nueva sesión extraordinaria que comenzó el 5 de agosto de 1991. Los legisladores trabajaron arduamente en los seis proyectos que constituían la reforma. No lograron terminar y tuve que convocar de inmediato una tercera sesión extraordinaria. El 29 de agosto se aprobó la Ley de Municipios Autónomos, el último y principal de los seis proyectos de reforma. El 30 de agosto de 1991 firmé en Dorado todos los proyectos, acompañado de los presidentes de las cámaras, Miguel Hernández Agosto y José Ronaldo Jarabo, y de los presidentes de la Asociación y Federación de Alcaldes y de numerosos alcaldes y legisladores.[57] En mi mensaje le extendí reconocimiento a todos los legisladores por haber superado las presiones con un diálogo constructivo con los interesados y, en particular, a los presidentes de las Cámaras y a los senadores Miguel Deynes Soto y Victoria Muñoz y a los representantes Víctor Negrón y Alfonso *Papiño* López Chaar.

La reforma municipal reivindicó la autonomía municipal dentro de nuestro ordenamiento jurídico. Significó un viraje fundamental en la centenaria política centralista que estructuraba el Gobierno de Puerto Rico. Inspirada en el principio de subsidiaridad que implica que mejor se gobierna cuanto más cerca a los ciudadanos se gobierna, la reforma profundizó nuestra democracia e inició un importante proceso de descentralización. La descentralización es el factor más importante para promover el cambio social.[58]

Han pasado 26 años desde que firmé la Ley de Municipios Autónomos. La visión de los municipios y de los alcaldes ha cambiado en el país. Hay un mayor respeto, tanto para los alcaldes como para los municipios como instituciones de gobernanza. La labor que alcaldes como José

Firmando la Ley de Municipios Autónomos
(30 de agosto de 1991)

Aponte Dalmau y su padre en Carolina, Ramón Luis Rivera y su padre en Bayamón, Willie Miranda en Caguas, Héctor O'Neill en Guaynabo, Rafael Cordero en Ponce, evidenció el poder, la capacidad y el potencial que tienen ahora los municipios. Estos líderes desataron en sus municipios las energías creadoras, fuerzas de justicia, superación y progreso de que hablé el 25 de julio. Doce municipios incluyendo a Cabo Rojo, Humacao y Aguadilla se capacitaron para ejercer el máximo de la delegación de competencias de parte del Gobierno central. Dos consorcios, el de Barranquitas que incluye a Aibonito y Comerío, y el de Cayey que incluye a Coamo, Salinas y Villalba, asumieron en conjunto competencias delegadas por el Gobierno central. Sesenta municipios planificaron su desarrollo y zonificaron su territorio mediante planes de ordenación municipal.

No obstante, la cultura centralista continúa arraigada en los departamentos y agencias del Gobierno. La legislatura ha aprobado cerca de 200 enmiendas a la ley que yo firmé, y la mayor parte son para restarle poder a los municipios. La mayor parte para restarle poder al voto de los electores que eligieron los funcionarios municipales. El centralismo autocrático ha estado en pleno imperio en Puerta de Tierra.

Sin embargo, cuando el huracán *María* azotó a Puerto Rico en el 2017, quedó demostrado que la primera línea de defensa que tiene este pueblo son nuestros municipios. Esta vivencia ha grabado en el sentir de este pueblo la importancia de la institución municipal. Pensando en esos desastres que nos pueden sobrevenir, hay que energizar el gobierno del pueblo mediante el ejercicio por el pueblo a nivel municipal de los poderes, competencias y recursos necesarios para procurar su seguridad y su bienestar.

Después de cinco siglos de centralismo, hay que darle a Puerto Rico un gobierno eficiente, un gobierno del pueblo, por el pueblo y para el pueblo para este siglo XXI. Para alcanzar esta meta hay que transferir por ley más competencias y recursos del Gobierno central a los municipios. A manera de ejemplo, debe proveerse a los municipios un fondo especial para atender las necesidades inmediatas del pueblo ocasionadas por los desastres naturales en cuanto a techo, alimento, servicios médicos, electricidad, agua, apertura de vías de comunicación. Deben transferirse a los municipios y/o a los consorcios la administración de residenciales públicos y programas sociales en los mismos, la operación de parques e instalaciones recreativas, la autorización de licencias de taxis y transporte público dentro de la geografía municipal, el mantenimiento de carreteras estatales con excepción de las autopistas, el mantenimiento de las escuelas públicas, seguridad y transportación a las escuelas públicas, la limpieza de playas, cauces de ríos y quebradas, los subsidios de vivienda y desarrollo comunitario.

Pero hay que ir más allá. Hay que subsanar la deficiencia de nuestra Constitución respecto a los municipios. Hay que garantizar la autonomía municipal en la Constitución del Estado Libre Asociado. Esta es una agenda inconclusa.

Departamento de Asuntos de la Comunidad Puertorriqueña

El Departamento de Asuntos de la Comunidad Puertorriqueña en los Estados Unidos institucionalizó los servicios que se le deben prestar a las comunidades puertorriqueñas en los Estados Unidos. Somos un solo pueblo; los que estamos aquí y los que están allá, cuya genética e identificación personal es como parte del pueblo puertorriqueño. En la época de mi gobernación habían 3,528,000 puertorriqueños en la isla y 3,406,178 en los Estados Unidos.[59] Actualmente hay 3,337,177 puertorriqueños en la isla y 5,371,000 en Estados Unidos.[60] Todos los días parten miles de puertorriqueños hacia los Estados Unidos y todos los días regresan miles de puertorriqueños a la isla. Esa es la realidad de nuestra ubicación geográfica. También es una realidad que gran parte de la comunidad puertorriqueña en el continente está marginada de los procesos sociales y económicos de los Estados Unidos.

En los tiempos de mi gobernación, la comunidad puertorriqueña en los Estados Unidos ocupaba el más bajo escalafón en los indicadores del bienestar social: la más baja participación en la fuerza trabajadora, el primer lugar en la tasa de desempleo, en salarios bajos, en ingreso mediano, y nivel de pobreza, el porciento más bajo de familias constituidas por parejas casadas, el porciento más alto de hogares donde la mujer es jefa de familia sin esposo presente, la tasa más alta de divorcios, la penúltima en graduados de escuela superior, y la primera en deserción escolar.

Como profunda cuestión de solidaridad y conciencia, yo entendía que el Gobierno de Puerto Rico debía prestar su ayuda a nuestros compatriotas en estas comunidades para alcanzar un mayor bienestar social y económico. Desde los años 30, teníamos una Oficina de Emigración en Nueva York que brindaba apoyo principalmente a los trabajadores migrantes. Adscrita al Departamento del Trabajo, no tenía ni el presupuesto, ni los poderes, ni la prioridad jerárquica para tener un impacto significativo en la condición de las comunidades. De modo que en el 1989 propuse, y la legislatura aprobó, la creación de un Departamento de Asuntos de la Comunidad Puertorriqueña en los Estados Unidos.

Nombré a Nydia Velázquez, secretaria del Departamento. Yo tenía una excelente relación con Nydia desde que era profesora en el Recinto de Humacao de la Universidad de Puerto Rico. Se mudó a Nueva York. Poco después, fue incorporada al City Council, la legislatura de la ciudad. La nombré inicialmente a dirigir la Oficina de Inmigración y luego a dirigir el Departamento.

Bajo el liderazgo de Nydia, el Departamento asumió la defensa vigorosa de los derechos, la justicia y el bienestar general de las comunidades. Llevó a cabo una lucha continua en contra del discrimen en todas sus manifestaciones: asuntos educativos, empleos, viviendas, servicios sociales y derechos políticos. Reconociendo que la fuerza principal de la comunidad puertorriqueña para hacer valer sus derechos políticos y civiles es el voto, fomentó la participación de la comunidad puertorriqueña en los procesos electorales. "Atrévete", el programa que lanzó, aumentó significativamente nuestra participación electoral en 8 estados y 20 ciudades. Incrementó el número de votantes inscritos en más de 150,000 electores. Veinte puertorriqueños e hispanos alcanzaron posiciones electivas, logrando un mayor respeto, consideración y atención a los problemas de nuestra gente de parte de los gobiernos de sus estados y ciudades.

Por otra parte, mientras existió el Departamento, las comunidades recibían servicios de referencia a oportunidades de trabajo en los sectores públicos y privados y servicios de tramitación de documentos vitales, tales como actas de nacimiento, divorcios, y defunciones. Los puertorriqueños apenas llegados recibían orientación sobre sus derechos para reclamar y obtener servicios sociales disponibles a nivel local, estatal y federal. Las organizaciones nacionales y locales de las comunidades recibían apoyo para gestionar mayores oportunidades de educación o adiestramiento. El Departamento también brindaba apoyo para capacitar a nuestra gente a competir favorablemente en el mercado de empleo de los Estados Unidos. Apoyo para desarrollar pequeñas empresas y el espíritu empresarial. Apoyo para los migrantes agrícolas en sus condiciones de trabajo. Apoyo para los artistas en la divulgación de sus obras en el mercado americano.

En mis visitas a Estados Unidos, ayudaba al Departamento con intervenciones respecto a los gobiernos estatales o locales. Visitaba también las comunidades y, en algunos casos, los campos donde trabajaban nuestros trabajadores agrícolas. Cuando estaba en Nueva York, siempre visitaba las oficinas del Departamento. Allí compartía con Nydia, o con Genaro *Nahro* Díaz, quien la sustituyó en la Secretaría cuando se fue al

Firmando la ley que crea el Departamento de Asuntos de la Comunidad
Puertorriqueña, junto a Nydia Velázquez

Congreso. Igualmente compartía con Bobby Capó, quien había sido director de la Oficina de Inmigración y todavía estaba en el Departamento.

Bobby era amigo mío. A mí me gusta la bohemia. Tengo mala voz pero en nuestro compartir en Nueva York o en Puerto Rico cantábamos juntos en lo que él denominaba el "Dúo Caneca". Una noche estuvimos en su apartamento, y se sentó al piano, y tocó y cantó su canción *Soñando con Puerto Rico*. Me contó entonces cómo compuso esta canción. Había estado en Puerto Rico para pasar las vacaciones navideñas donde pasó unos ratos entrañables con sus amigos en San Juan y con su mamá, que todavía vivía en Coamo, donde nació Bobby. Al terminar las navidades regresó a Nueva York. Se encontró entre rascacielos en una noche oscura y fría. Se metió al cine para mitigar su nostalgia. Cuando regresó al apartamento de madrugada se sentó al piano y compuso *Soñando con Puerto Rico*:

> Si por casualidad duermes y sueñas
> que te acaricia la brisa
> y sientes que el rocío
> mañanero besa tiernamente
> tu mejilla
> y el aroma del café
> te hace cosquillas
> seguro sueñas
> que estás en Puerto Rico.
> Si por casualidad
> duermes y sueñas
> que te enamoran las olas
> y que hay un cielo azul
> en conjura con la luna
> para hacerte prisionero
> no lo digas porque es
> la tierra que quiero
> seguro sueñas
> que estás en Puerto Rico.
> Yo no puedo ocultar
> el orgullo que siento
> de ser puertorriqueño
> y que mi pensamiento
> no importa dónde voy
> me fuga hacia la islita
> no importa dónde voy

a la tierra bendita
mi pensamiento
vuela.
Si por casualidad
duermes y notas
que una lágrima te brota
seguramente es
que yo sueño que camino
por las calles de mi pueblo
y en el ventorrillo aquel
de mil recuerdos
reviví el ayer
quizá llorando.

Esta canción de Bobby Capó, al igual que *En Mi Viejo San Juan* de Noel Estrada, transmiten el sentir de los puertorriqueños por la patria que han dejado atrás al emigrar a los Estados Unidos. El dolor de los boricuas "en esa extraña nación", como dice *En Mi Viejo San Juan*, hay que haberlo vivido para saber cuán hondo es. El Departamento de Asuntos de la Comunidad Puertorriqueña en los Estados Unidos se creó como una institución solidaria de nuestro pueblo para apoyarlos en sus ajustes a su nuevo entorno y abrirles el camino para su progreso y desarrollo económico social. Desafortunadamente, el 1 de julio de 1993, el gobernador Pedro Rosselló derogó la ley creando el Departamento.

Cada vez que pienso sobre el funcionamiento de nuestro sistema democrático de gobierno caigo más en cuenta del daño que produce el cambio en las políticas públicas con los cambios de gobierno. La derogación del Departamento de Asuntos de la Comunidad Puertorriqueña en los Estados Unidos es otro ejemplo doloroso de esa práctica. Hoy día se habla mucho de la diáspora y de que esta debe ganar poder político para ayudarse a sí misma y ayudar a Puerto Rico. Duele mucho pensar cuán adelantados estaríamos en eso si en el 1993 no se hubiera derogado la ley del Departamento y se hubiera mantenido con todo vigor el programa de inscripción de electores denominado "Atrévete" que inició Nydia Velázquez y tanto éxito tuvo.

La nueva ola migratoria causada por la recesión económica comenzada en el 2006 al terminar la 936 y potenciada por los efectos del huracán *María* supera la ola de los años 50. El perfil socioeconómico de los migrantes ha cambiado en una buena medida al igual que las ciudades a las cuales se dirigen en los Estados Unidos. Esta ola requiere ajustes en los programas de apoyo que una vez se ofrecían en el Departamento, pero la necesidad de ese apoyo sigue ahí. El Gobierno actual está creando oficinas para brindar apoyo en distintas ciudades. Aunque esto es una ayuda, se requiere una institucionalización jerárquica de los servicios de nuestro Gobierno conforme a la alta prioridad que merecen y una nueva conceptualización de los programas y servicios que se llevarán a cabo. Esta agenda está inconclusa.

El Tribunal de Apelaciones

El Tribunal de Apelaciones, creado mediante la Ley 21 del 12 de julio de 1992, confirió a los litigantes el derecho de apelar de las decisiones del Tribunal de Primera Instancia a una instancia superior. Impulsé este cambio porque existía una insatisfacción con las pocas sentencias del Tribunal de Primera Instancia que revisaba a fondo el Tribunal Supremo. Este Tribunal ejercía su función revisora principalmente a través del recurso de revisión que se expedía discrecionalmente. Si el Tribunal decidía no revisar a fondo, como lo hacía en la inmensa mayoría de los casos, simplemente declaraba el recurso sin lugar y no daba explicación alguna de por qué lo había hecho. Mi teoría era que se haría mejor justicia proveyendo un recurso para apelar como cuestión de derecho a un tribunal intermedio con un número suficiente de jueces que permitiera resolver en sus méritos todos los recursos. Los jueces del Tribunal Supremo no compartían esta tesis.

En una medida importante se logró el objetivo. Hoy día los recursos en el Tribunal de Apelaciones contra las sentencias del Tribunal de Primera Instancia no se resuelven con un no ha lugar. El ciudadano tiene un derecho a apelar. El ciudadano sabe las razones por las cuales se declara con lugar o sin lugar una demanda por el Tribunal de Apelaciones. Se trata de una revisión más justa de las sentencias del Tribunal de Primera Instancia. Pero al mismo tiempo se ha creado otro problema que afecta la extrema dilación de los casos que es el problema principal que aqueja a nuestra judicatura.

La legislatura le confirió al Tribunal de Apelaciones competencia, no solo para revisar las sentencias del Tribunal de Primera Instancia, sino también para revisar las resoluciones y órdenes que emiten los jueces antes de resolver los casos en sus méritos mediante la sentencia. Esto permite que en un mismo caso se lleven múltiples recursos ante el Tribunal de Apelaciones y que este paralice los trabajos del Tribunal de Primera Instancia en lo que se resuelve el recurso. Después que el Apelativo resuelve, se puede recurrir con el mismo tema ante el Supremo como puede hacerse con las sentencias del Apelativo. Los litigantes con poder económico han hecho de esto una vía para dilatar la adjudicación de sus casos y hacerle más difícil y penoso el acceso a la justicia a los litigantes de pocos recursos.

Ya fuera del Gobierno participé en un comité nombrado por el Tribunal Supremo para revisar las Reglas de Procedimiento Civil. El comité recomendó, y el Tribunal Supremo aceptó, una drástica restricción a la competencia del Tribunal Apelativo para revisar las resoluciones u órdenes interlocutorias. Lamentablemente la legislatura le volvió a abrir las puertas a estas revisiones dilatorias. El funcionamiento del Tribunal de Apelaciones vis a vis con el Tribunal Supremo amerita un reexamen a fondo. El sistema de justicia no funciona con la agilidad que requiere el país.

Con el presidente de la Cámara de Representantes, Rony Jarabo, y el presidente del Senado, Miguel Hernández Agosto, en el mensaje de situación del país (3 de febrero de 1986)

CAPÍTULO 4

CONVIVENCIA DEMOCRÁTICA

"Nosotros el pueblo de Puerto Rico a fin de organizarnos políticamente . . . declaramos: Que el sistema democrático es fundamental para la vida de la comunidad puertorriqueña."
PREÁMBULO DE LA CONSTITUCIÓN

A cada generación de puertorriqueños le corresponde dar vida a los valores democráticos que consagra la Constitución del Estado Libre Asociado. Nuestra convivencia democrática fue lacerada profundamente por los asesinatos llevados a cabo por la policía de dos jóvenes independentistas, Carlos Soto Arriví y Arnaldo Darío Rosado, el 25 de julio de 1978 —día de la Constitución— en el Cerro Maravilla. El encubrimiento por agentes de la División de Inteligencia de la Policía y las posturas de la Superintendencia, así como del secretario de Justicia y de ciertos fiscales, más la postura del gobernador Carlos Romero Barceló apoyando a los agentes, habían lesionado la fe en la justicia.[61] Llegado el 1985, los agentes no se habían acusado ante los tribunales. Yo tenía que cerrar el capítulo del Cerro Maravilla para sentar las bases de una convivencia de todos los puertorriqueños basada en el respeto a la ley, a la dignidad de cada cual, a su intimidad y a los derechos humanos y civiles que le asisten.

La primera ley que firmé como gobernador fue para crear el cargo de fiscal especial independiente para procesar los responsables de los asesinatos en el Cerro Maravilla. El fiscal especial independiente fue una figura novel que añadimos a la estructura de gobierno. Un fiscal independiente de mi Gobierno para garantizarle al pueblo y a los acusados que se llevaría a cabo una investigación y procesamiento objetivo e imparcial. Libre de matices revanchistas.

En adición al procesamiento de los culpables, para establecer las bases para la convivencia democrática, era necesario tomar medidas respecto a las prácticas de la División de Inteligencia de la Policía. Para ello recluté como asesor al profesor Samuel Dash del Centro de Derecho de la Universidad de Georgetown. Dash fue el investigador jefe de la comisión del Senado de los Estados Unidos que investigó el caso Watergate, un conocido experto en derechos constitucionales, en investigaciones criminales y procedimientos de inteligencia policial. Lo recluté para que nos asesorara en el diseño de las medidas necesarias para que el trabajo de inteligencia policial se llevara a cabo respecto a la ley, a la dignidad de cada cual, a su intimidad y a los derechos humanos y civiles que le asisten.

El 29 de enero de 1985, nombré al juez William Fred Santiago, fiscal especial independiente. Su nombre fue parte de una terna sometida por exjueces del Tribunal Supremo, como requería la ley que estableció la figura del fiscal especial independiente. Santiago inició la investigación y preparó los casos contra los agentes responsables, pero enfermó para el mes de marzo de 1986, lo cual dio lugar a su renuncia. Lo sustituí por Alejandro Salgado Rivera. Durante ese tiempo un gran jurado federal terminó el procesamiento y obtuvo la convicción de nueve policías por los delitos de conspirar para obstruir la justicia e investigaciones criminales y de perjurio en relación con los hechos de Maravilla.[62] También en paralelo, la Comisión de lo Jurídico del Senado de Puerto Rico, presidida por el senador Francisco Aponte Pérez, llevaba a cabo una investigación del caso de Maravilla para identificar los responsables de encubrir la verdad de los hechos.

El fiscal especial independiente presentó acusaciones por asesinato en primer grado ante el Tribunal de Primera Instancia contra ocho agentes de la Policía, entre ellos el director de la División de Inteligencia que llevó a cabo el operativo de Maravilla. Un capitán y un teniente de dicha División, más cuatro agentes de la misma, se declararon culpables de asesinato en segundo grado y recibieron sentencias de 10 a 30 años. El director de la Oficina y otro agente fueron a juicio. El director fue absuelto por el jurado, un veredicto increíble que estremeció a la opinión pública. El agente fue encontrado culpable de asesinato en segundo grado.

El fiscal especial independiente también inició querellas disciplinarias ante el Tribunal Supremo contra el director de la División de Investigación Criminal del Departamento de Justicia, contra tres de sus fiscales y contra el director del Negociado de Investigaciones Especiales del Departamento (NIE). El Supremo determinó que los directores de la

División de Investigación Criminal y del NIE incurrieron "en conducta tendente a orientar la investigación hacia la teoría de defensa propia de la policía". Que "[e]n esa tarea tuvieron éxito por tiempo limitado. Para alcanzarla intervinieron impropiamente con varios testigos y lograron que estos cambiaran sus testimonios, exhibieron animosidad desproporcionada y persecución impermisible contra unos testigos y participaron en una acción concertada conspiratoria". Que "violaron el sagrado deber de buscar la verdad y de abstenerse de sugerir a testigos que declararan falsamente". Que "por las posiciones jerárquicas que ocupaban sus conductas, obstaculizaron y contribuyeron a retrasar por años el descubrimiento de lo realmente sucedido en el Cerro Maravilla". Que los directores y los fiscales "incurrieron en negligencia profesional crasa" y "en grave conducta profesional anti ética permeada en ciertos momentos por un extraño interés de que no aflorara completa la verdad".[63] Todos fueron desaforados por hacer valer la versión original de la policía sosteniendo lo que el gobernador llamó "la heroica intervención de los agentes para evitar actos de terrorismo". En realidad se trataba de actos instigados por el agente encubierto de la División de Inteligencia de la Policía, Alejandro González Malavé.

La investigación que llevaba a cabo el Senado sobre el encubrimiento de los hechos de Maravilla y las investigaciones adicionales del fiscal especial independiente continuó hasta el 1992. La Comisión de lo Jurídico, entonces presidida por el senador Marco Antonio Rigau, llevó a cabo vistas públicas en las cuales se interrogó ampliamente al exgobernador Carlos Romero Barceló. Ni la investigación del Senado ni la investigación del fiscal especial llevadas a cabo desde el 1985 al 1992 arrojaron evidencia de que Romero Barceló hubiera planificado con la policía la muerte de Carlos Soto Arriví y Arnaldo Darío Rosado en el Cerro Maravilla. Consciente de esa realidad, no incluí la asignación que se me pedía para el fiscal especial para el año fiscal de julio del 92 a junio del 93, que fue el último presupuesto que presenté y aprobé en mi último cuatrienio.

La eliminación de la División de Inteligencia se hizo necesaria a la luz del informe que presentó el profesor Dash el 11 de marzo de 1986. En dicho informe se advertía que programas para corregir el tipo de prácticas que llevaba a cabo la División de Inteligencia habían degenerado en otras jurisdicciones en mecanismos de hostigamiento contra personas que ejercitan sus derechos de libertad de expresión y de asociación. Por ello, recomendaba que nuestro programa se limitara a investigaciones criminales de personas o grupos una vez existiera prueba de que promovían sus ideas políticas y sociales mediante conducta delictiva. Este programa tenía que operar mediante limitaciones estrictas establecidas por el Tribunal Supremo de Estados Unidos con relación a vigilancia, vigilancia electrónica, el uso de informantes y encubiertos y la diseminación de la información obtenida.[64]

El trabajo para estructurar el programa que queríamos implantar tomó tiempo. La reforma que había que llevar a cabo de las prácticas de la División de Inteligencia era radical y profunda. Comenzando bajo la gobernación de Blanton Winship en los años 30 del pasado siglo cuando se produjo la Masacre de Ponce contra los nacionalistas, esta División, que tenía agentes en todas las comandancias distritales de la Policía, le había levantado carpetas como supuestos subversivos a más de 130,000 personas y organizaciones. Estas carpetas, carentes de prueba respecto a actividades delictivas en cuanto a casi la totalidad de las personas u organizaciones, contenían información sobre participación en actividades tales como marchas, piquetes, recibimientos o despedidas en aeropuertos, motines, protestas de estudiantes, reuniones en el Colegio de Abogados y funerales de destacados políticos. Las carpetas se levantaban a políticos, líderes religiosos, profesores universitarios, artistas, médicos, abogados, estudiantes y periodistas, entre otros. Los afectados mayormente eran de ideología independentista. Utilizando este tipo de datos como base, la División generaba información que hacía llegar a patronos gubernamentales o privados creando un manto de sospecha sobre la integridad ciudadana de las personas objeto de los expedientes de la División.

Para cerrar el capítulo de las prácticas indebidas llevadas a cabo por la División de Inteligencia de la Policía, elaboramos una orden ejecutiva siguiendo las recomendaciones del profesor Dash.[65] La misma protegía los derechos individuales y el derecho a la privacidad de todos los ciudadanos. A la vez establecía un mecanismo mediante el cual las investigaciones de delitos públicos relacionados con la seguridad interna del país, estarían sujetas a la supervisión de un Consejo Especial integrado por el secretario de Justicia, el superintendente de la Policía y tres jueces retirados del Tribunal Supremo de Puerto Rico.

El 3 de agosto de 1987, me dirigí al pueblo por televisión. Señalé que la orden ejecutiva prohibía absolutamente el levantamiento de todo tipo de carpetas, listas, tarjetas, expedientes o cualquier otro tipo de récord con información social y política sobre individuos u organizaciones. "Esta práctica policial es ilegal y no tiene cabida en una democracia y en una sociedad libre", afirmé. A la vez, expliqué que la orden limitaba las investigaciones sobre actividades delictivas en relación a la seguridad pública a la previa existencia de prueba sobre la comisión de los delitos. Las mismas tenían que ser autorizadas por el Consejo creado por la orden ejecutiva, el cual supervisaría el proceso investigativo para evitar que se violentaran derechos constitucionales. Expresamente se prohibía el uso de agentes encubiertos para llevar a cabo actos delictivos a manera de entrampamientos como ocurrió en el caso de Maravilla.[66]

Los afectados por las carpetas y otros documentos ilegalmente levantados por la Policía tendrían acceso a las mismas para examinarlas de acuerdo con la orden ejecutiva. A la vez esta disponía que mediante la aprobación del proceso por el Tribunal Supremo se dispusiera eventualmente de dichas carpetas o documentos ilegalmente obtenidos. Sobre esto último, expliqué que la orden confligía con la orden de un juez superior dictada en unos casos presentados por el representante David Noriega y el Lcdo. Graciani Miranda Marchand. Aunque la Rama Ejecutiva y la Rama Judicial compartían el mismo principio de protección constitucional de la intimidad de los afectados y de acceso a la información por ellos, la diferencia esencial era sobre el manejo y disposición de las carpetas y documentos. Bajo la orden del juez, el proceso se reglamentaría y se administraría completamente por el sistema judicial y bajo la orden ejecutiva este aspecto se llevaría a cabo por la Rama Ejecutiva y por los tribunales. En otros aspectos, la orden del juez no confligía con la orden ejecutiva.

Terminé el mensaje con las siguientes palabras:

> Esta administración respeta los derechos de cada puertorriqueño a la privacidad e intimidad y a una vida pacífica. Tanto es así que el presidente de la Comisión de Derechos Civiles que ahora celebra vistas sobre el tema de las listas, es un conocido abogado independentista nombrado por mí para ocupar ese cargo. Considero que el respeto a los derechos civiles es esencial para que todos los puertorriqueños podamos convivir armoniosamente dentro de nuestra tierra. Las diferencias sobre el destino final de Puerto Rico han existido siempre entre nosotros los puertorriqueños y van a existir por muchos años más. Puerto Rico no es solo de los estadolibristas, o solo de los estadistas, o solo de los independentistas. Puerto Rico es de todos los puertorriqueños. La forma que nos permite convivir dentro de esas diferencias ideológicas, que siempre han existido, es el respeto a los derechos de cada puertorriqueño a pensar, creer y expresarse como le dicte su conciencia y luchar por sus ideales

siempre y cuando actúe dentro del marco de la ley y de la democracia.[67]

Con posterioridad a este mensaje, se eliminó totalmente la División de Inteligencia de la Policía de Puerto Rico por orden general emitida por el superintendente Carlos López Feliciano. El secretario de Justicia compareció en el proceso que seguían Noriega y Miranda Marchand, consignó nuestra posición de que la práctica era inconstitucional e ilegal y explicó todas nuestras acciones para erradicar todas las prácticas ilegales de la División de Inteligencia. El Tribunal Supremo concluyó, al igual que lo habíamos hecho en la Rama Ejecutiva, que la práctica que seguía la División de Inteligencia era inconstitucional e ilegal. Respecto al manejo, entrega a los afectados y disposición de los expedientes, optó por que esto se llevara a cabo exclusivamente por el sistema judicial. Se culminó la tarea eficientemente en el año de 1993.

El último año de mi administración resumí la política pública que había seguido para sanar las heridas ocasionadas a nuestra sociedad por los hechos ocurridos en el Cerro Maravilla y establecer las bases de nuestra convivencia democrática como puertorriqueños con diferentes ideologías sobre nuestro destino político. Lo llevé a cabo el 22 de marzo de 1992, cuando inauguré la restauración de la casa frente a la cual ocurrió la Masacre de Ponce. Murieron 19 nacionalistas, 150 fueron heridos.

Un paralelismo dramático entre los sucesos relativos al Cerro Maravilla y los sucesos relativos a la Masacre de Ponce golpeaba mi conciencia:

En ambos casos se creó un clima previo de amenaza de terrorismo que planteó la necesidad de una reacción por la policía.

En ambos casos se trató de brutalidad policíaca y el peor atropello posible a los derechos civiles: la privación del derecho a la vida.

En ambos casos las acciones por la policía estuvieron dirigidas contra puertorriqueños de ideología independentista.

En ambos casos la policía sirvió como instrumento político de persecución ideológica.

En ambos casos la policía estuvo armada en exceso con relación a la tarea asignada, el objetivo señalado y a quienes se enfrentaron.

En ambos casos la situación estaba bajo el control total de la policía.

En ambos casos el gobernador de turno, sin investigación previa, reaccionó a favor de los policías involucrados aduciendo que mataron en defensa propia y en contra de las víctimas a quienes se calificó de terroristas.

En ambos casos el Gobierno se investigó a sí mismo y se declaró exonerado de culpa.

En ambos casos se encubrió la verdad de los hechos.

En ambos casos investigaciones independientes realizadas posteriormente señalaron las tergiversaciones de los hechos por funcionarios gubernamentales.

En ambos casos sectores de nuestra prensa responsable se destacaron en el rol de investigadores de la verdad de los hechos.

En ambos casos la credibilidad del titular del Departamento de Justicia quedó en entredicho por suscribir investigaciones de los hechos que luego fueron impugnadas.

En ambos casos hubo fiscales del Departamento de Justicia que incurrieron en conducta profesional impropia.

En ambos casos se trató de un claro abuso de poder con el propósito de atemorizar a los que sostienen posiciones ideológicas contrarias al Gobierno de turno.

Todos estos hechos embargaban mi espíritu cuando comparecí como gobernador para inaugurar la restauración de la Casa de la Masacre en la esquina de las calles Marina y Aurora de Ponce. Al contemplar la Casa de la Masacre me vinieron muchos recuerdos de mi juventud. Recordé cuando de niño venía a esta casa a traer mandados de mi madre que era candidata a alcaldesa de Ponce por el Partido Independentista. En el primer piso y en el costado de la casa que da a la calle Aurora tenía Casimiro Berenguer su zapatería. Casimiro era el presidente del PIP en Ponce, y antes había sido un connotado líder nacionalista. Recordé también el gran retrato del presidente del Partido Unión Republicana y presidente del Senado, don Rafael Martínez Nadal, que tenía mi padre en su oficina de abogado en la calle Sol y del gran respeto que mi padre confería a su memoria. De padre estadista y madre independentista, no escuché en mi hogar jamás recriminación política alguna, ni entre mis padres ni hacia mí, cuando formé mis ideas políticas. Viví las diferencias ideológicas en el seno de mi propia familia, y también viví el respeto y la tolerancia. De esas raíces profundas en mi espíritu nace mi convicción de que, aun con nuestras diferencias, los puertorriqueños podemos convivir en paz y mi determinación de luchar por esta convivencia sana y democrática hasta el fin de mis días.

Al inaugurar la restauración de la Casa de la Masacre aquel 22 de marzo de 1992 me expresé así:

> He puesto todo mi empeño desde 1985 al presente de
> resolver no solo el problema de las violaciones pasadas y

acabar con el sistema de espionaje político; sino de erradicar esas prácticas antidemocráticas en el futuro de nuestro pueblo. He puesto todo mi empeño en que Puerto Rico viva un clima de tolerancia y de respeto a las opiniones ajenas; de defensa de los derechos fundamentales consignados en nuestra Carta Constitucional.

Durante estos siete años no hemos vivido ningún incidente violento causado por la policía por razones políticas. Ni macaneos en la Universidad de Puerto Rico, ni desalojos a tiros como el de Villa Sin Miedo. Tampoco ha habido terrorismo. Lo que ha habido es respeto, consideración, tolerancia de opiniones ajenas. Así hemos forjado una sana convivencia por lo menos en lo político y lo ideológico. Que esta casa que tan amorosamente hemos restaurado sea testimonio de que la sangre que regó estas calles no se vertió en vano; que los puertorriqueños rechazamos desde lo más profundo de nuestros corazones el atropello, la violencia, la represión como estilo de gobierno; y que amamos el respeto a la libertad del pensamiento y de la voluntad como determinante de nuestra vida en sociedad y de nuestro destino final. Al despedirnos de aquí en el día de hoy, al regresar a nuestros hogares en esta ciudad o en otras partes de Puerto Rico, llevemos grabadas en nuestra memoria los hechos que aquí ocurrieron, y los que acontecieron en la montaña [el Cerro Maravilla] que silenciosamente nos contempla y en nuestra voluntad firme las palabras inscritas en el monumento a las víctimas del Holocausto en el Campamento de Dachau, a las afueras de Munich ¡NUNCA JAMÁS![68]

Durante los pasados 26 años hemos vivido en un clima de respeto al derecho de cada puertorriqueño de sustentar sus preferencias ideológicas sin estigmas gubernamentales y de ausencia de actividades terroristas como las ocurridas en los años 50, 60, 70 y la primera mitad de la década del 80 contra funcionarios públicos, figuras políticas, empresas norteamericanas e instalaciones federales.

En ese sentido logramos sentar las bases para una convivencia democrática donde prevalece el respeto a la ley, a la dignidad de cada cual, a su intimidad y a los derechos humanos y civiles que le asisten. Más adelante en estas memorias veremos cómo este clima de respeto en que asentamos nuestra democracia propició durante mi gobernación la ges-

Inauguración del Museo de la Masacre de Ponce
(22 de marzo de 1992)

tión que más lejos ha llegado ante el Congreso para decidir nuestro destino político final.

Sin embargo, esa lección en convivencia democrática no se ha aprendido en materia plebiscitaria por los líderes del partido que pretende convertirnos en un estado de la unión. Dos convocatorias a plebiscito que ha llevado a cabo han violentado los derechos a la libre expresión y al voto de cientos de miles de puertorriqueños que favorecemos el Estado Libre Asociado y su desarrollo. No han logrado nada en el Congreso, pero, una y otra vez, insisten en excluirnos de la papeleta. Estamos ante un esperpento político producto de un fundamentalismo ideológico indiferente a los valores democráticos que consagra nuestra Constitución.

Moral Pública

Va sin decirlo que más allá de la institucionalización de mecanismos para enaltecer la moral pública, lo más importante es el carácter, la honestidad y el compromiso con el servicio público de los gobernadores, legisladores y alcaldes que se eligen por el pueblo y de aquellos que estos designan para el descargo de las responsabilidades institucionales.

El 7 de marzo de 1985, presenté dos proyectos de ley a la Asamblea Legislativa para atender el alto nivel de corrupción que habíamos encontrado en el Gobierno caracterizado por el fraude, los conflictos de intereses y la conducta impropia de algunos empleados públicos. Estos proyectos establecieron la Ley de Ética Gubernamental y la Ley del Fiscal Especial Independiente para encausar violaciones a la integridad gubernamental llevadas a cabo por funcionarios o empleados gubernamentales.

La Ley de Ética Gubernamental creó una oficina que implanta normas éticas de conducta para promover y preservar la integridad de los funcionarios o instituciones públicas. La oficina lleva a cabo seminarios para instruir a los servidores públicos sobre las normas éticas que deben conocer y observar. Un ejemplo de estas normas lo es que "Ningún funcionario ni empleado público solicitará ni aceptará bien alguno de valor económico como pago por realizar los deberes y responsabilidades de su empleo". La oficina además requiere la radicación de informes financieros de parte de los funcionarios y empleados públicos de forma tal que se puedan percibir cambios en el patrimonio indicativos de enriquecimientos impropios. Por otra parte establece prohibiciones relacionadas con representación de intereses privados conflictivos con las funciones oficiales y para las actuaciones de ex servidores públicos.

Durante mis dos mandatos no hubo violación a la Ley de Ética Gubernamental de parte de funcionarios de la Rama Ejecutiva. Tampoco hubo acusaciones criminales por delitos contra la función pública (corrupción) ante los tribunales contra estos funcionarios excepto una que en todo momento yo entendí que era improcedente, pero que por respeto al Departamento de Justicia permití que se presentara. El funcionario fue absuelto.

Al reflexionar sobre la Ley de Ética Gubernamental luego de vivir las experiencias en los años que han transcurrido, encuentro que la misma ha creado una mayor consciencia respecto a los valores éticos y el servicio público. Sin embargo, los logros alcanzados no son suficientes. Hay que ir más allá y este es un tema de familia, de comunidad y de nuestra sociedad en general. La moral es algo que se intuye o que se aprende y que luego se vive. No basta tener principios, hay que vivir conforme a los mismos. El derecho es un pobre instrumento para darle vigencia a las normas de la ética y de la moral. De ellas tenemos que responder ante el tribunal de nuestra conciencia y ante Dios nuestro Señor.

La regeneración del ámbito público empieza por la regeneración del individuo, pasa por la regeneración de la sociedad y envuelve al quehacer gubernamental. Nace profundo en la conciencia. Es ahí donde más tenemos que trabajar en Puerto Rico. En especial en las urnas cuando seleccionamos entre los candidatos a los puestos electivos tanto a nivel central como a nivel municipal. "[L]a fortaleza o debilidad de las instituciones gubernamentales en una democracia, guarda estricta correspondencia con la integridad o flaqueza de cada uno de sus funcionarios. Sobre todo depende de lo que el gran maestro Hostos denominó el órgano del derecho, la conciencia."[69] Así lo dijo nuestro Tribunal Supremo en el caso de los fiscales de Maravilla.

Dicho esto, examinemos la otra medida institucional que establecimos para enaltecer la moral pública. La Ley 2 del 23 de febrero de 1988 estableció el cargo de fiscal especial independiente (FEI). La misma perseguía fomentar la dedicación de los funcionarios y empleados del Gobierno de Puerto Rico a la gestión y servicio público con honestidad, excelencia profesional y personal y dedicación absoluta al bienestar y desarrollo integral de nuestro pueblo.[70] Los delitos contra la función pública cometidos por funcionarios, exfuncionarios, empleados y exempleados públicos serían procesados por fiscales independientes al Gobierno de turno. El propósito era que nadie, por mucho poder que tuviera, estuviera por encima de la ley. El secretario de Justicia practicaría una investigación inicial y, de encontrar causa, referiría el caso al Panel del FEI. Con ese referido terminaría la jurisdicción investigativa o acusatoria del secretario de Justicia. Un panel de tres exjueces nombrados por el gobernador nombraría *ad hoc* al fiscal independiente para la presunta infracción. De esta forma se independizaba el procesamiento de este tipo de casos de los procesos sujetos a la Rama Ejecutiva que controla el gobernador.

La ley que aprobamos mantenía la discreción del nombramiento del FEI en el secretario de Justicia y no contemplaba la creación de una estructura burocrática para manejar los nombramientos y la operación de los fiscales independientes. Mediante enmiendas, se inclinó el balance del poder de nombramiento del FEI a favor del Panel despojando al secretario de Justicia de su discreción para someter el caso al Panel.[71] Se creó una Oficina del Panel con amplios poderes administrativos y presupuesto para procesar los casos a través de fiscales especiales contratados por el Panel. Esta estructuración ha convertido en un acontecimiento mediático con matices políticos la gama de posibles infracciones de las leyes protectoras de la función pública. Esto crea una presión mediática sobre el Panel y sobre los fiscales designados para llevar a cabo acusaciones y obtener convicciones. Se ha puesto en riesgo la presunción de inocencia.

Esta dinámica tiene el potencial de inclinar negativamente la balanza que sopesa los factores que determinan la constitucionalidad de la ley creando el fiscal especial independiente. La aprobación de la Ley 2 por la Asamblea Legislativa tomó mucho tiempo y requirió cuidadoso estudio de parte de la Asamblea y de nosotros en la Rama Ejecutiva. Estábamos conscientes de que al crear la institución del fiscal independiente estábamos invadiendo los poderes constitucionales del gobernador electo por el pueblo y el ejercicio de los mismos a través del secretario de Justicia. Los factores que incluimos que inclinaban la balanza hacia la constitucionalidad pretendían que las intervenciones del FEI fueran en ocasiones restringidas, afectando funcionarios o empleados importantes, en cuanto a ofensas en particular relacionadas con sus funciones, preliminarmente investigadas por el secretario de Justicia el cual a su discreción determinaba si la investigación a fondo podría resultar en algún conflicto de interés por lo cual debía referirse al FEI o si podía llevarse el caso por el Departamento de Justicia. A su vez el FEI no se constituiría por fiscales con contratos renovados de manera permanente para esa función sino fiscales contratados *ad hoc* reclutados de la gama de abogados en la práctica criminal. Este balance se ha roto.

El Tribunal de Apelaciones ha captado la ruptura de ese balance. En una muy razonada opinión en el caso de *Pueblo v. Muñoz Noya*, el Tribunal destaca que el FEI como funciona ahora genera un problema de responsabilidad democrática.[72] Al independizarse del secretario de Justicia bajo la Ley 2 de 2012, el FEI se ha independizado de la fuente de poder de gobierno democrático que es el pueblo. No tiene que responder ante las urnas por sus actuaciones como tiene que hacerlo el gobernador por las actuaciones del secretario de Justicia. La Asamblea Legislativa debería reexaminar cuidadosamente la autoridad que se le ha conferido a FEI y que pone en precario la constitucionalidad de los procesos que estos fiscales están llevando.

La seguridad ciudadana

La causa principal de la inseguridad ciudadana, de la enorme angustia y preocupación por la criminalidad y, en particular, por los asesinatos durante los tiempos de mi gobernación era la droga. Enfrentamos el problema mediante la prevención y la intersección. Los Consejos de Seguridad Vecinal enfatizaban la prevención policial de la criminalidad en las comunidades y las Fuerzas Unidas de Rápida Acción (FURA) la intersección. Estos dos cambios noveles, a los cuales las siguientes administraciones le dieron continuidad, resultaron sumamente efectivos. La prevención contra el uso de las drogas la llevó a cabo la primera dama en coordinación con el Departamento de Servicios Contra la Adicción y el Departamento de Educación.

Los Consejos de Seguridad Vecinal se establecieron por la Policía a partir de 1986 en los sectores de más elevada incidencia criminal.[73] Inicialmente estos sectores comprendían las áreas de San Juan, Carolina y Bayamón, donde se organizaron 27 Consejos. Los mismos le permitieron a la comunidad una participación real en la prevención del crimen. Personalmente asistí en el comienzo de esta iniciativa a varias reuniones de vecinos para constituir los Consejos. Gracias a la cooperación voluntaria de la ciudadanía, los Consejos se extendieron por toda la isla. Ya para finales del 91 existían 238 Consejos. Se incorporaron unos 7,000 voluntarios.

Los propios vecinos o la Policía proveían un lugar de reuniones y de trabajo para los Consejos. Un oficial de la Policía coordinaba sus actividades con las de la fuerza. Estas consistían en orientación sobre la seguridad física y de las propiedades, apoyo en cuanto a la vigilancia del sector para activar inmediatamente efectivos policiales, apoyo también, en cuanto a investigaciones de crímenes que hubieran ocurrido y otras tareas que la ciudadanía podía desempeñar. Sobre la marcha creamos otros consejos en adición a los vecinales. Consejos de Comerciantes, Consejos Juveniles, Consejos en Residenciales Públicos, Consejos Profesionales.

La FURA, también establecida en 1986, fue nuestra respuesta contra el tráfico ilegal de drogas.[74] Coordinada por la Oficina del Gobernador, FURA contaba con la colaboración del Departamento de Justicia, la Policía de Puerto Rico, la Guardia Nacional, la Guardia Costanera y la Agencia Federal de Aviación. Su misión era interceptar la entrada de drogas a nuestras costas.

Tres radares operados por FURA cubrían la isla. Una red identificaba las naves aéreas o marítimas sospechosas que intentaban depositar la droga en nuestras costas. Uno de los radares estaba instalado en un globo aerostato en el municipio de Lajas. Este podía detectar cualquier nave aérea o marítima que se encontrara dentro del perímetro que rodea la isla de Puerto Rico. Los datos recopilados por los radares se transmitían a un Centro de Control, Comando y Comunicaciones operado en conjunto con el Servicio de Aduana Federal. Al ser detectada alguna nave sospechosa, se movilizaban las diferentes unidades —aviones, helicópteros, embarcaciones, carros de patrulla— componentes del Cuerpo de FURA para interceptar la misma.

Para fines del 91 se habían incautado por FURA desde sus comienzos 451,506.0134 libras de marihuana, 40,969.5319 libras de cocaína y 225.2492 libras de heroína para un valor total de $5,565,439,700.14. Un total de 1,437 personas fueron arrestadas por la importación ilegal de drogas; 123 embarcaciones, 18 aviones, 442 armas de fuego, 324 vehículos y 93 propiedades fueron confiscadas.[75]

A pesar del éxito indudable que ha tenido FURA en la intervención de la entrada de drogas en Puerto Rico, y de los Consejos Vecinales en proveer una mayor seguridad a las comunidades, Puerto Rico sigue sufriendo un grave problema de criminalidad. La causa principal de este problema es el tráfico ilegal de drogas. Los riesgos son altos en este negocio que genera altísimas ganancias. Por tratarse de una actividad ilegal, las obligaciones que se contraen no pueden reclamarse bajo el manto del derecho o de los tribunales. De ahí que en ese mundo impera la violencia, el crimen y los asesinatos. La criminalización del tráfico de drogas tiene que repensarse a la luz de la violencia y criminalidad que la misma genera en nuestra sociedad y el clima de inseguridad y temor que angustia a la familia puertorriqueña. También tiene que repensarse a la luz de utilizar más efectivamente los recursos que ahora se utilizan para implantar la criminalización en el desarrollo de programas de prevención para evitar el uso de drogas y de rehabilitación para aquellos que las utilizan. Un ejemplo efectivo en materia de prevención fue la campaña "Abre tus ojos a un mundo sin drogas" que llevó a cabo mi esposa Lila comenzando en el 1986 a través de un programa del Departamento de Educación con la cooperación del Departamento de Servicios Contra la Adicción (DESCA).

La mitad de los adictos que tenía registrado el DESCA se habían iniciado antes de cumplir los 15 años y medio. De ahí que Lila se enfocó en la niñez y la adolescencia para la prevención. Se encaminó un esfuerzo interagencial del Departamento de Educación y el DESCA. Personal del DESCA orientó a todo el personal de los Programas de Trabajo Social, Orientación y Servicios Médicos en el Departamento de Educación. Estudiantes líderes se prepararon para que orientaran a otros estudiantes. En un periodo diario de clase, como parte del programa de los estudiantes a partir del quinto grado, se establecieron lecciones en torno a la prevención para evitar que se convirtieran en experimentadores. Lila visitó unas 300 escuelas.

La iniciativa tuvo un gran éxito pues a la misma se unieron numerosas entidades cívicas, empresas y artistas. Entre ellos se destacó el grupo Menudo. Lila, en compañía de nuestra hija Dora Mercedes e Isabel Suliverez, secretaria del DESCA, anunciaron el 3 de noviembre de 1986 que Sergio, Ray, Robi, Charlie y Ricky visitarían una serie de escuelas en los distritos senatoriales de la isla. Desde allí transmitirían su programa de radio con mensajes a los jóvenes en contra del uso de las drogas. "Como maestra que soy", dijo Dora Mercedes, "comprendo lo mucho que vale esta campaña de este grupo de artistas puertorriqueños. Porque viene de jóvenes que Puerto Rico y el mundo admiran por su arte y por su forma de vida. Porque a ellos les sale del corazón este mensaje y el mensaje, cuando viene del corazón de jóvenes llega a corazones jóvenes". Estas expresiones le ganaron a Dora un reconocimiento del periódico *El Nuevo Día* como la "Figura del Momento".

Es lamentable que este programa que se llevaba a cabo en el Departamento de Educación no se continuara por la administración que me sucedió. Esta administración cometió el error de minimizar la importancia y seriedad del problema de las drogas al abandonar ese programa y desmantelar el DESCA. En su lugar transfirieron los servicios del DESCA a una división en el Departamento de Salud. El problema de las drogas no es solo un problema de salud sino que también ocasiona el serio problema de la criminalidad e inseguridad ciudadana. Esto requiere que la institución gubernamental que atiende la prevención y la rehabilitación tenga su propia identidad y capacidad de iniciativa como la tuvo el DESCA. La magnitud del problema requiere que la instrumentalidad se ubique dentro del nivel más alto del organigrama de la Rama Ejecutiva, que responda directamente al gobernador y que se le provea el personal especializado y se le den los recursos para llevar a cabo su misión.

En el Pabellón de la Paz con Lila en una actividad de Abre tus ojos a un mundo sin drogas (3 de mayo de 1989)

Dora Mercedes: feliz con la campaña

SALINAS – **Dora Mercedes Hernández Mayoral** agradeció ayer la acogida que ha recibido entre los estudiantes del país la campaña "No a las drogas", que persigue prevenir a la juventud sobre el uso y abuso de las sustancias controladas.

Hernández Mayoral, hija del gobernador, **Rafael Hernández Colón**, y maestra de Historia en una escuela de San Juan dijo que aunque tiene mucho trabajo se siente contenta.

La joven asistió ayer en el Albergue Olímpico de Salinas a la celebración del Día de la Puertorriqueñidad,

que congregó a unos 15,000 estudiantes del sistema público de enseñanza del país.

Según **Hernández Mayoral** la campaña "No a las drogas" comenzó el lunes en varias escuelas y "todos están bien contentos".

La administración de **Hernández Colón** emprendió la tarea de concientizar a la juventud isleña a evitar el uso de las drogas e incluso instruyó para que unos 20,000 empleados públicos en agencias de seguridad se sometan a pruebas de detección de narcóticos.

Firma de la reforma educativa
(28 de agosto de 1990)

CAPÍTULO 5

EDUCACIÓN

"No puedo ser un arquitecto en las nubes de una sociedad.
Tengo que obrar en torno a los problemas de aquellos seres
humanos que conozco y que veo sufrir. Tengo que ayudar a
los residentes de la Mansión del Sapo de Fajardo —área muy
pobre— pero quizás pueda ayudar a muchos más a través
del sistema de instrucción, quizás el poder político pueda
ser instrumento para provocar un reexamen valorativo en
nuestra sociedad —en los individuos— quizás."

NOTA PERSONAL DESPUÉS DE UN AGOTADOR DÍA DE
CAMPAÑA POLÍTICA ANTES DE MI SEGUNDO MANDATO

Cuando llegué a la gobernación en el 1985, me proponía llevar a cabo una reforma en el sistema educativo que incluyera una nueva ley orgánica para el Departamento entonces llamado de Instrucción y la creación de un tercer sistema para elevar la educación vocacional y técnica al mismo nivel del sistema regular. Durante el último año de mi primer mandato, yo había creado una Comisión de Reforma Educativa que había comenzado los estudios para una nueva ley orgánica del Departamento de Instrucción. Al regresar en el 1985, reemprendí estos esfuerzos durante el primer mandato y se adelantó sustancialmente la preparación de la nueva ley orgánica para el Departamento.

La reforma era imprescindible. Puerto Rico tenía un sistema educativo público altamente politizado, prisionero de una estructura administrativa y organizada, arcaica y caótica. La alternancia de los partidos de gobierno a partir del 1969 introdujo en el sistema una lucha de los activistas políticos en el Departamento para ejercer el poder burocrático en función de sus preferencias partidistas. El sistema no tenía guías filo-

Nombramiento de la Comisión de Reforma Educativa, de izquierda a derecha, Marcos Ramírez, Sergio Peña Clos, Rafael Hernández Colón, Miguel Hernández Agosto, José R. Jarabo y Antonio Rosa Guzmán (25 de marzo de 1985)

sóficas claras, ni objetivos generales, ni un plan de desarrollo educativo de largo alcance. La falta de metas y de planes formulados con claridad propiciaba la improvisación y la desarticulación de los ofrecimientos educativos. El estatuto básico del sistema era la Ley Escolar de 1903, una pieza legislativa anticuada y confusa que tenía serias lagunas y muchas disposiciones contradictorias, puesto que había sido modificada a través de los años con innumerables enmiendas que a veces se contradecían unas a otras. La irrelevancia del currículo para la vida diaria de los estudiantes, los bajos índices de aprovechamiento, las altas tasas de deserción escolar y el uso poco efectivo de los recursos fiscales y humanos eran señales evidentes de un Departamento de Instrucción sumido en una profunda crisis.[76]

Nombré de inmediato la Comisión de Reforma Educativa, un cuerpo numeroso donde estuvieron representadas todas las corrientes ideológicas del país. Así se puso en marcha el proceso de legislar la reforma. Mientras discurría la intensa discusión pública en torno a la legislación de reforma con la participación de miles de maestros, estudiantes, padres y representantes de todos los sectores académicos, profesionales, religiosos y cívicos del país, Awilda Aponte, secretaria de Instrucción, comenzó a diseñar e implantar medidas reformadoras. Con proyectos tales como la revisión del currículo escolar en todos los niveles, la enseñanza de valores, la modernización de la planta física con la construcción de nuevos planteles y el mejoramiento salarial y profesional de los maestros, iniciamos una transformación dramática de la educación puertorriqueña.

El proceso legislativo de reforma culminó el 28 de agosto de 1990 con la firma de la nueva Ley Orgánica del Departamento de Educación, la Ley de Reforma Educativa. Producto unánime de todos los partidos políticos representados en nuestra Asamblea Legislativa. Aprobada con el voto de todos los legisladores presentes —legisladores del Partido Popular, del Partido Nuevo Progresista y del Partido Independentista— la ley fue la única pieza legislativa de importancia fundamental para el país que recibió el endoso unánime de todos los partidos políticos.

Bajo la reforma, los maestros, que son el factor decisivo en el proceso de enseñanza y aprendizaje, recibieron importantes aumentos salariales, seguridad en el empleo, otros beneficios y oportunidades de crecimiento profesional. El reclutamiento de nuevos maestros se hizo más riguroso requiriendo pruebas de certificación administradas por el College Board, y para estimular su desempeño se comenzó a otorgar el Premio de Excelencia.

En cuanto a los estudiantes que la nueva ley orgánica declaró centro y razón de ser del sistema educativo, les brindamos mayor participación en los procesos administrativos y un mayor enriquecimiento de experiencias, tales como el aprendizaje especializado de valores, actividades durante el tiempo libre para desarrollar sus dotes de liderazgo y destrezas de comunicación al igual que su capacidad para tomar decisiones, mejorar sus hábitos de estudio, fortalecer los lazos de amistad que los unen y orientarlos sobre los efectos nocivos del alcohol y las drogas. Para su seguridad establecimos la Guardia Escolar. Encaminamos el rescate personal de los que habían desertado la escuela. A la vez incorporamos los padres a la gestión escolar mediante Consejos Escolares y estimulábamos la autonomía funcional a nivel de las escuelas que fomentaba la ley orgánica del Departamento.

Todos los currículos desde kindergarten hasta el duodécimo grado fueron rehechos a un costo de $91,648,565. La revisión fue guiada por tres principios: que el currículo tiene que ser pertinente a la experiencia vital del estudiante, que desarrolle sus destrezas y pensamiento crítico, y que estimule su adhesión a los valores de dignidad y solidaridad. Como ejemplo de los cambios curriculares que se introdujeron y se implantaron en la docencia durante los ocho años tenemos: la enseñanza de la Historia de Puerto Rico, adquiriendo textos nuevos, desde el primer grado, con un año de duración en el décimo grado; uso de la microcomputadora y la adquisición de computadoras para 322 escuelas para iniciar en su uso a estudiantes de kindergarten y primer grado y para los estudiantes en los grados adelantados en los cursos de Matemáticas, Inglés y Ciencias; nuevas modalidades en la enseñanza de las ciencias en conjunto con tres universidades; un programa de salud escolar para orientar a los estudiantes sobre los efectos nocivos de uso de alcohol, tabaco, drogas, el SIDA y la educación sexual para provocar la reflexión sobre la dimensión moral que tiene el abuso del alcohol y de las drogas y de la conducta sexual del ser humano de modo que se asuma la responsabilidad que cada cual tiene consigo mismo, con su propio cuerpo, con su familia, con sus amigos, su sociedad y su patria; en lo que entonces se llamaba educación preescolar se aumentó al 100% la matrícula de los que solicitan para kindergarten para niños de cuatro años. Hoy día la educación preescolar tiene que plantearse la atención de los niños desde los tres años.

Conscientes de la importancia del deporte en la formación del estudiante, el programa de Educación Física se potenció de manera importante. Se llevó a cabo un incremento de 800 plazas de maestros de Edu-

Mensaje en el Tercer Congreso del Joven Viajero
(11 de mayo de 1988)

cación Física, y se hizo una importante inversión en la adquisición de equipos y materiales. Se establecieron horarios extendidos para el cultivo de los deportes y juegos formales fuera de horas de clase, en el cual participaron 241,500 estudiantes; un entrenamiento en las destrezas técnicas y estrategias de los diferentes deportes, en el cual participó un cuarto de millón de estudiantes; y de escuelas tema para yudo, levantamiento de pesas, natación, esgrima, gimnasia y tenis. El programa de Educación Física atravesó el mejor momento en la historia del Departamento de Educación.

Además de aplicarlo en las actividades deportivas, el horario extendido, mediante el cual los estudiantes permanecían por mayor tiempo en la escuela, se extendió a actividades artísticas, de investigación científica, de tutorías y de orientación. En todos los distritos escolares las escuelas públicas desarrollaron proyectos luego de las tres de la tarde de lunes a viernes y en ocasiones los sábados.

Para mejorar los servicios a los niños con impedimentos creamos la Secretaría Auxiliar de Educación Especial. Aumentamos el número de maestros de educación especial a 3,630, casi el doble de lo que previamente había. Estos maestros proveían a los estudiantes con impedimentos terapia del habla, terapia física, ocupacional y psicológicos, servicios de cauterización, así como materiales y equipos especializados. La matrícula ascendió de 28,631 niños con impedimentos a 38,697, un 35% de aumento. Además, establecimos 64 centros para el desarrollo de destrezas de vida independiente y abrimos las puertas de las escuelas vocaciones para dar acceso a los estudiantes con impedimentos.

Otra iniciativa que comenzó el Departamento fueron los viajes estudiantiles. Viajar es una forma de aprender, de ampliar horizontes, y se aprovecha desde temprana edad. Le pedí a Awilda Aponte que diseñara el programa, insistiendo con ella que no se establecieran requisitos de excelencia académica para disfrutar de estos viajes. A mi modo de ver, todos los estudiantes, no importa sus notas, pueden aprovechar estos viajes en su formación personal. El programa fue un éxito. Gracias al programa más de 6,000 estudiantes viajaron con gastos pagos a los Estados Unidos, Japón, México, así como a muchos países de Europa y América Latina. Vieron mundo, conocieron otros pueblos, enriquecieron su cultura, adquirieron una mejor apreciación de lo nuestro.

Durante los ocho años de reforma educativa se le dio atención especial a la rehabilitación de las escuelas especializadas previamente establecidas y a la nueva creación de este tipo de escuelas. La Escuela Libre de Música Ernesto Ramos Antonini fue dotada de una nueva planta física con un currículo completamente nuevo. La escuela de baile Julián Blanco y la escuela de teatro José Julián Acosta fueron adoptadas por entidades cívicas aprobadas por el Departamento, las cuales potenciaron su funcionamiento. Se inauguró la escuela técnica de deportes del Albergue Olímpico en colaboración con el Comité Olímpico de Puerto Rico presidido por Germán Rieckehoff, la cual ofrece oportunidades educativas a estudiantes talentosos en el campo de los deportes con maestros especializados y técnicos de las federaciones.

Se inauguró, también, la Escuela de Bellas Artes de Ponce para música, teatro, baile y artes plásticas. La Escuela de Bellas Artes ubica en el antiguo cuartel de infantería construido por el Gobierno español en la calle Castillo de Ponce. Ocurrido el cambio de soberanía, el edificio se utilizó como cárcel en el primer piso y tribunal de justicia en el segundo piso. Mi primera comparecencia como abogado al comenzar mi práctica en el 1959 fue ante este tribunal. Guardo esos recuerdos con otros relativos a este edificio que tienen que ver con la ascendencia de mis hijos. El coronel Ramón Renovales, bajo quien se construyó el antiguo cuartel, era su ascendiente por parte de Lila. El edificio ha sido restaurado para destacar la nobleza de sus líneas y la belleza del diseño original. Se le ha añadido una moderna estructura de tres niveles, que incluye un teatro con capacidad para 600 butacas.

Mediante las iniciativas de los secretarios Awilda Aponte, José Lema Moyá y Celeste Benítez, y la implantación de la nueva ley orgánica del Departamento, que comenzó a llamarse Departamento de Educación en dicha ley, el sistema logró con relativa prontitud que cuatro escuelas públicas obtuvieran el premio de excelencia a nivel nacional de Estados Unidos.

Construyendo nuevas escuelas, ampliando y reparando otras, la administración invirtió en los primeros siete años $241,469,178 en mejoras a la planta física escolar. Pero el abandono en que encontramos las escuelas en el 1985 era de tal magnitud que aun después de haber invertido esa enorme cantidad, todavía no estábamos satisfechos con el estado en que se encontraba la mayoría de nuestras escuelas públicas. Decidimos asignar $200 millones adicionales, a ser financiados con fondos de la venta de Telefónica Larga Distancia a un consorcio español. Los fondos procedentes de esta venta estaban destinados para el uso del Departamento de Educación.

Para llevar a cabo esa tarea de reparar y equipar nuestros planteles, creamos por ley la Oficina para el Mejoramiento de las Escuelas Públicas (OMEP). Nombré a William Miranda Marín, mi ayudante general de la Guardia Nacional, para dirigir OMEP. Con su capacidad de mando y de experiencia administrativa, Willie puso en vigor un programa acelerado de reparación y embellecimiento de 1,366 planteles a un costo de $115 millones. Además de reparar la planta física escolar, OMEP invirtió $17.2 millones en la compra y reparación de pupitres, escritorios, archivos, procesadoras de palabras, fuentes de agua, mesas, sillas y otros equipos para nuestras escuelas y bibliotecas. Esto se sumó a $515 millones para la compra de libros y materiales para todos los programas docentes del Departamento de Educación. Ningún otro Gobierno en la historia de nuestro país ha hecho ni una inversión, ni un esfuerzo comparable para mejorar las condiciones físicas de nuestras escuelas.

Para ser efectiva, una reforma tiene que estar sujeta a métricas para valorar su eficacia respecto al objetivo que persigue. En cuanto a la educación, el objetivo es el aprovechamiento de los estudiantes. El Departamento desarrolló el sistema de evaluación externo del aprovechamiento de los estudiantes al terminar los grados tercero, sexto, noveno y duodécimo, administrado por el College Entrance Examination Board, y las pruebas para la promoción de estudiantes al terminar los mismos grados, preparadas por el Departamento. En abril del 1990, todos los estudiantes del sistema de educación tomaron la batería de pruebas normalizadas, llamadas APRENDA, para medir su dominio de las destrezas de Inglés, Español y Matemáticas. Con los resultados se sentaron las bases para medir, de ahí en adelante, todos los años, el progreso de nuestros estudiantes en el dominio de esas destrezas básicas. De esta manera nos aseguraríamos que el sistema evolucionara hacia niveles más altos de exigencia, de rendimiento y de productividad para convertir en realidad la aspiración a la excelencia.

Finalmente establecimos un plan maestro para guiar la implantación de las 24 medidas de reforma contenidas en la ley orgánica para culminar con todo un sistema escolar reformado para el 2001. El calendario de implantación establecía un orden de prioridades para las 24 medidas de reforma, y programaba, en un plazo de 10 años a un costo de más de $1,000 millones, todas las actividades que deberán realizarse para completar el proceso de reforma para el año escolar 2000–2001. De las 24 medidas que contiene la Ley de Reforma Educativa, 12 se relacionaban con el desarrollo del estudiante y de la escuela, 6 propiciaban el desarrollo profesional y personal del maestro, mientras que otras 6 se encaminaban a modernizar los sistemas de gerencia y administración del Departamento para lograr la descentralización del sistema y la autonomía educativa de la escuela. Algunas de estas medidas ya estaban encaminadas al momento de aprobarse la ley, mientras que otras se iniciaron después.

Mi compromiso con la educación no se limitó a la escuela pública. En el 1988, aprobamos la Ley 49 del 30 de junio de ese año para garantizarles a las escuelas privadas de Puerto Rico el grado más amplio de autonomía frente al poder regulador del Estado en su funcionamiento y en la adopción de sus objetivos particulares de enseñanza. Para reforzar esa autonomía de las instituciones privadas, la Ley de Reforma Educativa transfirió la función de otorgar licencias a las escuelas privadas al Consejo General de Educación, creado por ese estatuto para desarrollar las políticas educativas. Con ello se eliminaba cualquier posibilidad de conflicto de intereses con el Departamento de Educación.

El Tercer Sistema

Aparte de la nueva ley orgánica para el Departamento de Educación, mi otro objetivo en materia educativa era la creación de un Sistema de Formación Tecnológica Ocupacional que yo llamaba el Tercer Sistema. La globalización de la economía y la revolución tecnológica requerían una estrategia de desarrollo basada sobre todo en la capacitación de los recursos humanos. Aprobamos la Ley 97 del 18 de diciembre de 1991 para establecer el Sistema, la cual elevó al más alto nivel de política pública la educación ocupacional y el adiestramiento para el trabajo. La misma integró y reorganizó los diversos ofrecimientos ocupacionales en un nuevo sistema, el Tercer Sistema, con igual rango jerárquico al sistema universitario y al sistema de educación básica de kindergarten a cuarto año. De esta forma perseguíamos erradicar la imagen que ha sufrido históricamente la educación ocupacional que no corresponde a su importancia, dimensión y complejidad dentro del mundo moderno.

Hasta entonces la educación ocupacional había sido provista de dos maneras: adiestramiento institucional a través del área vocacional y técnica del Departamento de Educación y a través de adiestramientos cortos y adiestramientos en el empleo. El Tercer Sistema no era lo uno ni lo otro; era un sistema nuevo, distinto, que conferiría grados y diplomas, en un contexto académico más amplio, donde la empresa privada era un componente de primera importancia.

Formaban parte del sistema: todos los programas ocupacionales del área ocupacional y técnica del Departamento de Educación, incluyendo sus cuatro institutos tecnológicos, el Cuerpo de Voluntarios al Servicio de Puerto Rico, la Escuela Hotelera de la Compañía de Turismo, el Programa de Rehabilitación Vocacional del Departamento de Servicios

Sociales y todos los programas educativos y de adiestramiento de la Administración de Derecho al Trabajo. Esta multiplicidad de programas, dispersos en diferentes agencias, carecía de una articulación de metas y objetivos que le brindaría el Tercer Sistema conforme a su relevancia a los tiempos que vivíamos.

Además, el Tercer Sistema proveería licencias y acreditación de la oferta educativa ocupacional, fortaleciendo el mejoramiento de los profesores y la orientación y consejería ocupacional y promoviendo una colaboración masiva y continua de la empresa privada para la capacitación ocupacional de nuestra población. La amplitud de los ofrecimientos abarcaría campos tan interesantes y diversos como electrónica industrial, banca, bienes raíces, computadoras, electrocardiografía, biotecnología, turismo y hoteles, mecánica de aviación, tecnología eléctrica y mercadeo de servicios financieros. La educación en el salón de clases se combinó con la capacitación en los talleres del sector privado, para proveer un grado o diploma certificado tanto por la academia como por la industria.

El Sistema estableció Centros de Orientación y Desarrollo Ocupacional para conducir por etapas el desarrollo de las personas a base de sus capacidades, destrezas y actitudes y los requerimientos del mercado laboral. Los nueve centros a través de la isla servían por lo menos a 3,000 personas por centro, ofreciendo consejería ocupacional a través de profesionales que renovaron sus conocimientos en la interacción con la empresa privada y con asociaciones profesionales.

El Sistema no era estático, uno que se congela en un momento dado con ofertas fijas, sino al contrario, era un Sistema con amplia flexibilidad que permitía evolucionar según se transformaba nuestro mercado de empleos y la economía mundial.

Al cabo de ocho años de trabajo duro sentí que habíamos reformado nuestro sistema educativo y que le dejábamos al país una clase magisterial mejor capacitada y mejor remunerada con estudiantes que mostraban una tendencia alcista en sus exámenes del College Board, con la nueva tecnología y libros de textos muy atractivos y al día, una planta física renovada y un Tercer Sistema en sintonía con las necesidades de la industria. Dejamos bien encarrilados unos cambios fundamentales en la educación puertorriqueña que los Gobiernos sucesivos deberían llevar a feliz término.

El año siguiente —1993— la administración Rosselló aprobó la Ley 18 del 16 de junio de 1993 con el propósito de darle un giro al sistema operacional del Departamento establecido en su ley orgánica para instaurar una autonomía escolar mediante la creación de Escuelas de la

Comunidad. La autonomía sería autonomía docente, administrativa y fiscal, y se implantaría siguiendo diversos procedimientos para crear las Escuelas de la Comunidad. En este sentido, la Ley 18 vehiculaba estructuralmente la transición hacia la autonomía escolar que también perseguía en la ley orgánica del Departamento aprobada en el 1990. La participación ciudadana se canalizaba a través del Consejo Escolar que había sido establecido por la ley del 90. Sin embargo, la transformación de las escuelas públicas en Escuelas de la Comunidad autónomas resultó conflictiva. Las tres organizaciones de maestros entonces existentes se opusieron vehementemente reclamando que la Ley 18 violaba los derechos de los maestros. Otras actuaciones controvertibles de la administración del Dr. Pedro Rosselló en el campo de la educación fueron la atentatoria contra la autonomía universitaria creando la Junta de Síndicos de la Universidad de Puerto Rico, restándole esas facultades al Consejo de Educación Superior, y cambios al Consejo General de Educación creado por la ley orgánica de 1990. Mediante la Ley 149 del 15 de julio de 1999, la legislatura de Puerto Rico, en votación partidista, derogó la Ley Orgánica del Departamento de Educación de 1990 aprobada por unanimidad en la legislatura y estableció una nueva ley orgánica para el Departamento.

La reforma educativa y la nueva Ley Orgánica del Departamento de Educación aprobadas por el Gobierno del Dr. Pedro Rosselló no funcionaron para crear la autonomía operacional a nivel de las escuelas públicas.[77] Si bien las administraciones posteriores aprobaron 45 leyes enmendando la ley orgánica de 1999, ninguna de dichas enmiendas ni su implantación logró establecer la autonomía que se perseguía desde la aprobación en 1991 de la ley orgánica durante mi administración.

La administración de Ricardo Rosselló Nevares aprobó el 29 de enero de 2018 una nueva ley de reforma educativa con el propósito de fijar la nueva política del Gobierno en el área de la educación. Esta ley y su administración pueden lograr la autonomía de las escuelas que por tanto tiempo se ha intentado alcanzar. La misma provee para una descentralización del Departamento hacia las regiones y de estas hacia las escuelas, un presupuesto basado en el costo promedio por estudiante, escuelas públicas-alianza para materias no cubiertas por el Departamento, sistemas de evaluación y rendición de cuentas efectivos y libre selección de escuelas. Encaminada hacia los objetivos apropiados, el tiempo dirá si se superan los obstáculos burocráticos y políticos que han impedido lograr que el presupuesto se gaste a nivel de las escuelas para generar un mayor aprovechamiento de nuestros estudiantes.[78]

La Universidad de Puerto Rico

Al llegar a la gobernación en el 1985, la Universidad de Puerto Rico, motor fundamental de desarrollo cultural, científico, económico y político de Puerto Rico, se encontraba altamente dividida, fraccionada, carente de capacidad de diálogo interno y menos de diálogo con la sociedad y el Gobierno de Puerto Rico. Menos aún eran sus relaciones institucionales con universidades y entidades del exterior. Una extensa e intensa huelga estudiantil dejó huellas de incomprensión y desconfianza. Laceró la capacidad de colaboración dentro de la institución.

Durante mis dos mandatos presidieron la Universidad el Lcdo. Fernando Agrait y el Dr. José Manuel Saldaña. Hubo paz en la Universidad desde el punto de vista estudiantil. Desde el punto de vista laboral, en la Universidad siempre hay tensiones fuertes con las organizaciones laborales, particularmente con la Hermandad, las cuales se manejaron sin consecuencias ulteriores. Durante mi segundo mandato se mantuvo la paz, aunque se tomaron medidas antipáticas pero necesarias como el aumento en la matrícula. Se dilucidaron asuntos controversiales sin que se produjeran incidentes de violencia.

Para lograr la paz y mejorar el funcionamiento institucional se requirió una nueva forma de respeto y compartir de los universitarios, tanto docentes, no docentes y estudiantes. Se requirió una nueva actitud, un sentido colectivo, para que nuestra universidad fuera fuerza positiva para todo el país. Esto partía del mayor respeto a la autonomía universitaria. Como gobernador me autolimité, reconociendo el espacio que corresponde a los universitarios en la universidad pública.

La nueva gerencia que comenzó en julio de 1985 dedicó sus esfuerzos a reconstruir los lazos de afecto, respeto y colaboración que requiere una institución universitaria. El diálogo, la apertura de ideas, las iniciativas de los propios universitarios, favoreció que se sintieran parte de un esfuerzo común. El respeto a la diferencia legítima facilitó el desarrollo de propuestas académicas, la creación de nuevos programas graduados y la articulación de nuevas gestiones de colaboración entre los recintos y unidades del sistema. Entre ellos, y en colaboración con el Departamento de Educación y la Reforma Educativa, la maestría en Educación Preescolar, Elemental y Lectura.

Estas iniciativas, surgidas de la base de la universidad, entre otros logros, produjo la visita a Puerto Rico de escritores altamente reconocidos en América y en el mundo. Mario Vargas Llosa, Alfredo Bryce Echenique, Carlos Fuentes, Isabel Allende, Umberto Eco y Camilo José Cela dictaron cátedra y conferencias en diversas unidades de la Universidad.

La UPR se proyectó y abrió a la comunidad internacional. Ingresó en importantes instituciones universitarias. Logró ser cede de importantes encuentros como la IV Conferencia Internacional Sobre Inteligencia, la Asamblea de la Sociedad Interamericana de Planificación y el Congreso Mundial del PEN Club. Al mismo tiempo, ofreció programas en República Dominicana sobre democracia y desarrollo, y estableció programas académicos graduados en Cádiz y en Sevilla en materia de Salud Pública y en Administración de Empresas.

Para el desarrollo y transferencia de tecnología, se estableció una política de patentes, derechos de autor, registro de marcas y los sistemas para implantarla. Esto le dio un fuerte impulso en los años siguientes al desarrollo de la tecnología aplicable en Puerto Rico, paso importante de la nueva economía que hay que desarrollar en el país.

Con Miguel Hernández Agosto y el Dr. Luis Izquierdo Mora, secretario de Salud, en la colocación de la primera piedra del Centro Cardiovascular (23 de abril de 1987)

Inauguración del Centro Cardiovascular (18 de agosto de 1992):

CAPÍTULO 6

SALUD

Cuando entré a la gobernación en el 1985, los servicios de salud se ofrecían a través del sistema establecido por el Dr. Guillermo Arbona en la década del 50. Se atendían a 1.2 millones de habitantes, clasificados como médico indigentes. Los servicios preventivos estaban disponibles para la totalidad de la población. Existían, además, los servicios privados que se prestaban a aquellos que podían pagarlos o tenían planes para ello. Los servicios públicos se prestaban en 17 hospitales que pertenecían al Gobierno en las distintas regiones de la isla y 82 centros de salud primarios en todos los pueblos catalogados como Centros de Diagnóstico y Tratamiento (CDTs).

Nombré de inmediato al Dr. Luis Izquierdo Mora para hacerse cargo del sistema. Luis era un gran ser humano y polifacético; un médico de pueblo con oficina en un segundo piso de la calle Brumbaugh de Río Piedras. Había presidido la Comisión de Hacienda en el Senado de Puerto Rico pero los aires capitolinos no cambiaron en nada su afección hacia los pobres. Yo quería un secretario con esa sensibilidad y con voluntad de hacer cosas. De mover el sistema al dolor humano que se siente en la calle. Cumplió con excelencia todo lo que yo esperaba. De inmediato inició la transformación de los CDTs en Centros de Salud Familiar, los servicios de emergencias médicas, de las salas de emergencias en los hospitales, la creación del Centro de Trauma en el Centro Médico, la batalla contra el SIDA y la planificación del Centro Cardiovascular. Solo una de las iniciativas fue encomienda específicamente de mi parte: el Centro Cardiovascular. Al Dr. Izquierdo Mora le siguieron los doctores Enrique Méndez Grau y José Soler Zapata en mi último mandato. La obra que realizaron fue extensa.

Convertimos 36 Centros de Diagnóstico y Tratamiento en Centros de Salud Familiar. Dejamos en proceso de conversión 8 Centros adicionales. Los Centros de Salud Familiar encaminaban la máxima utilización de los recursos a nivel primario evitando pruebas y referidos innecesarios a otros niveles de servicio. Contaban con un médico de familia o generalista, una enfermera graduada, otra práctica, un técnico de salud familiar y el apoyo de médicos especialistas y técnicos como educadores en salud, nutrición y trabajo social. Estaban equipados con un laboratorio clínico primario, facilidades de electrocardiografía y una sala básica de rayos X. Proveían servicios de salud preventivos y curativos continuos e integrales dentro del contexto del grupo familiar a través de un sistema de citas periódicas. De esta forma se sustituía la atención ocasional episódica y despersonalizada que existía en muchos Centros de Diagnóstico y Tratamiento, prestándole una mayor atención a la persona individual en el contexto de su familia y de su situación social.

Se desarrolló un sistema de amplia cobertura de emergencias médicas mediante la continua capacitación profesional de su personal, adición de ambulancias con equipo de tecnología avanzada, ampliación del sistema de comunicaciones, mejoramiento del sistema de traslados y remodelación y construcción de una gran cantidad de salas de emergencias. Aumentamos y adiestramos los técnicos y auxiliares de emergencias de 134 a 424, lo cual nos permitió expandir a toda la isla los servicios de urgencias y emergencias, de 49 ambulancias a 89 ambulancias equipadas y con capacidad para funcionar como salas de emergencias rodantes y construimos 5 helipuertos en distintas partes de la isla para el traslado de pacientes al principal helipuerto en el Centro Médico de Río Piedras, expandimos el sistema de comunicaciones sobre emergencias médicas que solo funcionaba en el área metropolitana a toda la isla.

Remodelamos la sala de emergencias del Centro Médico aumentando la capacidad de área de 40 a 60 camillas, al igual que las salas en las facilidades terciarias de los Centros Médicos de Mayagüez, Ponce, Bayamón, Caguas y Humacao. En cuanto a las salas de emergencias a nivel primario se reconstruyeron 16 de ellas y dejamos en proceso de diseño o construcción 18 adicionales en distintos pueblos de la isla.

Establecimos el Centro de Trauma en el Centro Médico de Río Piedras para atender los casos politraumatizados, causa principal de muerte de los adultos jóvenes. El Centro cuenta con una Unidad Estabilizadora y unidades de intensivo que brindan servicios de diagnóstico, tratamiento médico quirúrgico de alta tecnología y atención por personal especializado 24 horas al día.

SIDA

Durante aquellos años explotaron en Puerto Rico los casos del SIDA. Desde el 1986 creamos un equipo interagencial para atender estos casos y trabajar en la prevención y el control de esta enfermedad sexualmente transmisible. En el 1987, en coordinación con el cardenal Luis Aponte Martínez, establecimos el albergue Santo Cristo de la Salud para los pacientes de SIDA. Más adelante establecimos cinco albergues adicionales a través de toda la isla con la ayuda de la empresa privada, la comunidad y el Gobierno, a la vez que desarrollamos programas de reducción de riesgos y educación en salud para la población en alto riesgo de infección con el Virus de Inmunodeficiencia Adquirida.

En 1990 creamos la Oficina Central para Asuntos del SIDA y Enfermedades Transmisibles. Esta oficina que integró los esfuerzos gubernamentales para atender estos problemas estableció en los Centros de Diagnóstico y Tratamiento y en los Centros de Salud Familiar un total de 88 Centros de Prueba y Consejería de VIH y Enfermedades Sexualmente Transmisibles. Establecimos un Centro de Inmunología en cada región del Departamento de Salud, proveyendo 250 empleados que coordinaban servicios con las instituciones comunitarias con el propósito de proveer cuidado integral a la población. Para 1991, más de 5,000 pacientes estaban recibiendo tratamiento médico y psicosocial en estos centros y 1,200 de estos recibían terapia con medicamento apropiado.

Gracias a Dios existen hoy día medicamentos más efectivos, se ha seguido con la prevención y el problema está bajo control. En su etapa más crítica pudimos aliviar al menos el sufrimiento y el dolor que embarga a los pacientes de SIDA ofreciéndoles los servicios médicos y de sostén que requieren con profundo respeto a la dignidad de la vida humana. Esto fue posible por el profundo sentir humanitario de nuestro pueblo, la Iglesia y el Gobierno.

Centro Cardiovascular

Las enfermedades cardiovasculares eran la causa más común de muerte en Puerto Rico cuando tomé posesión. Los servicios a los pacientes indigentes con enfermedades cardiovasculares eran provistos desarticuladamente en distintas unidades del Centro Médico con periodos irrazonables de tiempo para ser atendidos.[79] Las personas pudientes atendían estas enfermedades en los Estados Unidos. Con motivo de la última enfermedad de mi madre tuve que pasar mucho tiempo en la sala de espera del intensivo del hospital Pavía durante agosto de 1984. Allí coincidí con el Dr. Efraín Defendini, pionero en la cirugía cardiovascular en Puerto Rico, quien iba a ver a sus pacientes en intensivo. Defendini y yo nos conocimos en Baltimore cuando él estudiaba Medicina y yo Ciencias Políticas y manteníamos esa amistad. En las conversaciones que tuvimos en Pavía me dio a conocer las enormes dificultades que existían en el Centro Médico para llevar a cabo las intervenciones con los pacientes médico-indigentes con enfermedades cardiovasculares. Sentí que había que corregir esa situación para que el paciente médico-indigente pudiera tener el mismo tratamiento médico que obtienen personas de recursos económicos cuando van fuera de Puerto Rico para tratamiento cardiovascular. Estábamos a poco más de dos meses de las elecciones y decidí que si era electo gobernador llevaría a cabo ese proyecto. Cuando nombré a Izquierdo Mora le di la encomienda y él reclutó al Dr. Mario García Palmieri y otros distinguidos profesionales para conceptualizar la autonomía, el funcionamiento y el alcance que tenía que tener este centro y el proyecto de ley para llevarlo a cabo.

De entrada el centro se conceptualizó como uno que organizaría su propia facultad médica, con flexibilidad para incorporar los mejores talentos del sector privado y una operación eficiente y rápida sin sujeción a los procesos burocráticos que prevalecen en las agencias de Gobierno. Sería un centro de avanzada y primer orden que atendiera la población médico-indigente y la población que podía pagar, a la vez que se extendió su alcance a pacientes provenientes del Caribe. El mismo estaría dotado de la última tecnología para atender pacientes con enfermedades cardiovasculares.

No fue fácil timonear el proyecto en la Rama Ejecutiva. La cultura burocrática no favorece innovaciones operacionales como las que se proponían para el Centro. Las distintas agencias planteaban objeciones y limitaciones que tuvimos que superar. Por ejemplo, queríamos ubicarlo en Centro Médico pero el Recinto de Ciencias Médicas requería el espacio para su expansión. Finalmente superamos todos los obstáculos y la Asamblea Legislativa aprobó la Ley 51 del 30 de junio de 1986 creando la Corporación del Centro Cardiovascular para Puerto Rico y el Caribe. En el 1987 ya estábamos colocando la primera piedra del Centro que integraba por primera vez los servicios a médico-indigentes con servicios a pacientes privados, donde se desarrollarían los mejores médicos cardiovasculares, las mejores mentes en investigación dentro de la rama y, además, serviría para exportar al Caribe los servicios con que cuenta Puerto Rico en esta especialidad.

El 18 de agosto de 1992 inauguramos el Centro provisto de un edificio de nueve pisos en el Centro Médico con capacidad para 192 camas e instalaciones con la más moderna tecnología para el tratamiento de las enfermedades cardiovasculares. Cito ahora las primera palabras que pronuncié al inaugurar el Centro: "Hace dos semanas visitó este Centro el famoso inventor de la cirugía de puente coronario que conocemos como *bypass* y principal cirujano cardiovascular de la Clínica Cleveland —René Favoloro— quien coincidió con el director del Texas Heart Institute —el Dr. Robert Frazer— en que, como este Centro, 'no había otro en todo el hemisferio occidental'".[80] La creación y operación del Centro reafirmaron en mí la convicción de la capacidad de nosotros los puertorriqueños de estar al mismo nivel que los mejores en el mundo en las distintas disciplinas. Esa convicción guió toda la política pública que ejecutamos durante mis últimos dos mandatos de servicio al país. El Centro sigue brindado servicios de excelencia a todos los puertorriqueños por igual.

La administración Rosselló cambió el sistema de salud establecido en Puerto Rico. Lo sustituyó por un sistema de atención a pacientes médico-indigentes identificados por una tarjeta y llevado a cabo por grupos de médicos privados y hospitales privados con beneficios dentales y de medicamentos. Los hospitales del Gobierno, menos el Centro Médico, se vendieron. Este es el sistema vigente al momento que yo escribo estas memorias. El mismo aumentó exponencialmente los costos del servicio a los médico-indigentes y se cuestiona si es sostenible. En mi opinión, si al sistema anterior se le hubiera provisto con la mitad de los recursos que se le proveyeron al sistema de la tarjeta, la población médico-indigente hubiera estado mejor atendida.

COMISION
ASUNTOS DE
RA LOS ASUNTOS DE

Firmando la Ley 54 contra la violencia doméstica

CAPÍTULO 7

SOCIAL

La pobreza es un mal endémico de los estados-nación constituidos a base del sistema capitalista a partir del siglo XIX. Puerto Rico la ha sufrido desde tiempos de España. La revolución pacífica del 40 abrió las puertas a una eliminación sustancial de la pobreza extrema mediante el crecimiento económico, la educación libre de costos y la creación de empleos. Pero no acabó con la pobreza extrema. El progreso la convirtió en algo poco visible. Más bien oculta pero siempre presente. La devastación y deforestación del huracán *María* le abrió los ojos al país sobre su existencia. A mí se me habían abierto los ojos mucho antes en visitas a los pueblos de la isla, incluso en el propio San Juan.

Mi relación con el pueblo de Puerto Rico durante mi vida pública iba más allá del bullicio, de las caravanas, las caminatas o los mítines políticos. Desde un principio traté de conocer las angustias y esperanzas que viven nuestras familias compartiendo con ellas en sus hogares o lugares de reunión. Durante los años de 1982 a 1984 intensifiqué este tipo de relación. Lancé la Revolución de la Esperanza.[81] Todos los fines de semana, desde el viernes por la noche hasta el domingo por la tarde, me reunía con nuestra gente en sus casas o lugares de reuniones grupales, pernoctaba en las casas de nuestros líderes municipales o de barrio para escuchar sus problemas y brindarles una esperanza de solución desde la gobernación. Ya gobernador en los años de 1987 a 1988, todos los viernes por la noche visité dos residenciales públicos en el área metropolitana o en la isla —en total 200— para compartir con los residentes, escuchando sus problemas y tomando acción inmediata sobre los mismos con instrucciones a los funcionarios de la Corporación de Renovación Urbana y Vivienda (CRUV) que me acompañaban.

Esta exposición me llevó a conocer la pobreza extrema que viven miles de familias en Puerto Rico, en comunidades aisladas de las áreas

rurales, en barriadas de las grandes ciudades y dentro de los residenciales. En los residenciales la pobreza no es general. La mayor parte de los
residentes son de clase media baja que tienen sus trabajos. Sin embargo,
sí hay un número de familias o de personas solas que sí padecen pobreza
extrema.

Mis visitas a comunidades aisladas o barriadas urbanas durante la
Revolución de la Esperanza me marcaron con las condiciones en que
encontré a las familias en cinco sectores en particular: La Vía en Aguadilla, Pozas en Ciales, Papayo en Lajas, Mameyes en Jayuya y Playita en
San Juan. Allí me encontré puertorriqueños y puertorriqueñas, ancianos,
adultos, jóvenes y niños, con la pobreza reflejada en sus rostros, en sus
cuerpos, en su actitud hacia la vida. Problemas de falta de ingresos, mala
salud, baja escolaridad, falta de destrezas, viviendas inadecuadas, falta de
conocimiento o acceso a los servicios públicos incidían sobre su condición. Esto reafirmó mi creencia de que el desarrollo económico como tal
y la creación de empleos en general no iban a resolver el problema de la
pobreza que sufrían estas familias.

Llegado a la gobernación encomendé a la secretaria de la Gobernación para que se llevara a cabo un estudio de las familias en pobreza
extrema en La Vía, Pozas, Papayo, Mameyes y Playita con miras a diseñar
un plan de acción para rehabilitar las 1,651 familias residentes en estos
sectores y sacarlas de la pobreza extrema. Sila puso el proyecto en manos
de Carmen Sonia Zayas, secretaria del Departamento de Servicios Sociales. El proyecto comenzó en 1985 como proyecto piloto en los cinco
sectores que yo había identificado en la Revolución de la Esperanza. En
estas comunidades el proyecto demostró que la atención individualizada
a las familias era la forma más efectiva de atender la pobreza extrema.
Estudios posteriores en los cuales se visitaron 76,427 familias revelaron
que existían 250 sectores en el país con miles de familias afectadas por la
pobreza extrema.[82] Estos sectores reflejaron condiciones de vivienda inadecuadas, problemas de salud ambiental, falta de acceso a los servicios
fundamentales (salud, educación, servicios sociales y otros), carecían
de transportación, de empleos, de destrezas para competir en el mundo
ocupacional y otros problemas.

El 2 de noviembre de 1987, acompañado de familias de los sectores
que yo había visitado, emití en Fortaleza una orden ejecutiva creando el
Programa de Rehabilitación Económica y Social (PRES) para extender
el programa y llevar a cabo una coordinación interagencial a un nivel
superior a lo acostumbrado para rehabilitar las familias que habíamos
identificado como familias en extrema pobreza en los estudios llevados

a cabo. PRES diseñó estrategias de intervención individualizadas e innovadoras para las familias yendo directamente a sus hogares, estudiando su condición en particular y luego coordinando los servicios necesarios que se requerían de las diversas agencias para rehabilitar las familias y con su propia ayuda sacarlas de la pobreza.[83] El número de agencias requeridas para atender la diversidad de problemas que aquejaban a las familias y la necesidad de visitar las familias en sus hogares y trabajar en sus comunidades representó un reto en la gestión gubernamental.

Esa dificultad con las agencias se superó con el empuje y el entusiasmo de los funcionarios de PRES, que era desbordante. En mis archivos se encuentra una carta titulada "Desahogo" que le dirige una funcionaria de PRES a otra que demuestra el espíritu que había en ese programa.

> Nuestro proyecto PRES está revolucionando el Gobierno.
>
> Hay que recurrir a la presión (PRES) a la cual no estamos acostumbrados.
>
> Estamos haciendo que los funcionarios asuman sus responsabilidades. Pero qué lío hemos formado. Vamos a seguir adelante por los pobres de Puerto Rico.
>
> Si es a nosotros y estamos con 50 barreras de frente, qué será nuestras humildes familias que apenas saben expresarse. Vamos a continuar sacando la cara por ellos que vale la pena.
>
> Y los funcionarios que se quiten las corbatas, se "arrollen" las mangas y se pongan a trabajar fuera de la oficina con aire acondicionado. Si nosotros lo estamos haciendo por qué ellos se quieren enajenar de la realidad.
>
> PRES siempre al frente. Somos pocos pero entusiasmados y convencidos.
>
> ¡Arriba PRES![84]

Al final de mi segundo mandato, PRES se había extendido a 146 sectores, beneficiando a 6,850 familias. De estos sectores 25 fueron totalmente rehabilitados y se seguían atendiendo 2,057 familias en 121 sectores en 62 municipios de la isla. Se les proveyó a los residentes oportunidades de adiestramiento, empleo y orientación para mejorar sus estilos de vida. Un total de 1,755 miembros de familias participantes fueron ubicados en empleos y 882 en adiestramiento vocacional. Se repararon 2,576 viviendas y se logró reubicar 299 familias que vivían en condiciones infrahumanas, construyendo una nueva comunidad. Se instalaron servicios de agua, electricidad y teléfono en 30 comunidades aisladas y en general se llevaron a cabo campañas de cuerpos de agua, fumigación, erradicación de ratas, que contribuyeron a mejoras a la salud ambiental y física de las familias en los sectores intervenidos.[85]

Los residenciales

El enfoque para atender la pobreza en los residenciales fue distinto. Teníamos entonces 332 residenciales públicos donde vivían 60,000 familias. Como señalé anteriormente, la mayoría de los residentes son de clase media baja y tienen trabajo. Las familias o personas en pobreza extrema en cada residencial no son tantas. Muchos residenciales tenían serios problemas de criminalidad que generaban inseguridad y atraían a los jóvenes a la droga y a actividades delictivas. En mis visitas a los residenciales se me hizo dramáticamente patente que sus condiciones físicas eran deplorables. Edificios sucios y sin pintar, patios en malas condiciones, basura acumulada, aguas negras, tubos rotos, gabinetes y puertas destruidas por años sin que se repararan, filtraciones sin corregir por meses y meses, bombillas y luminarias fundidas. En este entorno no podía desarrollarse una buena calidad de vida de todas las familias en los residenciales.

Para bregar con los problemas en los residenciales había que desarrollar una estrategia para bregar en paralelo con la inseguridad, el desarrollo de los jóvenes, las familias o las personas en pobreza extrema y la planta física interior y exterior. Convencido de que la CRUV no tenía la capacidad para desarrollar esta estrategia, establecí un grupo de trabajo de 12 agencias denominado Consejo para el Mejoramiento de la Calidad de la Vida en Áreas Urbanas. Este grupo diseñó el Programa RED, Recursos Entretejidos con Dedicación para la Comunidad. El Programa coordinó eficazmente los servicios multiagenciales requeridos para mejorar la calidad de vida en los residenciales.

Lo inauguré el 16 de mayo de 1986 en el Residencial Covadonga de Trujillo Alto, uno de los residenciales gravemente afectados por la criminalidad. En abril, la policía había llevado a cabo de madrugada un operativo para limpiar el área de delincuentes. La inauguración se llevó a cabo en la plazoleta del residencial. Al llegar, uno de los reporteros me preguntó en tono de broma si había francotiradores que nos pudieran disparar. Repliqué que lo íbamos a comprobar ya mismo. Pero el operativo había funcionado. Los residentes se sentían seguros y en plan de cooperar. Un gran número asistió a la actividad, inclusive trayendo a los niños.

Felicité a los residentes. Recabé su apoyo para el Programa. El Programa les proveería las destrezas para asumir responsabilidades; atención individualizada a las familias con el propósito de fortalecerlas, y en particular a las que sufrían de pobreza extrema; orientación sobre drogas y tratamiento; actividades recreativas y culturales; exámenes libres para los diplomas de noveno y cuarto año; opciones educativas a desertores escolares y tutorías; adiestramiento y empleo a jóvenes adolescentes y otros residentes no tan jovencitos, incluyendo manualidades y destrezas conducentes al autoempleo; y un servicio de capellanía en el que participaban todas las iglesias con el fin de atender las necesidades espirituales de los residentes.

Este Programa se complementó con los esfuerzos de la Oficina para la Coordinación de Ayuda y Servicios a los Ciudadanos de los Residenciales Públicos (OCASIR) y el Cuerpo de Voluntarios al Servicio de Puerto Rico.[86] OCASIR funcionó a través de 75 centros para asegurar los servicios esenciales de las agencias públicas. El Cuerpo de Voluntarios proveyó adiestramientos para oficios y talleres para el desarrollo de autoempresas.

Durante mis dos cuatrienios, los Programas RED y OCASIR beneficiaron a 180,186 residentes en 130 comunidades del país. El Cuerpo de Voluntarios ofreció 614,225 horas de servicio voluntario en diferentes comunidades.

Cuando terminé de ser gobernador, una de mis principales satisfacciones era encontrarme con puertorriqueños o puertorriqueñas que habían sido beneficiados por los programas que llevamos a cabo durante mis administraciones. Ya escribiendo estas memorias me encontraba pasando unos días en el Rincón Beach Resort cuando vino hacia mí Orlando Prieto, quien se identificó como habiéndose criado en el Residencial Covadonga de Trujillo Alto. Con orgullo me indicó que era un producto de RED y que llevaba 23 años trabando con la Administración Federal de Manejo de Emergencias (FEMA). Estas son las satisfacciones que perduran para los servidores públicos.

Pero los programas no eran suficientes por sí solos para mejorar la calidad de vida en los residenciales. Había que transformar drásticamente la condiciones físicas y los servicios que se prestaban en los mismos. Como señalé anteriormente, por dos años compartí todos los viernes por la noche con las familias de los residenciales que me exponían sus problemas. Inmediatamente yo daba instrucciones a los funcionarios de la CRUV que me acompañaban para que tomaran acción. A lo largo de esos dos años me di cuenta que la CRUV no tenía la capacidad para administrar y mantener apropiadamente los residenciales. La CRUV era un aparato sin urgencia y propósito de servir, sin músculo y sin fuerza, como ocurre con tantos organismos públicos que en sus comienzos prestaron un gran servicio pero que con el tiempo fueron corroídos por la cultura e inercia burocrática. Muchas veces he dicho que el gran enemigo de las aspiraciones del pueblo que se canalizan a través del voto en la democracia, es la burocracia que resiste el cambio y la acción para cumplir con los mandatos que emite el pueblo.

Convencí a la legislatura para terminar la existencia de la CRUV. Creamos una nueva agencia para administrar los residenciales. Esta tampoco funcionó como yo esperaba y como merecían los residentes, debido al centralismo burocrático prevaleciente en el Departamento de la Vivienda. No me di por vencido. Con la cooperación del secretario de la Vivienda, Rigoberto Figueroa, y la ayuda de Rosa Villalonga, que entonces era la directora del Departamento Federal de Renovación Urbana y Vivienda (HUD), y de Jack Kemp, secretario de dicho Departamento, llegué a un acuerdo para privatizar la administración de los residenciales. El 6 de mayo de 1992, me dirigí por televisión al pueblo de Puerto Rico para explicarle la acción que había tomado. A continuación mis palabras de cierre:

> El propósito es uno: mejorar las condiciones de los residenciales que francamente son inaceptables tanto para los residentes como para nosotros como Gobierno, tanto estatal como federal.
>
> Para eso hay que romper con viejas formas de hacer las cosas. He tratado de resolver los problemas de los residenciales siguiendo las formas tradicionales establecidas en Puerto Rico y no ha sido posible. Frente a esa situación no nos vamos a cruzar de brazos. Hay demasiadas familias viviendo en condiciones intolerables para que nos dejemos amarrar por estilos del pasado que los Gobiernos modernos tienen que superar si han de prestar la calidad de servicios a que nuestro pueblo tiene derecho.
>
> Sé que esta acción va a encontrar resistencia de los intereses creados burocráticos y de políticos de corta visión. Pero, estoy convencido de que con esta acción le estoy sirviendo bien a esas familias de nuestros residenciales, la determinación que he tomado es por ellos y para ellos y tengo confianza de que cuando este año esté llegando a su fin, to-

dos estaremos contentos por haber tomado la acción correcta.[87]

Mi filosofía del servicio público siempre fue pragmática, no ideológica. Como señaló una vez Luis Muñoz Marín, si la iniciativa privada es la mejor que sirve al pueblo esa es la orientación de este gran movimiento (el Partido Popular). Hoy día cada vez que paso frente a un residencial y veo los edificios limpios y pintados, los patios también limpios y ajardinados, los residentes tertuliando en sus balcones, los niños jugando deportes, siento la profunda satisfacción de haber mejorado la calidad de vida de los residentes. Siento que valieron la pena los años que pasé compartiendo con los residentes, las iniciativas fallidas con la CRUV y con la nueva agencia para mejorar sus condiciones, al igual que la decisión final de enfrentarme a los moldes tradicionales de pensamiento para proveer la solución que funcionó. En gobierno no hay que temer a equivocarse cuando se actúa de buena fe, pero hay que mantenerse luchando ahí, ahí, ahí hasta encontrar la solución que le sirve al pueblo.

La violencia doméstica, la familia y la Ley 54

La mujer maltratada y su familia no tenían protección en la década del 80. En el 1985, los asesinatos contra mujeres que comprendían una relación familiar o de amistad aumentaron a un 64% del total de asesinatos contra mujeres. La senadora Velda González inició un proceso en la legislatura para proteger la mujer y su familia y castigar a los ofensores. La cultura del machismo resistió sus esfuerzos y al final del cuatrienio no se había podido aprobar legislación al efecto. En mi mensaje de estado en 1989, expresé a los legisladores mi preocupación por los actos de violencia doméstica que continuaban castigando a muchos hogares. El maltrato de la mujer, la conducta violenta, no solo la afecta a ella sino a los niños que son objeto de castigo corporal, carecen de cariño y atención y reciben una disciplina inadecuada.

Requerí a la Comisión para los Asuntos de la Mujer que yo había creado en el 1973 que intensificara sus esfuerzos para ayudar a Velda González con el proyecto para proteger la mujer y su familia. Esta Comisión había hecho un magnífico trabajo durante mi primer mandato, logrando legislación que enmendó el articulado del Código Civil que discriminaba contra la mujer con disposiciones como "la mujer está obligada a obedecer y seguir a su marido donde quiera que fije su residencia", la cual se enmendó para que leyera "los cónyuges decidirán por común acuerdo dónde establecer su domicilio y su residencia en la consecución de los mejores intereses de la familia".

No fue fácil la lucha contra el machismo en la legislatura, pero la senadora Velda González le imprimió un liderazgo al proceso que logró la aprobación del proyecto de ley durante la primera sesión ordinaria. En la Cámara ayudó de forma notable la representante Albita Rivera. El 15 de agosto de 1989, yo firmaba la Ley 54. Un estatuto bien pensado para prevenir e intervenir con la violencia doméstica y para ayudar a fortalecer la unidad y la calidad de las relaciones en las familias afectadas por la misma.

La ley estableció que la violencia en la relación de pareja es un delito con penas específicas, yendo más allá de las agresiones físicas e incluyendo el grave daño emocional que causan los actos de intimidación, los insultos y burlas constantes y las amenazas a sus víctimas, la restricción de la libertad y la agresión sexual conyugal. Proveyó para que nuestros tribunales pudieran expedir órdenes protectoras para evitar la continuación de la violencia y futuros daños. Estas órdenes podían incluir la adjudicación de la custodia provisional de los menores de edad, el desalojo de la residencia por el agresor, la abstención de molestias y hostigamiento o de penetrar en cualquier lugar donde se encuentre la mujer, pago de pensiones para menores y el pago de una indemnización económica a la víctima del maltrato. Al mismo tiempo se estableció un procedimiento simple para solicitar las órdenes protectoras del tribunal.

Por otra parte la Ley 54 encomendó a la Comisión para los Asuntos de la Mujer para instrumentar una serie de medidas para la prevención de la violencia doméstica. Entre estas medidas estaban programas educativos y de servicios de apoyo y consejería a las víctimas de maltrato, el establecimiento de albergues para estas víctimas, investigaciones y publicación de informes sobre el problema de la violencia, fomentar cambios en las políticas y procedimientos de las agencias gubernamentales para mejorar sus respuestas a las necesidades de las personas víctimas de maltrato y varias otras responsabilidades que la Comisión había venido descargando.

Este estatuto ha sido y continuará siendo el marco jurídico fundamental para enfrentar el problema de la violencia doméstica. El mismo se ha utilizado en otros países como modelo para legislar contra este mal que aqueja a todas las sociedades. Miles de mujeres han salvado sus vidas por la protección que ofrece esta Ley. No obstante, falta mucho por lograr. La violencia doméstica sigue siendo una amenaza para las mujeres y niñas en Puerto Rico.

CAPÍTULO 8

LOS DESASTRES NATURALES

Lo que resultó más difícil emocionalmente para mí durante mis tres mandatos fue enfrentar los efectos devastadores que tienen los desastres naturales sobre la vida de nuestra gente. Como señalé en *Contra Viento y Marea*, el segundo tomo de mis memorias, "el dolor de la gente que perdió a sus seres queridos, su angustia, su desesperación, el dolor quizás no tan intenso, pero también desolador, de los que permanecían en los refugios porque habían perdido sus casas y todas sus pertenencias es algo que me llegaba al alma y que nunca he podido ni podré olvidar".[88] Temprano en mi segundo mandato tuve que enfrentarme a la tragedia de Mameyes.

Mameyes

Una vaguada tropical proveniente de las costas de África atravesaba el Caribe el sábado 5 de octubre de 1985. El 6 de octubre me encontraba junto a Lila en mi residencia en Ponce donde pernoctamos. Temprano en la noche comenzaron unas lluvias torrenciales que afectaban toda la isla. Antes de retirarme a dormir llamé a Fortaleza para saber si había alguna novedad que tuviéramos que atender. La ayudante de turno, Maggie Oronoz, me indicó que hasta ese momento no había ocurrido nada de mayor importancia con motivo de las lluvias.

Al otro día, después de desayunar Lila y yo, ajenos a que hubiera ocurrido una tragedia en Ponce, partimos en nuestro vehículo conducido por un agente hacia San Juan. No estaba lloviendo fuerte. Al llegar al puente de Pasto Viejo cerca de la salida para Coamo vimos que el carril de mano izquierda se había colapsado y que habían muchos carros parados en ese punto de la carretera. Paramos. De inmediato se nos acercaron personas para indicarnos que un número de carros se había caído al río por el vacío que dejó el puente colapsado. Inmediatamente mi agente se comunicó por el radio de la Policía con Fortaleza con mis instrucciones para que la Guardia Nacional me enviara un helicóptero para recorrer el cauce del río a ver si había sobrevivientes. Desde el aire vi un cuerpo medio hundido en la arena que podría estar vivo. Bajamos y lo toqué. Seguimos. Estaba muerto. No encontramos un solo sobreviviente. Solo muertos.

Luego de asegurarme que la Autoridad de Carreteras tenía todo bajo control para evitar que otros vehículos no fueran a caer por el vacío que había dejado la parte colapsada del puente, continué hacia la Fortaleza en el helicóptero. Lila siguió en nuestro automóvil. En Fortaleza me enteré que las lluvias habían causado estragos y muertes en Coamo, Juana Díaz, Aibonito, Cidra, Caguas, Orocovis, Jayuya, Toa Baja, Dorado y en las vertientes de los cerros de Ponce. Sila había convocado a Fredie Mora, el ayudante general de la Guardia Nacional, a Heriberto Acevedo, director ejecutivo de la Defensa Civil y otros jefes de agencias. De inmediato nos dimos a recopilar información, emití una declaración de estado de emergencia y movimos los recursos del Gobierno para asistir en las áreas que más habían sido afectadas.

Tarde en la tarde pude regresar a Ponce. Sin que los que vivíamos en el centro del pueblo nos percatáramos, alrededor de las 3:30 de la mañana en el cerro de Mameyes, el terreno empezó a ceder, creando un derrumbe monumental de lodo y hogares. Mameyes era un sector de Ponce en el que existía una comunidad de familias mayormente de escasos recursos, muchos de los cuales habían construido sus propios hogares. Esta comunidad estaba situada al lado noreste de la cruceta monumental que ubica en el monte denominado El Vigía al norte de Ponce. El movimiento desastroso duró poco tiempo pero al final dejó 129 muertos y cerca de 100 casas destrozadas. Un artículo de *El Nuevo Día* titulado "A 25 años de Mameyes" reproduce las expresiones de José Juan Pabón, uno de los residentes:

> La tierra hizo brrrrusssrrrr, tembló. . . . Entonces, cuando me levante sentí muchos peñones que caen en las casas. ¡Pla, pla, pla! Me levanté corriendo y vi que el balcón de la casa se cayó, se doblaron los socos de madera. . . . que se movía la tierra, pero ¡contra, que se movía! Se llevaba el terreno completo como de raíz, se llevaba la casa completa con todo y terreno. Otras no, las volaba por los lados, las brincaba por encima de otras casas . . . y lloviendo, lloviendo.[89]

Foto del derrumbe de Mameyes (8 de octubre de 1985)

Inspeccionando los daños del derrumbe en Mameyes
(8 de octubre de 1985)

Me impactó la magnitud del desastre al llegar a Mameyes. La perplejidad se reflejaba en los rostros de los sobrevivientes que, dentro del lodazal que arropaba aquella comunidad, buscaban entre los cadáveres que estaban por todas partes en el fango a los familiares que habían desaparecido. Casas destrozadas bajo el fango. Rostros llorosos, no solo de las víctimas, sino también de los funcionarios y voluntarios que acudieron a brindar ayuda de rescate. Yo también lloré.

Tanto en Ponce como en los otros pueblos de la isla seriamente afectados, el vecindario heroico se lanzó a la labor de rescate y pudo arrancar de las fauces de la muerte algunas vidas. En Mameyes, con uñas y dientes, y voluntad y fervor cristiano, escarbaron entre lodo y piedras para ver si lograban rescatar con vida a los que todo parecía indicar habían expirado.

El Gobierno central y los municipios compartieron con solidaridad la labor de rescate sin diferencias en cuanto a colores políticos. Además, la labor de darle refugio a los desamparados, curar los enfermos, alimentar los niños, custodiar los servicios de agua y atender las necesidades básicas de los sobrevivientes.

El presidente Reagan declaró a Puerto Rico zona de desastre. Tres equipos especializados, uno del Gobierno federal, otro del Gobierno de Francia y otro de México, al igual que un grupo de soldados de las fuerzas armadas dominicanas, se unieron para detectar sobrevivientes en aquel mar de lodo que arropó todo Mameyes. Luego de llevar a cabo los mayores esfuerzos por siete días después de la tragedia llegamos a la trágica conclusión de que no era posible que existieran todavía seres vivos en la tierra doliente de Mameyes.

Nunca olvidaré el funeral para los muertos de Mameyes. Todo en la cancha del Coliseo Pachín Vicens llena de ataúdes y familias llorosas. Les fui saludando con todo mi afecto y dándoles el pésame. Luego regresé a mi casa de Ponce con mi alma doliente buscando refugio.

En el lugar donde estuvo la comunidad Mameyes se construyó un monumento de recordación y un parque pasivo. En la calle Salud del municipio se estableció un museo sobre la tragedia.

Apenas a treinta días de ocurrir la tragedia estábamos poniendo en el barrio Tibes de Ponce la primera piedra para el desarrollo de una comunidad de 250 viviendas de concreto con tres habitaciones dormitorios que designamos como el Nuevo Mameyes. Cuando se terminó la construcción el año siguiente fue ocupado por la mayoría de los residentes. Los restantes fueron realojados en la Urbanización Baramaya.

Hugo

El viernes 15 de septiembre de 1989, me encontraba en mi oficina de Fortaleza cuando me comenzaron a llegar informes meteorológicos sobre el huracán *Hugo* con vientos de máxima categoría que iniciaba el cruce del Caribe con una trayectoria que afectaría a Puerto Rico. Yo tenía un gran respeto por el profesionalismo del Servicio Meteorológico Federal en Puerto Rico. Ante esta amenaza vinieron a mi mente las muertes ocurridas cuando *Eloísa* en el 1975 y en Mameyes 10 años después. Sabía que muchas de esta muertes se podían evitar si se llega a tiempo con información de la catástrofe que se aproxima a los residentes de las zonas próximas al mar o a los ríos o en terrenos inestables como Mameyes. Sabía también que no era fácil convencer a las familias residentes en estos lugares que abandonaran sus hogares y se fueran a los refugios. Los informes meteorológicos que emitía la radio y la televisión, eficientes y correctos en sí mismos, no eran suficientes. Había que llegar a los residentes de esas áreas a tiempo y convencerlos para que se trasladaran a un lugar seguro.

Al otro día, sábado, con un informe del Servicio Federal de Meteorología más preciso de que el peligroso huracán nos iba a impactar, activé la Guardia Nacional para prepararnos para la emergencia. Luego, con la participación de todas las agencias que tenían que prestar sus servicios cara a la emergencia, me dirigí a todos los medios de comunicación en las oficinas de la Defensa Civil localizadas en el Fuerte de San Cristóbal para destacar la gravedad y proximidad del huracán que nos amenazaba y recabar de los residentes de las áreas vulnerables que se trasladaran a lugares seguros. La colaboración de la Guardia Nacional, de las agencias del Gobierno y de los medios de comunicación era y fue de vital importancia para llevar a cabo la tarea que teníamos que realizar.

De la Defensa Civil partí en una caravana para impactar el mayor número de áreas vulnerables que me fuera posible durante el resto de sábado y el domingo. El huracán llegaría, como llegó, el lunes 18 de septiembre de 1989. Siempre recuerdo mi recorrido motorizado por Punta Santiago, al lado de la playa de Humacao, uno de los sectores vulnerables. Hacíamos ruido con las sirenas y la gente se asomaba y yo les pedía desde el vehículo en movimiento que se trasladaran a los refugios. Algunas familias me paraban y me pedían más información.

Los vientos sostenidos de 140 millas por hora nos llegaron por Vieques, Culebra y Fajardo en la madrugada del lunes. En la mañana tomaron un curso hacia el noroeste, devastando 54 municipios de las zonas central y norte de la isla, los cuales fueron declarados zona de desastre.

Gracias a Dios, solo ocurrieron dos muertes: Una en Culebra de una persona que no quiso abandonar su velero y otra ahogada en Fajardo. Entre 90 y 100 mil personas fueron refugiadas. Trece mil de ellas se quedaron sin hogar.

Mi familia y yo pasamos el huracán en Fortaleza. Temprano en la tarde cuando los vientos amainaron salí de El Morro en helicóptero hacia Vieques, la zona más severamente impactada. Por el camino pude observar los condominios y edificios altos con las ventanas rotas por la fuerza de los vientos, los bosques como el Yunque arrasados, parecían quemados, árboles caídos en las carreteras y en las calles bloqueando el tránsito, el tendido eléctrico colapsado, viviendas y comercios de pobre construcción totalmente destruidos. Como en todos los desastres, los que tienen menos son los que pierden más. Encontré a Vieques completamente desolada. Siempre recordaré las palabras de una señora que yo conocía en la isla nena cuando al yo pasar me llamó desde el balcón de su casa. Subí al balcón. Con los ojos llorosos me abrió la puerta de entrada a la casa. Detrás de la fachada no había nada. El huracán se había llevado la casa. Me abrazó y me dijo "lo perdí todo". Estas tenían que ser las primeras personas o familias que teníamos que atender en el proceso de reconstrucción que comenzaba al día siguiente.

Todo el trabajo de socorro y reconstrucción —incluyendo el apoyo de las agencias federales— se dirigió y se coordinó desde La Fortaleza. El pueblo, la empresa privada y miles de empleados públicos, olvidándose de sus problemas particulares, salieron a la calle en solidaridad con los damnificados para prestar sus servicios. La primera dama se encargó coordinar la labor de las agencias y de la distribución de las ayudas privadas para proveer los alimentos y ropas a los refugiados. En vista de que se necesitaría más recursos para atender otras necesidades y problemas de vivienda, Lila anunció de inmediato la celebración de un telemaratón. Los vecinos, los municipios y el Departamento de Obras Públicas iniciaron la limpieza de las carreteras y las calles de árboles y escombros. Para proteger la salud del pueblo fue necesario acelerar ese esfuerzo. Organicé a través del secretario de Obras Públicas, Hermenegildo Ortiz, para que en tres días se llevara a cabo la limpieza de los 23 municipios más afectados por efectivos de la Guardia Nacional, empleados de DTOP y empleados municipales. Se cumplió la misión. La Guardia Nacional, además, reparó, o sustituyó puentes caídos y proveyó seguridad preventiva que evitó el saqueo de comercios que acompaña a estos desastres.

En paralelo se tomaron medidas para ayudar a los agricultores, industriales y comerciantes. Se proveyeron préstamos, garantías, morato-

Mensaje en un Programa Especial sobre el huracán *Hugo*
(1 de octubre de 1989)

rias en el pago, incentivos especiales y fondos de emergencia. Revisamos los planes para la renovación y construcción de la infraestructura a tono con las experiencias del huracán. Aceleramos los trabajo del Fondo de Infraestructura que habíamos creado y revisamos el presupuesto para el año fiscal siguiente para estimular un crecimiento económico coordinado según las necesidades del país después del huracán.

La Autoridad de Energía Eléctrica inició inmediatamente la reparación o sustitución de los postes y del tendido eléctrico. La UTIER respondió gallardamente liberando a los unionados para atender las tareas de reparación o reconstrucción que fueran necesarias. Estos llevaron a cabo su labor heroicamente. A los 30 días de haber ocurrido la devastación del sistema en los 54 municipios, el 96.5% de los abonados residenciales, comerciales, o industriales había recuperado el servicio de energía eléctrica.[90] El servicio telefónico se restituyó en muy poco tiempo. Entonces no había celulares. Esto costó la vida de 5 empleados de Energía Eléctrica y uno de la Compañía Telefónica trabajando en la reparación del sistema: William Cancel Armai, Juan Nieves Mejías, Pedro Oyola Díaz, William Cruz del Valle, Francisco Javier Hernández Colón y Luis Camacho. Para ellos solicité de la Asamblea Legislativa la Condecoración Póstuma por Servicios Heroicos a Puerto Rico.

Con el servicio de agua tuvimos un serio problema. El área metropolitana quedó sin servicio por ocho días debido al mal funcionamiento de los motores de la represa del lago Carraízo. A la Autoridad de Acueductos le tomó todo ese tiempo devolver el agua instalando unos motores nuevos. En la opinión pública se formó la opinión de que el mal funcionamiento de los motores fue causado por negligencia en la agencia. Nombré un comité integrado con personas técnicamente capaces del sector privado para investigar las causas de lo ocurrido. Luego de la investigación, el comité concluyó que en efecto el mal funcionamiento se debía a negligencia de la AAA. El 9 de octubre de 1989, la Junta de Directores de la AAA aceptó la renuncia del director ejecutivo de la agencia. Se nombró a María Margarita Irizarry en sustitución, quien implantó las medidas disciplinarias correspondientes a cada uno de los funcionarios y empleados en la cadena de mando que gobernaba las operaciones de Carraízo.

Atender el problema de los refugiados que habían perdido su vivienda tomó más tiempo. Primero se llevó a cabo su realojo dando hogares provisionales en las unidades disponibles del Departamento de Vivienda, construyendo módulos de madera, y mediante la transformación de escuelas y fábricas en desuso en unidades de vivienda múltiples. Pero lo importante era el realojo permanente en nuevas unidades de vivienda si posible cerca de sus comunidades de origen.

Me di a la tarea de negociar con FEMA la construcción de casas de cemento modestas pero seguras para las familias que sufrieron pérdida total de sus viviendas. Gracias al subdirector de FEMA, Grant Paterson, y su coordinador puertorriqueño, José Bravo, se logró por primera vez en la historia de FEMA el acuerdo para proveer casas de cemento a estas familias.

El periódico *El Mundo* editorializó sobre la labor del pueblo, del sector privado y del Gobierno para enfrentar y superar el impacto del huracán:

> En momentos en que nos encaminamos firmes y resueltos a la gran tarea que tenemos por delante, es justo reconocer la enorme contribución de esfuerzo, consejo, de vida inclusive, hecha por cientos de hermanos trabajadores, vecinos, amigos y de nuestros dirigentes cívicos, empresariales y gubernamentales, con el gobernador Rafael Hernández Colón a la cabeza.
>
> Nadie ha de poner en duda que los mensajes de alerta y orientación que el gobernador estuvo emitiendo desde antes de tener la certeza de que el huracán azotaría al país, ayudó grandemente a evitar la pérdida de cientos, si no miles, de vidas. Abatido el país por el huracán, el gobernador se embarcó en una gestión incansable de dirección hacia el auxilio y la mitigación de las familias en desgracia y hacia la coordinación de los más rápidos y efectivos recursos a su disposición. Su encomiable comportamiento personal y oficial antes, durante y después del terrible azote, merece el reconocimiento de todo el pueblo.[91]

El 10 de noviembre de 1989, el periódico *Daily News* de Nueva York reconoció el trabajo que habíamos hecho en Puerto Rico y me otorgó una placa denominada *Front Page Award*.

Pero faltaba mucho por hacer. Además de la ayuda de FEMA, obtuvimos una aportación de $150 millones de HUD para la reconstrucción y rehabilitación de viviendas. Pero debido a las restricciones federales no todos los que habían perdido su hogar cualificaban bajos los programas de FEMA o de HUD. Este vacío lo llenó Lila con su esfuerzo que llamó "Dale la Mano a Puerto Rico". Según llevó a cabo la coordinación de la distribución de alimentos y ropa y otros artículos de primera necesidad

Lila organizó la entidad Dale la Mano a Puerto Rico para levantar fondos con el propósito de proveer las ayudas a los damnificados no provistas por FEMA o fondos federales o locales. Dale la Mano a Puerto Rico organizó el 30 de septiembre un telemaratón que generó la cantidad de $15 millones para ayuda a los damnificados. El telemaratón fue transmitido simultáneamente por todas las estaciones de televisión y se llevó a cabo en el Coliseo Rubén Rodríguez de Bayamón. La labor de animación la llevaron a cabo presentadores de los diferentes canales. Intervinieron 30 artistas y grupos musicales, entre ellos José Miguel Agrelot y los cantantes Yolandita Monge, Chayanne, Carmen Delia Dipiní, Lissette, Danny Rivera, Ednita Nazario, Olga y Tony y Tavín Pumarejo. Se destacó la figura del reverendo Jesse Jackson, excandidato a la presidencia de los Estados Unidos, quien motivó con un apasionado mensaje promoviendo la ayuda y la superación del pueblo frente a desastre.

Los fondos recaudados fueron utilizados por Dale la Mano a Puerto Rico para la reparación y construcción de viviendas y otras ayudas de socorro. Lila presidió Dale la Mano desde su fundación hasta 1995 cuando la entidad terminó sus funciones. "Doy gracias a Dios", manifestó, "porque me permitió, por encima de la tragedia y la desesperación del momento, ayudar a mis hermanos puertorriqueños en los momentos más duros de sus vidas". Además de agradecerle a las entidades corporativas que aportaron cantidades sustanciales, también agradeció a los que con sacrificio ayudaron a la causa. "Me consta que en muchos casos las ayudas provenían de familias también necesitadas. Fue la gran máxima cristiana puesta en acción: dar y compartir, no de lo que te sobra, sino de lo poco que tienes. Principalmente por eso me siento orgullosa. Orgullosa de la buena fe y la nobleza del pueblo de Puerto Rico y de otros que, sin ser puertorriqueños aportaron para mitigar el dolor de los nuestros."[92]

La Junta de Directores de Dale la Mano estableció cuatro programas para el uso de los fondos que se habían recaudado.[93] El primero proveyó facilidades especiales en viviendas para impedios y/o envejecientes; el segundo se usó para reparación de viviendas a familias propietarias; el tercero para construcción de viviendas para familias no propietarias; y el cuatro para ayuda a organizaciones e instituciones comunitarias. Se publicaron anuncios de prensa informando la apertura de estos programas y los requisitos de elegibilidad para recibir ayudas. Las solicitudes fueron debidamente evaluadas a base de lo cual se distribuyeron los fondos para llevar a cabo las ayudas. Se instrumentaron 3,130 solicitudes para facilidades especiales en viviendas para impedidos y/o envejecientes. Se construyeron 239 unidades de vivienda en los pueblos más severamente afectados por el huracán y se proveyó ayuda a 716 organizaciones e instituciones comunitarias que la solicitaron. En Vieques se construyó un Centro de Diagnóstico y Tratamiento y un refugio muy adecuado para futuros huracanes. También en Culebra se construyó un refugio con el mismo propósito. Todos los estados de situación de Dale la Mano fueron auditados por la firma de Arthur Andersen & Company, contadores independientes. Las auditorías se hicieron públicas.[94]

Lila participó intensamente en la instrumentación de estos programas. No solo a nivel gerencial como presidenta sino a nivel humano en su contacto personal con los afectados que recibieron la ayuda. Visitó los hogares, entregó ayuda económica y artículos de primera necesidad, entregó las llaves a los nuevos propietarios de las unidades de vivienda, compartió con las madres y sus hijos. Llevó a cabo una labor extraordinaria de mucho corazón con humildad y sin pretensiones de reconocimiento. Así era ella.

Los esfuerzos que todos realizamos para enfrentarnos a *Hugo* demostraron que como pueblo éramos más fuertes que *Hugo*. Demostraron que en el alma de este pueblo existe un caudal extraordinario de riqueza que en momentos de crisis aflora para mostrarnos el valor de cada uno de nosotros en particular y todos juntos como pueblo. *Hugo* hizo posible las más hermosas demostraciones de solidaridad que caracterizan la familia puertorriqueña y el valor que se le da a la dignidad de cada uno en nuestra tierra. Esto hace de nosotros un pueblo bendecido por Dios.

"*Hugo* hizo posible las más hermosas demostraciones de solidaridad que caracterizan la familia puertorriqueña y el valor que se le da a la dignidad de cada uno en nuestra tierra."

COMUNIDAD PUERTORRIQUEÑA / HISPANA
DE LOS ESTADOS UNIDOS

1-881/260

27 de septiembre de 1989

PAY
TO THE
ORDER OF   DALE LA MANO A PUERTO RICO

$3,225,000

TRES MILLONES DOSCIENTOS VEINTICINCO MIL

DOLLARS

Banco Popular   7 WEST 51ST STREET
NEW YORK N.Y. 10019

FOR

⑆026008811⑈

Tarjeta de Navidad de la familia en 1992

CAPÍTULO 9

FAMILIA

Durante el primer año siguiente a mi toma de posesión en el 85, permanecí con mi familia en el Condominio Belén situado en la avenida San Patricio de Guaynabo. Esta fue una decisión familiar porque queríamos mantener la intimidad de la familia y la proximidad de unos con otros, cosas que no son fácil mantener en el Palacio de Santa Catalina. Sin embargo, las exigencias de la gobernación nos llevaron a trasladarnos a Fortaleza en febrero del 86. El tener la oficina en el mismo lugar de la residencia y el residir en el mismo lugar donde se llevan a cabo los actos de Estado facilita el desempeño de las responsabilidades del gobernador y de la primera dama.

Durante los años del 85 al 92 tuvimos importantes acontecimientos en la familia. Rafa se graduó de Johns Hopkins de bachillerato con concentración en Ciencias Políticas y luego hizo una maestría en SAIS, la escuela de estudios internacionales avanzados de Hopkins. Luego estudió derecho en la universidad de Yale. Contrajo matrimonio con Laura Roulet, a quien había conocido en SAIS, y comenzó la práctica del derecho en Nueva York. José Alfredo se graduó de Harvard con una concentración en Filosofía y luego de Stanford en derecho. En Stanford conoció a Patricia Rivera MacMurray, con quien contrajo matrimonio de regreso a San Juan. Rafa y José ambos juramentaron ante el Tribunal Supremo de Puerto Rico para la práctica del derecho en el país. La ceremonia la presidió Víctor Pons, muy amigo de la familia, quien a la sazón era el juez presidente. Rafa se mudó a Puerto Rico, y junto a José abrieron un bufete en la calle Tanca del Viejo San Juan.

Dora Mercedes se graduó de la Universidad del Sagrado Corazón con concentración en Educación, y comenzó a enseñar en la escuela La Piedad en la avenida Baldorioty. A la vez ayudaba a Lila en el programa de Abre tus ojos a un mundo sin drogas que Lila llevó por las escuelas públicas del país. Posteriormente contrajo matrimonio con Erwin Riefkohl. Juan Eugenio se graduó de la Universidad del Sagrado Corazón con concentración en Comunicaciones. Se interesó en la producción de películas y participó en películas que rodaron en Puerto Rico Clint Eastwood y Brooke Shields. Luego actuó de avanzador en la campaña de Michael Dukakis para la presidencia de los Estados Unidos y posteriormente en la campaña de Al Gore para la vicepresidencia. Trabajó con Televisión Española en la Exposición Internacional de Sevilla donde Puerto Rico tuvo su propio pabellón. De vuelta a Puerto Rico promovió la creación del Instituto del Cine.

Durante esos años en Fortaleza nos nacieron cinco nietos a Lila y a mí. Erwin y Hans de Dora Mercedes y Erwin, Alicia y Rafi de Rafa y Laura, y Pablo de José y de Patricia. Ya pequeñitos participaban en campañas que llevaba Lila, como la campaña contra el maltrato de niños. Nuestra despedida de Fortaleza se marcó en mi memoria por una intervención de Erwin y Hans que yo no promoví, sino Dora Mercedes. En Fortaleza se suben las banderas de Estados Unidos y de Puerto Rico que están sobre la fachada desde la azotea del edificio a las 6:00 a.m. y se bajan a las 6:00 p.m. Salimos de Fortaleza el 1 de enero a las 6:00 p.m. Erwin y Hans subieron con su madre a la azotea y Erwin bajó la bandera de Puerto Rico y Hans la de Estados Unidos.

Con Alicia y Erwin en 1989

Con Pablo en 1991

Con Luis A. Ferré, Carlos Romero Barceló, Rubén Berríos Martínez y los senadores estadounidenses James McClure y J. Bennett Johnston

CAPÍTULO 10

STATUS*

La victoria de 1988 le impartió al Partido Popular el mandato de gestionar la determinación del status político definitivo de Puerto Rico. Esta determinación había sido una de mis grandes preocupaciones a lo largo de mi vida. Durante mi primer mandato —1973–1976— logré que se implantara la voluntad del pueblo de Puerto Rico en el plebiscito de 1967 a favor de desarrollar el Estado Libre Asociado a través de un Nuevo Pacto que fue aprobado por el Subcomité de Asuntos Insulares de la Cámara de Representantes del Congreso con alta probabilidad de ser aprobado por la Cámara entera y luego por el Senado.[95] Al perder las elecciones de 1976, y al entrar al poder el gobierno proestadidad de Carlos Romero Barceló y como comisionado residente Baltasar Corrada del Río, la gestión de aprobación del Nuevo Pacto naufragó en el Congreso. En mi mensaje inaugural del 2 de enero de 1989, que titulé "La Cumbre Luminosa", reafirmé la líneas de acción que llevaría el Gobierno trazadas desde el 1985. Superado ya los problemas económicos y administrativos que enfrentábamos en aquel cuatrienio, abordé el tema del status.

> Creo que ha llegado la hora de que el pueblo exprese
> nuevamente su preferencia sobre las tres alternativas de sta-
> tus político y creo que es igualmente necesario que el Go-
> bierno de los Estados Unidos de América manifieste su po-
> sición al efecto. . . . En consecuencia, iniciaremos en breve

---

* Nota del editor: Este capítulo reproduce, con cambios menores, el artículo "Reflexiones sobre la Autodeterminación Puertorriqueña (1989–1991)", 65 *Revista Jurídica Universidad de Puerto Rico* 431 (1996). El artículo original y su reproducción en *La nación de siglo a siglo y otros ensayos* (1998) contienen las referencias y notas al calce que se omiten aquí para facilitar la lectura. Se conservaron las notas al calce adicionales que propuso incluir Hernández Colón para este tomo.

conversaciones con el Gobierno de Estados Unidos y con los líderes que en Puerto Rico representan otras fórmulas de status, sobre la manera de plantear la consulta a nuestro pueblo, de modo que las tres fórmulas de status político tengan igual oportunidad de ser sometidas en la consulta para que nuestro pueblo escoja libremente entre ellas.

Con estas palabras inicié el proceso que ha recibido la más seria y extensa consideración sobre el status político de Puerto Rico por el Congreso de los Estados Unidos después de la fundación del Estado Libre Asociado. Un proceso histórico que nos legó la más fehaciente referencia a los criterios y supuestos que determinarán los votos que se emitirán por los miembros del Congreso cuando este decida el destino final de Puerto Rico.

Mi iniciativa por una parte perseguía involucrar al Congreso en el proceso desde un principio para que quedara comprometido con la decisión que eventualmente tomara el pueblo de Puerto Rico. Por otra, quería que no solo el Gobierno estadolibrista gestionara la legislación, sino también los estadistas e independentistas para que la gestión fuera representativa de un pueblo unido, y estos sectores pudieran aportar a la elaboración de la legislación que debía tratar a las tres alternativas con justicia. El proceso se caracterizó por la más estrecha colaboración entre el gobierno puertorriqueño, los partidos políticos puertorriqueños, y el liderato del Congreso de los Estados Unidos. El presidente de los Estados Unidos también apoyó el esfuerzo para la celebración del plebiscito, decantándose personalmente en favor de la estadidad y colocando a los departamentos ejecutivos decididamente en favor de la misma en sus intervenciones ante el Congreso.

La documentación de la historia de las gestiones plebiscitarias llevadas a cabo entre los años de 1989 a 1991 es la fuente por excelencia para conocer la amplitud y profundidad temática y la enorme complejidad política que entraña la consideración y decisión sobre el derecho de autodeterminación de Puerto Rico por el Congreso de los Estados Unidos.

Me refiero a los proyectos de ley presentados, la participación de los partidos puertorriqueños en la redacción de esos proyectos, las vistas públicas, las ponencias políticas, jurídicas, económicas, culturales, etc. presentadas; a los estudios requeridos por los comités permanentes del Congreso a diversos organismos del Gobierno federal; los debates internos entre los miembros de los comités del Senado y de la Cámara de Representantes, y la sesión del pleno de la cámara baja que aprobó el H.R. 4765, uno de los proyectos presentados.

Tercera toma de posesión como gobernador del Estado Libre Asociado
de Puerto Rico (2 de enero de 1989)

Hay mucha especulación y retórica sobre lo que hará el Congreso cuando vaya a decidir el destino final de Puerto Rico. Mucha de ella por miembros del Congreso, senadores y representantes. Todo ello se trata de *political correctness* (quedar bien políticamente). La verdad sobre lo que hace el Congreso se conoce cuando los senadores y representantes emiten sus votos. Los votos emitidos en el proceso seguido entre los años de 1989 a 1991 nos permitieron conocer cómo se manejará en el Congreso el proceso para decidir nuestro destino final y los criterios y supuestos que guiarán la emisión de los votos de los miembros. Aunque no se logró la aprobación por ambas cámaras de un proyecto, sí se logró lo que el senador Malcolm Wallop describió como que "Puerto Rico tiene ahora un entendimiento mucho mejor de lo que serán los problemas para cambiar el status [estadidad o independencia] y del marco de las posibilidades para mejoras su actual relación con el Gobierno federal [ELA]".

Los proyectos que recibieron seria consideración en las sesiones del Congreso 101 (1989–1990) fueron el S. 712 del Senado y el H.R. 4765 de la Cámara. En la primera sesión del Congreso 102 (1991–1992) solo un proyecto recibió seria consideración y fue el S. 244 del Senado.

Los elementos que más influyeron en la voluntad de congresistas y senadores para aprobar o derrotar los proyectos fueron dos: la formalidad del compromiso que estaba contrayendo el Congreso en cuanto a acatar la voluntad que expresara el pueblo puertorriqueño en un plebiscito y la definición de cada fórmula, es decir, los detalles que contenía la legislación respecto a los elementos constitutivos de las fórmulas.

Estos factores eran los que mayor seriedad le daban al plebiscito que se gestionaba porque por una parte se buscaba el acatamiento de la voluntad puertorriqueña y por otra parte que el pueblo puertorriqueño supiera de antemano el alcance y contenido de cada una de las fórmulas conforme el Congreso estuviera dispuesto a otorgarlas.

El S. 712 fue presentado por el senador J. Bennett Johnston como presidente del Comité de Energía y Recursos Naturales del Senado y por el senador James McClure como portavoz de la minoría en dicho Comité, el cual tiene jurisdicción sobre el status de Puerto Rico. El proyecto definió las tres fórmulas con todos sus detalles. Su principal virtud consistía en que en la sección 101 proveía para que se implantara automáticamente la voluntad mayoritaria del pueblo puertorriqueño expresada según los procedimientos establecidos en la ley.

Las deliberaciones del Comité de Energía sobre este proyecto comenzaron el 26 de julio de 1989 y terminaron el 2 de agosto de 1989.

Las dificultades no tardaron en manifestarse. El senador Dale Bumpers planteó de entrada una extensa reflexión sobre la sabiduría del mecanismo autoejecutable del proyecto, en vista de que no se requería una mayoría cualificada para la estadidad. Poco después el congresista Morris Udall, presidente del Comité de lo Interior de la Cámara, haría llegar una comunicación a Johnston el 6 de noviembre de 1989, expresando su objeción a la autoejecutabilidad de la voluntad puertorriqueña que proveía el proyecto.

Luego comenzó la discusión sobre los costos de los programas o de los estimados de ingresos y los senadores advirtieron que los números con que contaban no eran confiables.

Las complejidades que se presentaron en torno a los aspectos financieros, políticos y constitucionales del S. 712 fueron tales que llevaron a sus autores Johnston y McClure a promover la aprobación del proyecto, no como proyecto terminado, sino más bien como uno para ser enmendado en varias etapas a través del proceso legislativo.

Senador Johnston:

> I am persuaded, however, at this time, that we should not act on those alternatives because we do not have enough facts . . .
>
> We think, really, that we ought to underline our concern in report language and submit this to the Finance Committee, though it is going to have a lot harder figures than ours. Hopefully, the Joint Tax Committee will plug in their numbers, which will be more reliable numbers —they may be the same numbers, but there seems to be little confidence in Treasury's numbers here; not that they are necessarily too big or too small, with respect to either taxes or benefits, but we think that probably this readjustment is an issue that ought to go to the Finance Committee, at least initially.
>
> These issues are going to come back to this committee when we get to conference committee; and certainly they will be matters to talk about in the House. We have set the principles, which we think ought to guide this. First, that it ought to be an even playing field, politically, between the various parties. Secondly, that there ought to be a smooth transition, so that any change in political status, statehood or independence, ought to work that does not devastate the economy. And third, that it ought to be revenue-neutral;

that it does not cost the Treasury any additional dollars.

This is a preliminary, first cut at this issue. It will be re-examined and rethought not only by us, but by a large number of committees. And I suspect they will be guided by the same general principles that we have been guided by.

Senador McClure:

I caution everybody as we are about to report this bill. I hope that it goes to other committees and that they will have to work their will and probably make some changes.

And I take the time to state that again, because I know that once this bill is reported, there will be an awful lot of people who then assume it is done; and it is not. It is only the first step in that process. And I am hopeful that we can get the bill completed and report it out this morning.

Bajo estas premisas y admoniciones el Comité de Energía informó el proyecto S. 712 el 2 de agosto de 1989 por votación de 11 a 8. Realmente no se estaban tomando decisiones finales. Se estaban fijando unos principios básicos para el plebiscito y encauzando el proyecto para el escrutinio de otros comités del Senado —principalmente Finanzas y Agricultura— y finalmente para el Senado en pleno, ante el cual varios miembros del Comité de Energía se habían reservado el derecho a formular serios planteamientos como lo hizo Bumpers en cuanto a la mayoría cualificada para otorgar la estadidad.

Los Comités del Senado, particularmente el de Finanzas, trabajaron intensamente el proyecto S. 712. El Comité de Finanzas rindió un importante informe el 30 de septiembre de 1990 que reestructuró totalmente las premisas económicas en que se basó el Comité de Energía y fijó los aspectos financieros de cada fórmula de status con una mayor precisión. Sin embargo, expresó sus reservas sobre la implantación automática de los resultados.

Mientras tanto, la Cámara de Representantes comenzó la consideración del tema sin un proyecto específico. Luego de que el Subcomité para Asuntos Insulares del Comité de lo Interior de la Cámara celebrara vistas públicas en Puerto Rico, su presidente, el representante Ron de Lugo, y un nutrido grupo de sus miembros, presentaron el 9 de mayo de 1990, el proyecto H.R. 4765 con un enfoque radicalmente distinto al que contenía el proyecto senatorial S. 712. Este proyecto no contenía definiciones ni proveía para la autoejecución de la decisión de Puerto Rico. El liderato puertorriqueño luchó por modificarlo. Logró que unas definiciones generales de las respectivas fórmulas se incluyeran en el informe del proyecto, pero no pudo conseguir el lenguaje obligatorio sobre los resultados que lodos los partidos deseaban.

El compromiso finalmente aprobado leía de la siguiente manera:

> (d) Enactment of this section constitutes a commitment that the United States Congress will vote on legislation establishing appropriate mechanisms and procedures to implement the political status selected by the People of Puerto Rico.

El subcomité de la Cámara que presidía Ron de Lugo aprobó el H.R. 4765 por voto de 10 a 0 el 3 de agosto de 1990. El Comité en pleno lo aprobó por voto de 37 a 1 el 19 de septiembre. El 10 de octubre de 1990 el pleno de la Cámara de Representantes unánimemente aprobó el proyecto. Ese mismo día el senador Johnston se pronunció ante el pleno del Senado de los Estados Unidos, indicando que el proyecto H.R. 4765 de la Cámara era inaceptable y que dado el caso de que el Congreso 101 estaba por terminar, el Comité de Energía del Senado reanudaría sus esfuerzos en torno al status de Puerto Rico al comenzar el próximo Congreso en enero del año entrante de 1991.

El 15 de octubre de 1990, el presidente del Comité de lo Interior de la Cámara, Morris Udall, escribió una carta al senador Johnston que es sumamente reveladora de los problemas intrínsecos que confrontaba la legislación y del carácter histórico de los momentos que se estaban viviendo.

La transcribimos íntegramente por la importancia de la misma.

> Dear Bennett:
>
> Although you have held out little hope that the Senate will act on Puerto Rico status legislation this year, I think it is important to set out my thoughts on how we came to be where we are and why, in all honesty, I do not believe we will ever be in as good a position to enact status legislation as we are today.
>
> As you know, the House-passed Puerto Rico status bill, H.R. 4765, is based on one of your original bills, S. 711. H.R. 4765 proposes a different approach than the reported Senate bill, S. 712, because the House (and, possibly, the Senate) cannot accept a self-executing bill.
>
> The descriptions of the statuses incorporated into H.R. 4765 are more general than those you have proposed because H.R. 4765's supporters believe that making the de-

Junto a congresistas y líderes de la oposición durante el proceso plebiscitario.

scriptions specific in every detail (if they are to have real meaning) would be tantamount to writing a self-executing bill. And, as the House leadership and I have clearly indicated, that would be a futile effort.

As I am sure you realize, substituting detailed descriptions for those already incorporated into H.R. 4765 wouldn't give the descriptions more weight so long as the bill remained non-self-executing. It wouldn't, therefore, really provide Puerto Ricans with more reliable guidance about the statuses and it might actually be more likely to mislead them. Also, doing this would probably be unfair to the people of Puerto Rico since the details would be written by Washington alone, primarily considering its own interests when Puerto Rico is divided, without having to contend with the unity of purpose Puerto Rico will only have when its people decide on a status.

In any case, the people of Puerto Rico already know the really important aspects on the three statuses anyway. Now, they simply want what they asked us for in the first place and still ask for: An opportunity to choose and assurance that the Congress will act on their choice. We owe them this opportunity and assurance. What I have said does not, of course, suggest that you shouldn't try to have the specific measures that you intend to seek related to the statuses set forth in the Senate if you want to make sure that Puerto Ricans know that the Senate believes it would do in the future for whichever status wins the referendum. Bennett, you and I both have seen how the political winds can shift from year to year and threaten a truly historic opportunity. The consensus that made it possible to address this issue now may not survive next year.

In any case, waiting until next year will not change the reality of the situation. Waiting will probably only lead us, after a good deal more work is done here and in Puerto Rico, to the same juncture sometime later in the next Congress.

There is no reason to believe that the approach that the House unanimously embraced with the support of Puerto Rico's three parties and the president after long negotiations will change in the future. So, there would be no point to creating unrealistic expectations in Puerto Rico that proposals that would change this approach and cannot be reconciled with it in the time remaining in this Congress can be accepted by the Congress as a whole next year.

Johnston respondió a Udall el 22 de octubre de 1990. Su carta lee como sigue:

Dear Mo:

Thank you very much for your letter regarding the Puerto Rico referendum legislation. I share everyone's disappointment that Congress will be unable to complete action on this important measure this year. I want to emphasize that this observation should not be interpreted as a lessening of my commitment to Puerto Rican self-determination. My commitment remains solid. However, it cannot overcome the time limitations now facing Congress.

It is clear from your letter that we have honest disagreements regarding the proper approach to this issue. Nevertheless, I am confident that if we work together in our usual spirit of cooperation, then these disagreements can, and will, be resolved. I hope that you share my desire to move this legislation promptly next year so that the people of Puerto Rico can hold a status referendum in 1991, or early 1992 — well before the late 1992 gubernatorial elections.

I urge your continued commitment to the goal of Puerto Rican self-determination, and look forward to working with you in the coming months.

En enero de 1991, comenzada ya la primera sesión del Congreso 102, se radicaron por de Lugo y Johnston, sendos proyectos en Cámara y Senado proveyendo para la celebración de un plebiscito en Puerto Rico. El de la Cámara de Representantes llevaba el número H.R. 316 y era exactamente igual al proyecto que la Cámara había aprobado el año anterior que llevaba el número H.R. 4765. Fuera de la radicación de este proyecto, la Cámara de Representantes no tomó acción adicional en torno al plebiscito, pues su estrategia legislativa consistía en esperar la acción del Senado toda vez que la Cámara había aprobado su proyecto durante el Congreso anterior.

En el Senado, el senador Johnston, con el coauspicio del senador Wallop, que para entonces se había convertido en el portavoz de la minoría republicana en el Comité de Energía, radicó el proyecto S. 244 que difería bastante del S. 712. Las diferencias eran en cuanto al carácter autoejecutable del anterior proyecto y sobre el contenido de las definiciones de las fórmulas de status por cuanto se incorporaban las determinaciones del Comité de Finanzas y otras consideraciones.

En vez del lenguaje de autoejecutabilidad que contenía el S. 712, el S. 244 proveía lo siguiente:

> Sec. 2. Referendum on Status Options
>
> (e) Implementation Legislation. – (1) If the referendum results in a majority of one of the three status options, then to implement the status selected by the People of Puerto Rico, pursuant to this Act, the chairman of the Senate Committee on Energy and Natural Resources and the chairman of the House Committee on Interior and Insular Affairs shall introduce the appropriate title of this Act.
>
> (2) Enactment of this section constitutes a commitment by Congress to implement the status receiving a majority.

Las definiciones de las fórmulas de status se llevaban a cabo en el proyecto a través de tres títulos separados. El título II se ocupaba de la estadidad, el III de la independencia y el IV del Estado Libre Asociado. Las definiciones bajo cada uno de esos títulos ofrecían abundantes detalles, conforme al pensamiento de Johnston de que el pueblo de Puerto Rico al votar por una u otra fórmula de status, debía tener conciencia de lo que el Congreso estaba dispuesto a conceder bajo la misma.

La discusión sobre el S. 244 que llevó a cabo el Comité de Energía del Senado en sus sesiones ejecutivas es la más reveladora de los variados matices del pensamiento congresional contemporáneo sobre el tema del status de Puerto Rico. Esta discusión se efectuó dentro de un contexto decisional —si se informaba el proyecto al Senado o no— por lo cual las expresiones tienen un peso del cual carece la retórica vacía sobre derecho a la autodeterminación que tradicionalmente han usado los miembros del Congreso al referirse a Puerto Rico. Esta retórica, fuera del contexto donde hay que tomar una decisión, no es más que la semántica correcta para no ofender a nadie, ni crearse problemas políticos.

Por ello, el debate interno de los miembros del Comité de Energía para decidir sobre el S. 244 cobra tanto significado. Los senadores estaban ya ante el momento de la verdad —no como cuando votaron el S. 712 a manera de iniciar un proceso para luego llegar a conclusiones. En este caso el proceso había concluido, los comités del Senado que tenían que estudiar, decidir y pronunciarse lo habían hecho. La Cámara de Representantes había actuado en el Congreso anterior. De modo que al retomar el tema, discutiendo el S. 244, el Comité de Energía del Senado estaba claramente situado en cuanto a datos, estrategias y preferencias de política pública en el Congreso. Sus deliberaciones merecen una atención especial, mucho más allá de los informes de los Departamentos federales o de las diversas oficinas de servicios de apoyo que tiene el Congreso y que intervinieron en el proceso legislativo. La decisión sobre el status de Puerto Rico es una decisión política del Congreso y el debate refleja el pensamiento de quienes representan al pueblo de Estados Unidos.

La primera sesión se llevó a cabo el 20 de febrero de 1991. Presidía el Comité el senador Johnston y el senador Wallop había sustituido al senador McClure como líder de la minoría republicana. El S. 244 había sido coauspiciado por Johnston y Wallop, pero Wallop entendía que el mejor proceso para gestionar la estadidad no era el del proyecto sino el tradicional de peticionar al Congreso.

Johnston:

> After working on the question of status for Puerto Rico for some two years, after having reported from this committee last year a detailed status bill, we have begun again that process this year. We have held hearings this year. We are now ready for markup.
>
> Markup of course means, as I say to our friends in Puerto Rico, that we take the legislation and actually decide on what the provisions shall be as reported by this committee. I am hopeful that this committee will with expedition deal with this question, so that the people of Puerto Rico at long last after almost a century, will have the right of self-determination.

Wallop:

> Almost all of us are in agreement with the proposition that the people of Puerto Rico have the right to hold a referendum on the status question. We may differ on whether mandating this referendum as a matter of Federal law is the wisest approach.

Este lenguaje de Wallop anticipaba su posición de que era mejor que Puerto Rico peticionara a que el Congreso proveyera para el referéndum. Johnston le replicó a fondo.

Johnston:

> Now, this is a very difficult, controversial, complicated

problem. It is at the core of the 3.5 million people from Puerto Rico. It is where they live politically. It is what concerns them, what consumes them politically. And it is very, very difficult.

But we have dealt with it now in this committee for over two years, and the desire to get some neat, clean, easy solution, like throwing the ball back to the people of Puerto Rico, believe me, will not work. Now, I have heard people say, and I have heard the idea come in this committee, that we should go back to the traditional method of seeking statehood.

Let me tell you that, with the history of Puerto Rico, that will not work. That is contrary to the history of Puerto Rico, and let me tell you why. First, the traditional method of statehood has been, of course, for States to petition. Most States in this country, of course, came in as part of the continental United States at a time when there was a doctrine that we call Manifest Destiny, when it was the manifest destiny of all these frontier States west of the Mississippi, indeed some east of the Mississippi, it was manifestly destined that they be part of this country,

They were composed of Native Americans, Indians, who at that time were given short shrift in their desire and their consideration, and otherwise they were composed principally of settlers who were of the same stock and breed, and who were out there under a government that was with an appointed governor, appointed by the United States.

Now, they really did not have the choice at that time of being independent and certainly not being the choice of commonwealth. The question was when they were going to come in and under what circumstances.

The Nation was consumed for many decades by the slave question, by the Missouri Compromise. You remember the Kansas-Nebraska Act, where they would bring in one slave State and one free State. Yes, they petitioned, but the history of that was so totally different from the history of Puerto Rico.

In Puerto Rico, we have had almost a century where not only have we not had a manifest destiny, but rather the destiny of Puerto Rico, created by this Congress, enacted in a whole series of Federal laws, has been to create a commonwealth, with an elected governor, an elected legislature, to some extent a separate identity, although the question of that identity will be debated by the people of Puerto Rico if we give them the choice.

Now, soon after they came in as a commonwealth the Statehood Party started, and the question of statehood *vel non* has been also a consuming issue in Puerto Rico. Shortly thereafter, the independence movement came in. So you have three very well-defined movements in Puerto Rico. You have governors who have been elected as statehooders, you have governors —the present governor is elected as a commonwealth, and you have also this independence party.

Now, they are three very well-defined parties. Now, to tell these people, after all these years, after years and hours and weeks that we have been working, to say, oh no, Mr. Chairman, no, people of Puerto Rico, this is all, this is not the way to do it, just go let the people of Puerto Rico decide, believe me, would be considered to be a cruel hoax by this committee.

Las observaciones que de entrada hicieron Johnston y Wallop reflejaron la seriedad con que se estaba manejando el asunto de la autodeterminación de Puerto Rico, pero a su vez dos enfoques muy distintos para instrumentarla; el de definiciones concretas de Johnston con cierto grado de compromiso de acatar la voluntad puertorriqueña y el tradicional de peticionar al Congreso que habría de propiciar Wallop.

Terció entonces en el debate el senador Don Nickles para hacer un punto que los puertorriqueños debemos tener muy presente porque a veces pensamos que en nuestro caso la autodeterminación es un derecho unilateral cuando la realidad es otra.

Nickles:

I have heard a lot of discussion about self-determination and I would agree with self-determination. But I think there is a difference. When you talk about the Baltics and self-determination, that is the Baltics wishing to express themselves for independence or to some degree of independence, and I certainly favor that, strongly favor it.

I think when you are talking about Puerto Rico and you are talking about self-determination, if you are talking about self-determination dealing with independence, I do not know of anyone here that would disagree if they wanted to choose that. But if you talk about statehood and/or if you are talking about commonwealth, you are talking about something of a mutual concern. You are talking about a marriage, and I think that is entirely different.

So that is something that the United States should be voting on and thinking about and discussing equally as much as the Puerto Ricans. So I just wanted to make that distinction, because a lot of times when we hear "self-determination" —we heard a lot of it during the hearings that we had our distinguished guests before.

I just wanted to make that point, that I think self-determination when we use it in concert or context with the Baltics or the Soviet republics or the Warsaw Pact countries all making self-determination, we have all been very supportive of that. I think the Puerto Rican case, by saying that, I would agree, I guess, with Senator Wallop's comments, I have nothing against the Puerto Ricans if they wish to petition for a change in status, whether that status change be towards statehood or whether it be for independence. If they wish independence, I am sure it would be granted. I am confident that it would be.

But statehood is a little bit different issue, or a change in the commonwealth, that is a little different. That is something I think that the United States —that has to be mutually beneficial and it is something that we consider. So I just find a little distinction between the two and I just wanted to point it out.

Estos señalamientos de Nickles son esclarecedores del derecho de autodeterminación puertorriqueño. La única opción que Puerto Rico puede escoger por sí mismo —autodeterminar— es en realidad la independencia sin condiciones especiales, porque para concederla no faltará la voluntad política en Estados Unidos si Puerto Rico la pide. La estadidad o las diversas formas de asociación implican unir los destinos de Puerto Rico y Estados Unidos —un matrimonio le llama Nickles— por lo cual se requiere una expresión de mutua voluntad, una mutua determinación.

Por eso es un error considerar que hay un derecho a la estadidad o a cualquier asociación que no sea la que ya se tiene. Johnston es tajante al responder a Nickles:

Johnston:

Well, let me say I clearly agree. Nobody has, no group of people necessarily has, a right to be a State of this Union. It is a mutual endeavor, Congress has to approve it. There is a statehood clause in the Constitution.

But it is time for us to decide, I think, whether or not we would allow Puerto Rico and its 3.5 million American citizens to be a State if they so choose. To say go back and use the traditional route to statehood is just not an answer.

Now, for my part I would give them the choice of the three statuses. Perhaps some of you would not. But I think it is better to give them an answer on statehood and define what the circumstances of that statehood are, if we are so willing, than not to give an answer at all, because that has been what we have been doing decade after decade, no answer, in fact a deafening silence from up here.

I was on the Status Commission in 1974. Following the plebiscite of 1967, they wanted to perfect commonwealth. They appointed the Status Commission, had all these wonderful meetings, a lot of hoopla, and nothing happened, zero. And now, decades have gone by since then, 17 years since I have been involved in the issue.

Now, it is time to say if you oppose statehood, I think it is perfectly legitimate, while I would disagree with your judgment. Then let us vote, if you wish to, vote no. But please, I beg you, do not just say let us abolish this process and go back to the traditional method of petitioning, because it is not fair and it is not traditional with respect to Puerto Rico.

A estas expresiones de Johnston, Nickles replicó como sigue:

In a couple of previous votes, both in 1952 and 1967, commonwealth won by decent margins. And if this time now in 1991 statehood would win by some margin, I am not so sure that we would feel comfortable that that would mean that the marriage would be good.

There is something somewhat implicit or implied that, if the U.S. sponsors the initiative for all three options and statehood is one of those options and statehood is opted for by Puerto Rico, a lot of people are going to say, well, is it not implied that we will offer statehood then? If 51 percent of the Puerto Ricans voted for statehood, would we not have some inclination of offering it? Then if we did not offer it, would they not be disappointed or let down, that we were not really serious.

We as a country, I do not think the country is seriously focused on Puerto Rican statehood as a real option. I do not think the people are quite aware of what it would mean. I do not know that that many people have talked about assimilating the two cultures —because there are significant differences, there are significant differences in language and significant differences economically— how they would blend.

What kind of marriage would this be? What kind of Union would it be? Would Puerto Rico blend in well with the other 50 States? And what kind of challenge would that be? What kind of money would it cost?

I think it would make sense to reverse it and follow the usual order and have the people of Puerto Rico answer if they wish to express themselves as far as making a change or not making a change. To me that makes good sense.

Esta reflexión de Nickles suscita el problema más básico que plantea la estadidad a los Estados Unidos porque la admisión de Puerto Rico como Estado cambia la naturaleza de la unión. La unión de un solo pueblo —*e pluribus unum*— se tornaría en unión de dos pueblos —*e pluribus duom*. De ahí la preferencia por el método tradicional de peticiones a lo largo de un periodo prolongado de tiempo para evidenciar una voluntad amplia y sostenida de unión.

Pero Johnston percibía que ese método no funcionaría en el caso de Puerto Rico y le replicó como sigue:

Johnston:

[F]irst of all, there have been plebiscites and, without giving my own opinion as to the legitimacy of those plebiscites, let me just tell you that this legislation proceeds from a request by the leaders of all three parties, including the Populares, who won the last plebiscite.

They are petitioning us to act right now, because all three parties know that we are the ones who have the power. We have created commonwealth and therefore we must define what it is we would be willing to do. That is number one.

Number two, on the question of are the American people ready, there is only one way to get the American people
ready and that is to present the issue, debate it on the floor in
a some moral obligation. It does not create a legal obligation
to deliver on statehood.

But believe you me, if this matter is seriously presented,
which this legislation will do, on the floor of the Senate, it
will come to the attention of the American people. It will
not if you just have another one of these little meaningless
plebiscites. There would be no obligation, there will be no
informed choice.

What the people of Puerto Rico need is —what the Congress, first of all, needs to do is make that informed choice:
Are we willing to grant statehood if they want it? That is a
fundamental question. There is only one way to get the answer to that, and that is to present this legislation and debate
it first in the Congress, debate it first in the Senate, I guess,
and then in the House, and then in a conference committee,
and vote on it.

That is the only way to do it. You cannot just wait for
something to happen in Puerto Rico on some uninformed
choice. It just will not work. It has not for almost a century.
We need an informed choice and Congress needs to decide.

There are a lot of people who are going to say, I just cannot vote for statehood, for whatever reason. Let us find that
out. It is time for the people of Puerto Rico to find out.

Entonces intervino el senador Mark Hatfield, quien hizo las siguientes admoniciones:

I am not so sure that I want to go the full step at this
point and say, all you have to do is vote statehood and you
are automatically going to be a State. . . .

I want to separate under the constitutional arrange-
ments the statehood issue from the plebiscite. . . .

De nuevo la respuesta de Johnston tiene capital importancia.
Johnston:

I appreciate your comment. Last year's legislation was
self-executing. This year's legislation is not, but it is intended

to be an informed choice.

Now let us say the Puerto Rican people chose statehood. Senator Nickles was worried about the question of choosing it by 50.1 percent and that not being enough.

I think it would be entirely legitimate next year or in the next Congress or whenever we would consider that statehood if it were so chosen in that way to say that they cannot be a State unless they get a super-majority.

I think that issue would best be addressed after the plebiscite. It is not inconsistent with that, but I think that is something I believe we ought to wait until later to determine.

We can change, we can redesign whatever it is they choose. We not only have that power, we cannot cede that power under the Constitution. We cannot bind ourselves, but we ought to at least have an informed choice and a moral obligation, because otherwise the Congress will never focus on it and the American people will not focus on it.

Intervino en este asunto el senador Wendell Ford, de Kentucky:

In my estimation, the movement toward legislation is geared toward selection of statehood. That is it, period. The president's position makes this all the more apparent. I am disturbed that statehood for Puerto Rico is being sold on one basis up here and on another basis in Puerto Rico itself. This may be a minor point in the politics of the situation.

In reading the clips and in listening to those who propose one or the other, it appears how great the increased income to Puerto Rico is going to be if they become a State, and when you listen to them here it talks about how quickly they will be able to pay into the Treasury and would offset any of the costs to the Federal Government if they become a State.

If there is anything we should recognize, having heard Baltic States and so forth this morning and looking at Europe and the Near East and basically all over the world, it is that nationalism cannot be stamped out. I think that is to what Senator Nickles was alluding a moment ago. It can be suppressed, in my opinion, for the moment, but it is going to rise again.

The more I study the situation, the more I am convinced that Puerto Rico is a separate culture, and separate cultures everywhere, if you read the news, are demanding their independent status. They are not going to be confined by artificial delineations. Puerto Rico has a language distinct from that used in the United States, and no one has told me that more than 10 percent of that country can speak fluent English. Maybe 20 percent or a little more can speak some English. The influence of language itself in Quebec and Canada should give us, in my opinion, ample warning.

Mr. Chairman, I am troubled by the thought that if Puerto Rico comes into the union somewhere down the line —I do not know whether it would be 20 years, 30 years or 50 years from now— we are going to be faced, in my opinion, can a State leave the union. We tried this once and could not come up with a bloodless solution, and I prefer that we not make ourselves face the choice.

Las expresiones de Ford motivaron al senador Bill Bradley a exponer su posición sobre el S. 244, planteando lo que es la visión más liberal dentro del pensamiento político norteamericano sobre el pluralismo cultural, pero sin un análisis riguroso de los efectos de la incorporación a la Unión de una unidad histórico-cultural de 3.6 millones de puertorriqueños.

Bradley:

Mr. Chairman, last year when we debated this, there were conditions attached to any decision. In other words, we laid out what would happen if Puerto Rico opted for statehood and what would happen if they opted for commonwealth.

My own personal view is the people of Puerto Rico deserve an opportunity to make a choice. I think that your opening statement was an eloquent statement about some values that we hold very dear in this country. Once you start to make exceptions, then, of course, your values are called into question.

So if I were choosing, I would frankly prefer the course that we took last year, which was to lay out what the options were for people of Puerto Rico, let them make a decision and let that decision be binding.

I understand your reluctance to do that. At the same time, your desire remains to honor your commitment to the people of Puerto Rico and to the principles that you espouse in your opening statement. I frankly think that can be done with the legislation that you have put in this year, which is, as you pointed out, not self-implementing but at least is sufficiently explicit so the people of Puerto Rico will make a decision and will be morally bound to act upon that decision.

I am a Member of two committees. It strikes me that here in this committee we are talking about Puerto Rican statehood. At this exact moment in the Finance Committee we are talking about the U.S.-Mexican free trade area.

Whether we like it or not, the borders that have been erected over generations are being broken down one way or another. It seems to me that the fact that Puerto Rico is primarily a Hispanic culture should in no way be a detriment to us according them the same rights and opportunities that any other territory has ever had. It seems to me that in a way the fact that it is a Hispanic culture could very well enhance our own character as a Nation in the years ahead, particularly in a world where you have a market of close to 100 million people in Mexico that might be the same as the market from Louisiana to New Jersey.

So Mr. Chairman, I understand there is a reluctance in the committee to go ahead here, but I would hope that you would continue to nudge and to push, because I think that this debate and this issue has implications far beyond simply the narrow issues of the conditions of entry or the conditions of rejection.

Lo planteado por Bradley motivó entonces a Richard Shelby, senador de Alabama, a expresarse en apoyo a lo manifestado por Ford:
Shelby:

I want to associate myself with the remarks of the senator from Kentucky. I have real problems with the referendum dealing with statehood. I could support a referendum or legislation that would bring about a referendum for independence or an enhanced commonwealth, but I think statehood is a big, big step. This legislation, as I read it, could be self-fulfilling. This legislation, as I see it, could be an admission act. It is very sweeping. Once that referendum is held, if they vote for statehood I guess we would be on a road off which we could not get [out]. We would be bound morally and, it looks to me, legally to admit them as a State.

I know Senator Hatfield talked about different States coming into the union and how that came into the union in this manner. The chairman has done a lot of work on it, but I could not support this type of legislation calling for all three options at this time.

El curso que tomó la discusión en vista del planteamiento de Shelby sobre la obligatoriedad de conceder la estadidad, motivó la intervención del senador por North Dakota, Kent Conrad:

Conrad:

While I understand and appreciate that this is not self-executing, it strikes me that we do not create a moral obligation. When we say to the people of Puerto Rico you can have a vote and the vote is on three options, if we have no serious intention of allowing one of the three options, then we are really engaged in a cruel hoax on the people of Puerto Rico.

In evaluating this question, I have met with all sides and spent a good deal of time thinking about it and researching it, and I have come to the conclusion that now is not the time. It would be unwise for us to bring Puerto Rico in as a State; therefore, I find myself unable to suggest they could have a referendum when I have already concluded that even if they voted for statehood I would not be willing to vote to admit them.

So I think it would be dishonest for me to vote for this legislation holding out a false hope. I have come to the conclusion that now is not the time for several reasons. Very briefly, they are economic in part.

I look at the level of income in Puerto Rico, and I see that it is about half the median income of the lower income State in the United States. It strikes me that that will create a series of problems for our country and a series of problems for them. It seems to me that Puerto Rico needs a special status in order to develop the kind of economic status that would prevent those problems.

The second set of problems are cultural differences. I personally agree with the observations of Senator Ford. Cultural differences are critical. They go to the language differences. I, frankly, fear that we may create a Quebec if we were to bring Puerto Rico in at this point as a State.

Mr. Chairman, I very much respect the efforts and the intelligence that you have brought to this challenge. This is a difficult case, and each of us has to wrestle in our own way with our decision on this issue.

In my own judgment, it would be unfair to hold out a hope that would be a false hope to the people of Puerto Rico, and I believe it would be a mistake both for this country and for Puerto Rico to bring them in as a State as this time. For those reasons, I could not support the bill.

Intervino entonces el senador Tim Wirth desarrollando más ampliamente lo que había empezado a plantear Bradley:

Wirth:

It seems to me that the history of our own country is one of extraordinary diversity, and that is happening more and more all the time. You cannot live in the southern part of this country, you cannot live on the West Coast of this country, you cannot live in the Rocky Mountain region without understanding that we are in the process of a dramatic transformation.

Our country is increasingly becoming a country with a north-south axis. We have just created a free trade situation with Canada. We are moving rapidly in that direction with Mexico. Our markets north-south of the United States, Canada, Mexico and Latin America are becoming more important all the time.

Anybody who believes that we are going to continue to be on an east-west course going into the 21st Century I think is fundamentally wrong. Look at the European Common Market coming together. Look at the extraordinary domination the Japanese have over the Pacific. It is very natural to understand that we are going to be moving increasingly in a north-south way . . . .

I think watching the vote that will occur in Puerto Rico

will be helpful to people in the United States. I think a lot of people are on the cutting edge of understanding this very diversity which is moving. I would hope very much that we would support this. I think this is exactly the right kind of a transition program for us to have.

La óptica geopolítica de Wirth movió a Nickles a plantear el aspecto económico de la incorporación de Puerto Rico como estado de la Unión: Nickles:

I think the discussion is good and healthy. I would like to add to my comments that I am very concerned about the well-being of Puerto Rico and the Puerto Ricans. I am concerned about the direction even under commonwealth and maybe even further advancing if we went into statehood of developing a welfare State. I have mentioned that to the chairman. I have mentioned it to some of our guests who are in the audience and others.

I believe I am correct when I say that 40 percent of the Puerto Ricans today are receiving food stamps, and if we went under full eligibility, as Senator Ford mentioned, I am quite confident, regardless of what legislation passed, that eventually there would be no caps that would discriminate or differentiate for Puerto Rico. I think their elected official would elect those over a period of time, as we would probably all work to do, and we would be creating very much a dependency on Government that is not healthy for the initiatives, the incentives, the pride of the people of Puerto Rico.

The criteria that we have for the welfare State in the United States is quite high, but it is also based on higher economic standards than what currently exist. So if you have a majority of people who would qualify for food stamps and other welfare benefits, I think you would be suffocating a lot of the initiative and the incentive for people to really grow out of that dependency on Government.

We happen to have various enclaves in our Government today, some of it in tribes, some of it in urban areas, that are quite dependent on Government. I do not think that is necessarily to the advantage of those people. I am talking about Indians in my State. I am talking about third genera-

tion welfare families in the urban areas and throughout the
Government that we find in our country.

I really do not want to have that happen to the Puerto
Rican people. I am afraid that may happen if we go with the
statehood option.

I am concerned about it even under the present system
where 23 percent of the people work for Government. There
is a real strong tendency to be dependent on Government to
date, and under most scenarios it seems that would increase
under statehood. I would hope that would not be the case.

Luego de las expresiones de Nickles sobre el problema de la depen-
dencia en Puerto Rico de los programas federales, el senador Wallop
hizo unas precisiones importantes sobre diversidad y nacionalidad.
Wallop:

I think it is unfair to challenge those who have raised
the cultural uniqueness of Puerto Rico as an issue, as though
they are somehow or other unaware of the diversity that ex-
ists in the rest of America.

Diversity is not the case in Puerto Rico. It is part of its
charm. It is part of the reason why it is such, as you have de-
scribed it earlier, a unique situation with regards to the paths
to statehood and other kinds of issues. But, unlike any other
State, it is very close to culturally complete down there.

It is the basis of worry, as I understand it, raised by
Senator Ford and others with regards to Quebec, separat-
ist movements, and other kinds of things. One does have
to look down the road fairly. You can resolve it in any way
personally and philosophically that one likes, but it is not, I
think a fair charge on those who have raised this issue of cultural completeness to suggest that they do not understand
the diversity in the rest of America.

. . .

What worries me is that in establishing this referendum
—and I am saying it, as it were, I am not saying it as a reason
to oppose or support. What worries me is if we establish this
referendum and then find ourselves unwilling to comply
with the choice, we say, well, you have these choices, and
then we say, I am sorry, you have made the wrong choice,
then the situations become more similar to those that we

have opposed in Lithuania and Nicaragua and other kinds
of places.

So it is a serious issue. You have raised it in a serious
way, and I hope this is a serious response to some of the
things that have been raised in the committee.

Las anteriores expresiones de Wallop van al meollo del problema que
plantea la nacionalidad puertorriqueña ante una unión con la nacionalidad estadounidense.[96] Esa nacionalidad tolera la diversidad cultural de
los individuos o grupos que la componen y se enriquece con ella. Pero
tiene un serio problema político cuando se plantea la incorporación de
otra unidad histórico-cultural, nación, o pueblo a la Unión. Los efectos
de tal incorporación devalúan el poder de quienes hoy lo tienen en la
unidad histórico cultural que es los Estados Unidos de América.[97]

Pero, Johnston, quien está consciente del problema que plantea Wallop, no se resigna a aceptar que la autodeterminación puertorriqueña
no tenga una respuesta clara de parte del Congreso al cabo de casi cien
años de historia.

Johnston:

And as this debate today shows, it is now being taken
seriously, and that is what we ought to do.

We ought to take it very seriously. If you are not willing
to go for statehood, I understand that. I disagree with it. The
president of the United States disagrees with that. As you
know, he has put it in his State of the Union message that
Puerto Rico ought to be a State. You may disagree with that.

But the people of Puerto Rico, the three and a half million people, are not children. They are not colonial append-
ages of this country. They are entitled to an answer and a
choice, and that is what we have got to face up to.

I hope that this debate this morning, which I think has
been a very good debate —I mean, it brings up the very fundamental questions about our relationship to what has been,
some would call, a colonial appendage.

Más adelante el senador Akaka, de Hawaii, contribuyó con otro ma-
tiz en cuanto al tema de la diversidad a la vez que trajo a discusión el
tema político partidista interno de los partidos nacionales de estados de
la Unión y el balance del poder en el Congreso.

Akaka:

I have heard our colleagues here express themselves as

to their concerns and these concerns are real, but when I think of Hawaii and when I think about the time that Hawaii was trying to become a State, I think that Puerto Rico and Hawaii really tried to become a State about the same time, the same period of time, except that we became a State in 1959.

It was really tough, because there was distrust. People questioned our patriotism. People again questioned our cultural ethnicity. I am beginning to hear the same kind of concerns.

. . .

There was a question of loyalty, and when our boys joined the forces, the military forces, and our beloved Spark and Danny Inouye both served with the 100th Infantry and the 442nd Regiment, distinguished themselves and the whole regiment and the battalion did, there was no question as to patriotism.

When it comes to the cultural diversity, I feel that this has been the essence of the success of our country. If we did not have the Germans, the Scandinavians, and all of the European nations who have come over the years to the United States, the Asians, I think the United States would not be what it is today. I think this has added to the reputation and the stature of the United States of America.

I share a special sympathy for the people of Puerto Rico as a senator from the State of Hawaii. I suspect that some of the hesitation to act from this Congress might arise from unspoken fears also. Some of you have wondered, for example, as to the makeup of the delegation, and there are other considerations to be made. One of them might be whether Puerto Rico would be Democratic or Republican, and I want to point out that at the time when Hawaii and Alaska were being considered the fear was that Hawaii was going to be Republican and Alaska was going to be Democratic, and today it is different, it is the opposite of what the fears were.

So I feel that we need to give the hope, the opportunity, to Puerto Rico, as people who love our country and have been a part of our country. I feel that the time has come for Congress and for this very committee to grant the people of Puerto Rico something basic, something so Democratic that it cannot be denied them.

The time has come for a plebiscite or referendum that will allow them to choose, to choose intelligently and with dignity, the course of their future.

Luego de la intervención del senador por Hawaii, se desató un intercambio entre el senador Ford y el senador Johnston.

Ford:

> I just think that I can understand pockets and I can understand the senator from Hawaii. I do not doubt that all of this emotion is there. And I admire Sparky and I admire Senator Inouye, but that was in the forties and he did not get in until 1959.
>
> So there is a lot of things different in this, even though they may be offshore a little bit. But the way we are doing this is different, and something about it, as we would say down in my part of the country, just ain't right.

Johnston:

> But I think it is better to give the people of Puerto Rico an answer on that. I mean, if we are not willing —"we", I mean the majority are not willing— to go for statehood, they are entitled to an answer.

Ford:

> Well, we are not going to do that, you by the presenting of this bill have admitted. I just think —and I go back to my friend from North Dakota— it is a cruel hoax to say to the people of Puerto Rico that, here it is and everybody is euphoric about it, to have them decide, and then they send it up here to us, which is in fact a petition for admission, and then we go through all this litany we are going through now trying to develop how they come to the Union, and so it is a dual track.

Johnston:

> Well, that is the whole purpose of defining this thing, is not to have it one song there and one song here.

Ford:

> Well, but Mr. Chairman, you have been there and I understand that. But the song there is how great it is going to

be when we become a State, and when we get up here, how great a contribution we are going to make to your Treasury. And those two things do not jive.

Johnston:

If the Congress votes for statehood, in fact to include that as one of the options, then I would think Congress would deliver. I would think they would. Congress may not vote for statehood. I do not believe you are going to vote for statehood.

But the people of Puerto Rico are entitled to an answer. They should not be treated as children.

La Sesión Ejecutiva del Comité de Energía del 20 de febrero de 1991 terminó sin concluir la consideración del proyecto. El 27 de febrero de 1991 continuó dicha sesión.

El senador Nickles retomó el tema económico planteando el impacto de los programas federales bajo la estadidad sobre el carácter de la economía de Puerto Rico.

Nickles:

If we did provide the same level, [*de cupones que tienen los estados*] what would the increase in cost of food stamps be? I have heard some people say it doubles. I mentioned my concern about the fact that I think 40-some percent of Puerto Ricans are today on food stamps, and that figure may increase to 50-some percent or higher.

I am concerned about it. I have mentioned my concerns in the past about not wanting to have a welfare state. That is a very serious concern.

Johnston:

You will like, then, this amendment because this amendment makes it very clear that there is no increase in food stamps unless there is money to pay for it.

Al retomarse el tema económico por el senador Nickles, el senador Pete Domenici, de Nuevo Méjico, creyó oportuno señalar que, a su modo de ver el enfoque del S. 244 —que trataba con problemas como el de los cupones de alimentos, más compromiso moral de acatar la decisión— era equivocado; que debía seguirse el tradicional proceso de peticiones al Congreso. Esta dio lugar al siguiente e interesante coloquio en que intervienen Domenici, Wallop y Johnston.

Domenici:

Now I do not know how we can go through all of these acts' details —caps on food stamps— at least I do not quite understand it because none of it is binding. Congress can undo it. What ends up being binding is when we pass the statehood act. It is the law. If they accept it, it is done.

As an example, you answered the question to Senator Nickles. Of, you would like this food stamp proposal because we pay for it. What does that mean, we pay for it? It means that when we passed the law we said cut something to pay for it. But that does not mean we have paid for anything.

That can be undone in a year, can it not? You are talking about some kind of budget neutrality at the time we do this, but all that is changeable, is it not? We can change that law. It is our law at that point.

So I just wonder why aren't we going the other way? Maybe you have a reason. Why are we not going to go with an admission act, after they have told us they want statehood or do not want it?

Wallop:

Mr. Chairman, I would say that that is the basis of the amendment which I propose to offer after we take care of that which we worked on last week.

Domenici:

I know that the chairman understands all that and has the feeling that that is not the right approach. Maybe you could tell me in a minute why you want to go the other way, and then I will not ask the question anymore. Why do you want to go the detailed, meticulous, piecemeal approach instead of saying vote yes or no on whether you want to be a State. If you do, then we will prepare an act and send it to you.

Johnston:

Puerto Rico is fundamentally different from those other States. All the other States, certainly those of the continental United States, were part of the manifest destiny of this country as it marched west, and there really was not a decision to be made between some kind of free associated State or

Testimonio en vista sobre status ante el Congreso
(1 de junio de 1989)

commonwealth and statehood.

It was manifestly destined that they were going to become a State. You know, New Mexico, with all of its Spanish background and all of its Spanish names and all of that, was still thought ultimately to be part of this country and there was never any question about it.

Puerto Rico has almost a century of this independent government or autonomous government, with these three distinct parties, with a Commonwealth Party that is very well entrenched, that has governed for a very good part of their history down there, and many people very strongly believe that commonwealth is the right choice.

But in order for people to make a meaningful choice, they have to know, generally speaking, what the choices are. You have to go down there and soak of the steeped a little bit in Puerto Rican politics to understand the gravity of these changes.

Commonwealth, for example, the Statehooders say that commonwealth is not a permanent status, that its tax benefits can be taken away, that its citizenship is defeasible, that it has no autonomy. With respect to statehood, some say that statehood will have equal benefits, that it will continue to have its 936 benefits, that it will have a lot of other things.

And this is simply an attempt to define the different choices, as best we can; as we say, it is a good faith attempt to define those choices, not to bind the Congress but to give Puerto Ricans an idea, with some precision, about what they are choosing, and to do the same for the Congress, so that if we vote for one of these, if we vote for the package, then there is some degree of assurance or expectation, should I say, that we will approve it.

No one should vote for statehood according to this formula if he is opposed to it. He really just should not do that. And I would hope that you would be for it. But it makes you face up to the problem.

You see, Puerto Rico has a long history of petitioning the Congress. They have had elections down there. They have had petitions. They have had *ad hoc* commissions. They have had petitions signed by a third of their voters, over 100,000 voters that have signed petitions. You have had

presidents that have agreed with governors that they ought
to be given a role. The latest one was President Bush, who
writes this morning, and I will read his letter a little later.

But you need to be given a choice. No other State had
an existing commonwealth government, with a meaningful
commonwealth. It is totally different.

Intervino luego el senador Mark Hatfield, de Oregón, para hacer
ciertas matizaciones sobre el destino manifiesto y luego entró el senador
Frank H. Murkowski, de Alaska, para precisar el contexto partidista en
que se dio la admisión de Alaska y Hawaii.

Murkowski:

I think it is important for the record to note that there
is a difference specifically in the Puerto Rican case, and the
senator from Oregon touched on it, but briefly to elaborate,
as far as the process went, the westward movement and so
forth, at the termination of the Pacific coast States coming
in, then you had the lapse of time.

Alaska and Hawaii have been mentioned. But they were
given a good deal of consideration as to what status —the
status quo, territorial, or the step in-between, which was
commonwealth, and a number of people addressed the issue and felt very strongly that we could not afford statehood
in the case of Alaska, and that commonwealth was an alter-
native.

But it was an issue that involved primarily the two parties, the Republicans and Democrats, addressing it. Now I
think what is unique about Puerto Rico is that we do not
have the two-party structure addressing the alternatives but,
rather, a Statehood Party, and an Independence Party. So
that feature makes it different, very different.

We have never had that particular set of consequences,
if you will, applicable to States seeking admission.

Wallop:

It is not that different that it should change the structure
by which 37 other States have entered the Union.

The fact that they have political parties based on status is not entirely relevant to the fact that democracy works
down in Puerto Rico as it does anywhere else, and that the
people of Puerto Rico are as entitled as any other people to

conduct a referendum and apply for statehood or apply for independence, as did the Philippines. You know, the Philippines were a territory not unlike Puerto Rico.

And what I am going to be suggesting after we get down here is that we use the process that 37 other States, along with the most recent States, have used before us —the 13 others being the original 13 States.

Luego de una intervención del senador Bradley, el senador Wallop procedió a argumentar la enmienda que se proponía presentar. Antes de entrar en la argumentación hizo unas manifestaciones reconociendo el trabajo de Johnston, a la vez reveladoras de la enorme dificultad de tratar el tema del status de Puerto Rico en el Congreso.

Wallop:

[B]efore we get into a discussion of my amendment, it is useful to remind everyone how much has been accomplished almost solely due to your efforts, Bennett. It would have been very easy to have ignored the requests from the three parties. That is precisely what the House originally did. You could have replied that if Puerto Rico wanted to have a referendum, then they should simply go ahead and you appreciated knowing that the three parties agreed on something. You did not do that, and, although I cannot support this legislation, you have accomplished most of what you set out to do.

You have managed to make the members of this Committee focus on the political, social and economic conditions of Puerto Rico. Certainly if it had not been for your efforts I would not have become involved. Senator Nickles will be offering an amendment, I understand, focusing specifically on economic development. His interest in improving the Puerto Rican economy is a direct result of your efforts.

This Committee has focused on issues ranging from citizenship and security concerns under independence to the difficulties inherent in unraveling the treatment of Puerto Rico as a foreign tax jurisdiction under statehood. The Finance Committee focused on the entitlement programs within their jurisdiction, as well as the tax and trade provisions of Federal law. Speaking as a former member of that Committee, that is a remarkable achievement. While the

Agriculture Committee never reported legislation, they also
began to focus on the programs within their jurisdiction.

Luego, Wallop señaló algo que Puerto Rico hoy día debe tener muy
presente.

Wallop:

> If that is all that had happened, consideration of this leg-
> islation would be a success. Puerto Rico now has a far better
> understanding of what the problems will be in changing its
> status and what the realm of possibilities are for improve-
> ments in the present Federal relationship. That could only
> happen through the political process which you initiated.
>
> You have stated repeatedly that you [Johnston] wanted
> to legitimize commonwealth and you also wanted Congress
> to specifically state whether statehood is a legitimate option
> for Puerto Rico. I think you have accomplished both those
> goals.
>
> Statehood is a legitimate goal and history demonstrates
> that it is achievable if —and I want to emphasize this— if the
> people residing in Puerto Rico want that status. History also
> demonstrates that independence is not only legitimate but
> also achievable if, and again I emphasize "if", that is what the
> people desire. I do not view internal self-government pursu-
> ant to a local constitution to be colonial. It is legitimate so
> long as that is what the residents of Puerto Rico desire.

Pasó entonces Wallop a explicar las premisas filosóficas e históricas
de su enmienda.

Wallop:

> The difficulties which I and other members of the Com-
> mittee have with S. 244 have nothing whatever to do with
> the objectives which you set out to accomplish. The diffi-
> culties have to do with, and only with, the process. Political
> development is not something which can be jump-started.
> It cannot be forced. Puerto Rico will have either statehood
> or independence when Puerto Rico wants it, and not when
> Congress forces the process.
>
> I have a very fundamental concern with Congress man-
> dating a referendum in Puerto Rico . . . . Since the three
> parties are all in agreement on a referendum, I assume they
> have some influence on the legislature and can have en-

abling legislation enacted.

I have faith in the people of Puerto Rico and their ability to sort through all the political rhetoric from all three parties. We heard all three parties here each give reasons in their testimony as to why the other's status should not exist. It is a political process, right and appropriately dealt with in the arena of democracy.

My problem with S. 244 is that it does not have faith in the people nor in the process. It interjects us, the Congress, into what is a fundamental matter of local self-government and local political development. What is worse, it involves us in internal politics at the local level.

Last Congress, S. 712 tried desperately to consider each of the status options on their own individual merits without regard to the political consequences to the proponents of that option in Puerto Rico. Even in that we were not successful. Some members voted for a Senate liaison solely because they felt we needed to do something for the commonwealth option.

The Finance Committee decided that it needed to provide exactly the same treatment under entitlement programs. Hopefully, they were trying to do responsible legislation and not simply looking at a bottom line of providing a level playing field. The language which we received from the chairman of the Agriculture Committee attempted to also provide the identical treatment under food stamps, but apparently miscalculated the costs. The effect under commonwealth would be the elimination of perhaps one-third of the section 936 credit if Finance decides to use that as a source of offsetting revenue.

I know the chairman has tried mightily to be fair and impartial, but what we have found is that trying to consider three status options which are so fundamentally different is simply impossible. Every amendment is gauged in terms of its political impact in Puerto Rico.

What I am seeking to accomplish with my amendment is not to end the political process in Puerto Rico, but rather to allow it to continue. The difference is really in the level of detail, not in the identification of the concerns which some future Congress will necessarily have to address.

In S. 712 we made a decision as to what the provisions would be for continued citizenship in an independent Puerto Rico. The Independence Party would prefer dual citizenship, while the Administration would prefer a forced election of citizenship. Now that the bill is no longer self-implementing, I am genuinely concerned that any decisions we make will influence the vote in Puerto Rico unfairly.

For example, voters in Puerto Rico may vote against independence based on our language on citizenship, when a future Congress may well grant dual citizenship. Similarly, some people may be willing to accept our language, but then will be outraged if a future Congress were to agree with the Department of Justice and force them to an election between U. S. and Puerto Rican citizenship.

I fully agree with the chairman that the voters in Puerto Rico need to have some indication of what the parameters are on what they will be voting for. Unfortunately, I really do not think that we can go far beyond what I have included in my amendment. I would note that the descriptions are based on the issues addressed in S. 244. But, Mr. Chairman, can we really say anything more than that the issue of citizenship will need to be considered and resolved?

The historical perspective on the statehood process for 37 States in our Union, and the process which led to the independence of the Philippines I think argues that we should let the process play itself out. There is nothing unique about Puerto Rico. Section 936's predecessor was originally enacted to assist U. S. firms in the Philippines.

Both Alaska and Hawaii are non-contiguous. New Mexico, California, Texas, Florida had large Spanish-speaking populations, while Louisiana —your State, Mr. Chairman— conducted its legislative sessions in both French and English. Extreme poverty was the issue with Florida, and it took 23 years for that territory to be admitted.

Opposition of large economic interest was a factor in considering California, as well as Oregon. "Bloody Kansas" was precisely that. Nebraska is probably the most salient example of why Congress cannot set out precisely what the considerations will be for a subsequent Congress. It took

Nebraska nine years to achieve statehood and the control-
ling factor was how its two Senators would vote on the im-
peachment of Andrew Johnson.

Senator Domenici and Bingaman can discuss the 62
years it took New Mexico, where the main obstacles included its Spanish-speaking population, its underdeveloped
economy, its opposition by large economic interests, and
other factors. Tell me how different those are from those
precisely affecting the arguments in Puerto Rico today.

Wyoming was fortunate in that it only took four years,
but the vote on passage was very narrow in the House,
139–127, with the main overt issue being the provision in
our Constitution, alone in the United States, for universal
suffrage. Senator Jackson was instrumental by tying Alaska
and Hawaii together to bridge the opposition which each of
those States faced and therefore came together as one.

The point is that the process works and that there is simply no way that we can sit here and predict exactly what the
considerations will be once a petition is submitted. What we
do know is that there are significant economic issues which
will need to be addressed before an admissions act should
stop; I simply do not think we here should be trying to influence the vote in Puerto Rico. I fully support Senator Nickles'
amendment because a healthy economy is essential to all
three status options.

I hope, Mr. Chairman, that you understand that the
only difference between S. 244 and my amendment is in the
level of detail. Virtually all of the statehood title is boiler-
plate from previous Acts of Admission. The economic provisions are unique, but if my amendment to that title were
adopted the time constraints imposed by the Uniformity
Clause would be lifted and we would be left basically with
one option to achieve the objective which is set forth in my
substitute.

On commonwealth, if we are not altering the present
status, I see no reason why we should play with definitions.
The Justice Department has raised serious concerns, and
any attempt to describe it simply involves us in local politics
—local Puerto Rican politics. I hope, Mr. Chairman, that
you understand that my amendment is designed to keep

the process going, to acknowledge commonwealth as a legitimate status, to tell Puerto Rico that independence and statehood are valid options for them, which Congress will seriously address if that is what they want, and that Congress is setting forth the basic concerns which will need to be considered.

I understand the interest in having the Federal Government bless a referendum. I have some concerns with the Federal Government telling Puerto Rico when it can hold a referendum, how it is to be conducted, and what the issues are. That is a denial of the rights, the political rights, of Puerto Ricans.

En su réplica al planteamiento de Wallop, sobre el método de petición, Johnston, quien merece el más alto reconocimiento de todos los sectores en Puerto Rico por su enorme esfuerzo, por su liderato, por su verdadera solidaridad con nuestro deseo de resolver el problema de status y por su sinceridad, declaró:

Johnston:

What the problem has been is not [a] problem with Puerto Rico. The problem has been with the Congress. We have had over 30 bills introduced. We have had statehood bills, 16 of them; independence bills, 7 of them; enhanced commonwealth bills, 3 of them. We have had combination bills. And they never get anywhere.

La enmienda Wallop, dijo Johnston:

[W]ould really be saying to Puerto Rico that the Congress is not serious and is not going to get serious about the question of status and self-determination. That is what the amendment would say. Let us face it. We have got to be serious about that.

. . .

It would be to tell the people of Puerto Rico that you have the same rights now that you had more than two years ago before we started this process.

We went down and held hearings and spent weeks and hours and all that trying to define these issues, and this says, well, you know, go back to where you were. Petition us if you want to and we will ignore that like we have for almost 100 years. That is not good enough for 1991. That is not good enough for this country today.

Antes de que se votara sobre la enmienda Wallop, el senador Conrad inquirió del senador Murkowski, de Alaska, si legislación como la que proponía Wallop fue necesaria para que Alaska peticionara al Congreso para convertirse en estado. He aquí el coloquio:

Conrad:

> Could I just ask the Senator if Congress had started the process or did it start in Alaska? In other words, had Congress passed any sense of the Senate resolution signaling what needed to be done or what could be done, or did Alaska proceed on its own?

Murkowski:

> We proceeded on our own with a referendum. We had the same discussion of whether to stay territorial. There was a large segment of the population that was genuinely concerned about the ability of the State to support itself, because obviously as a territory we were wards of the Federal Government.

En vista de ello, Conrad señaló:

> I would just very briefly want to be clear. I am going to oppose this amendment [el de Wallop] and I am going to oppose the underlying bill [el de Johnston y Wallop]. I believe this is not necessary, the Wallop amendment. If the people of Puerto Rico want to do what the people of Alaska did, that would be a fine way to proceed and far preferable, I believe, than the Wallop procedure.

> As I have indicated before, in my own judgment the underlying question holds out a false hope, the Wallop-Johnston bill, because I think it says to the people of Puerto Rico if you vote for statehood we are going to go ahead. In my own judgment, it is not good for the people of Puerto Rico. I believe they need special status to develop themselves economically, and I do not believe it would be appropriate for the people of the United States at this time.

Se procedió entonces a votar por la enmienda Wallop, que hubiera facilitado la celebración del plebiscito sin definiciones detalladas y sin compromiso del Congreso, un plebiscito con menos definición y compromiso que el del proyecto H.R. 4765, aprobado por la Cámara el año anterior, básicamente canalizando el tradicional derecho de petición. La enmienda resultó en un empate (10–10) al ser votada, lo cual en procedimiento parlamentario significa que fue derrotada al carecer de mayoría para ser aprobada.

La votación se dio estrictamente en función de líneas de partido con la excepción del demócrata Shelby quien votó con los nueve republicanos.

Luego se procedió a la votación del S. 244. El proyecto fue derrotado (10–10) en una votación mixta desde el punto de vista partidista. Ocho demócratas de 11 votaron a favor, sumándoseles 2 de los 9 republicanos. Siete republicanos votaron en contra, sumándoseles 3 demócratas. De los 10 Senadores que derrotaron el proyecto, 7 habían intervenido en el debate expresando sus reservas a considerar la estadidad a través del proceso como el que contemplaba el S. 244. Estos fueron: Ford, Conrad, Shelby, Wallop, Murkowski, Nickles y Seymour.

Con esta votación terminó el proceso de consideración congresional de los proyectos presentados en Cámara y Senado para la solución del problema del status de Puerto Rico en tres de las sesiones de los Congresos 101–102 (1989–1991). Johnston había señalado que su gestión consistía en obtener una respuesta para Puerto Rico antes del mes de julio en cuanto a su autodeterminación: *"I have committed myself to try to get an answer to this by July, and that means we have got to act now. I do not know that we will be able to pass the legislation. No is an answer . . . it is time . . . to vote."*

Con la contestación en la negativa, concluyó un proceso histórico por ser la primera vez que el Congreso se enfrentaba a su obligación de proveer una solución definitiva al status de Puerto Rico desde la invasión en julio de 1898. Histórico, además, porque se aglutinaron todos los poderes políticos necesarios para resolver el problema: el Gobierno de Puerto Rico en representación del pueblo, los tres partidos políticos de Puerto Rico, el presidente de Estados Unidos y el liderato congresional, todos en un esfuerzo concertado para obtener del Congreso un mecanismo procesal que vehiculara la solución.

En virtud de los resultados, forzoso es concluir que la solución al problema del status político de Puerto Rico no se viabilizara por el Congreso a través de un plebiscito que entrañe un compromiso obligatorio de su parte de instrumentar la decisión puertorriqueña. La razón por la cual el Congreso se resiste a ese mecanismo procesal es que no está dispuesto a comprometerse a otorgar la estadidad a Puerto Rico. No se presentan problemas importantes con el Estado Libre Asociado o con la independencia. Pero esto no quiere decir que no haya dificultades para el estadolibrismo y para el independentismo en lograr el contenido concreto a que aspiran mediante el desarrollo del Estado Libre Asociado o de las condiciones para la independencia.

Estos problemas, sin embargo, palidecen al compararse con los que plantea la estadidad para ser aceptada como la tercera alternativa en un plebiscito con compromiso obligatorio de parte del Congreso de hacer valer la voluntad puertorriqueña. La estadidad es la ficha del tranque a un proceso de tal naturaleza.

Sería ilusorio pensar que si las caras de quienes hicieron los planteamientos en contra de la estadidad como Ford, Conrad, Nickles, etc. cambiaran en el futuro por las de otros senadores, los planteamientos en contra de la estadidad van a desaparecer. Ese no es el caso, no se trata de planteamientos personalísimos; son planteamientos inherentes a la incorporación de Puerto Rico como estado y siempre habrán los Ford, Conrad y Nickles que los susciten a la hora de la verdad.

Esto no quiere decir, sin embargo, que todas las alternativas de legislación estableciendo un proceso para la consideración por el Congreso de una expresión de voluntad plebiscitaria de parte de Puerto Rico, tengan que ser descartadas. La que sí está descartada es la opción del compromiso previo de acatar y ello por la inclusión de la alternativa estadista. Pero no está descartada la posibilidad de que se apruebe legislación estableciendo un proceso para considerar el resultado de un plebiscito que incluya la estadidad.

La Cámara aprobó por unanimidad el H.R. 4765 cuyo informe contenía definiciones breves y de carácter conceptual general. Este proyecto establecía un mecanismo obligatorio para que el Congreso tuviera que considerar y votar la decisión puertorriqueña; lo cual aunque no implique acatar, si tiene gran importancia por cuanto la forma tradicional y la más fácil del Congreso de responder a los planteamientos de Puerto Rico ha sido la de ignorar.

Pero, si tal mecanismo sería aceptable en el Senado es algo que está por verse. Es de notar que como alternativa al S. 244, Wallop no propuso el H.R. 4765, sino una enmienda que establecía un proceso sin definiciones y sin un mecanismo obligatorio para la votación por el Congreso. La preocupación de no colocar al Congreso en una posición de establecer un proceso que luego resulte en una petición de estadidad que fuera articulada claramente por Conrad, no estará ausente de las futuras deliberaciones.

Para mí, el desenlace de la gestión congresional representó una des-
ilusión muy grande, pues había tomado en el 1984 la decisión de pos-
tularme solo por dos mandatos más y una de mis grandes aspiraciones
al entrar en la vida pública consistía en ayudar al país a resolver su problema de status. Esto no habría de ser, por lo menos en cuanto a que se
produjera una solución definitiva. Pero, adelantamos en una forma importante mediante esa experiencia histórica con el Congreso de Estados
Unidos.

A lo ocurrido en el Congreso, mi gobierno dio dos respuestas: la Ley
Núm. 4 de 5 de abril de 1991, oficializando el español, y la Ley Núm. 85
de 17 de septiembre de 1991, formulando una propuesta de enmienda a
la Constitución de Puerto Rico para establecer unos derechos políticos
a ejercerse colectivamente, de tal forma que en el futuro se encauzara
apropiadamente nuestra labor con el status. La enmienda hubiera garan-
tizado constitucionalmente los siguientes derechos:

—el derecho inalienable a determinar libre y democrática-
mente nuestro status político;

—el derecho a escoger un status de plena dignidad política
sin subordinación colonial, ni territorial, a los poderes ple-
narios del Congreso;

—el derecho a votar por las tres alternativas de status, Estado Libre Asociado, Estadidad e Independencia, fundamen-
tadas en la soberanía del Pueblo de Puerto Rico;

—el derecho a que la alternativa triunfante en una consulta
de status requiera más de la mitad de los votos emitidos;

—el derecho a que toda consulta sobre status garantice, bajo
cualquier alternativa, nuestra cultura, idioma e identidad
propia, que incluye nuestra representación deportiva internacional;

—el derecho a que toda consulta sobre status garantice, bajo
cualquier alternativa, la ciudadanía americana que salva-
guarda la Constitución de los Estados Unidos de América.

Esta enmienda hubiera logrado varios propósitos: hubiera enfrenta-
do cualquier pretensión del Congreso de reservarse facultades plenarias
de carácter territorial sobre Puerto Rico con la voluntad de nuestro pueblo, plasmada en la Constitución; hubiera requerido que en cualquier
plebiscito futuro se incluyeran las tres alternativas de status impidiendo
la votación de Sí o No, a una sola; y hubiera exigido la mayoría absoluta
para la determinación de la fórmula triunfante.

Mensaje al firmar la ley para el referéndum de los derechos democráticos
(17 de septiembre de 1991)

En fin, la enmienda, que no pudo ser aprobada, hubiera establecido una serie de requisitos para encauzar sobre una firme fundamentación democrática cualquier gestión gubernamental que se realizara en el futuro en torno al status.

Estamos nuevamente en pleno imperio del cainismo político puertorriqueño. Una situación que se tornará más peligrosa a medida en que se extienda a largo plazo, se convertirá en disolvente de la capacidad del Estado y de la sociedad de articular un propósito colectivo para enfrentar los retos de nuestros tiempos. Las fuerzas políticas del país tienen la capacidad de bloquearse y evitar todo progreso e incluso producir un retroceso en nuestro desarrollo político. Esa ha sido la historia de la última mitad de siglo con la excepción del periodo de 1989 al 1991 cuando por lo menos se trabajó unidos, dando codazos hacia un mismo fin.

Para superar esta situación, hay que tener presente que:

> Puerto Rico solo tiene un arma, una sola, para resolver el problema del status político. Un arma para ganar el respeto y la consideración que merece en cualquier foro del mundo, empezando por el del presidente de los Estados Unidos, el del Congreso y el de las Naciones Unidas. Un arma para validar nuestra propia estima como puertorriqueños. Esa arma es nuestra voluntad. Articularla, definirla, proyectarla, sostenerla, ese es el reto.[98]

Esa voluntad es algo superior a la de un gobierno o a la de los partidos políticos que patrimonializan las fórmulas de status. Esa voluntad no es manipulable. Todo esfuerzo que no tenga una profunda base democrática, parará en nada.

SEGUNDA PARTE

Memorias Inconclusas

Pablo J. Hernández Rivera

Estamos mejor con él (1988)

CAPÍTULO 11

ELECCIONES 1988

"$\mathbf{E}$l panorama político de las elecciones del 88 era muy favorable a la administración", recordó Rafael Hernández Colón en 2016.[99] "Nos acercábamos a esas elecciones con mucha confianza. Las encuestas lo demostraban —que íbamos a ganar de una manera sólida."[100] En marzo se habían efectuado primarias para la presidencia local del Partido Demócrata y Miguel Hernández Agosto había derrotado a Carlos Romero Barceló por 76,542 votos y copado los 8 distritos senatoriales. Luego de que Romero retirase su candidatura a la gobernación a raíz de la derrota en las primarias demócratas, el alcalde de San Juan, Baltasar Corrada del Río, se posicionó como el candidato a gobernador del PNP en noviembre. Satisfecho con sus logros y percibiendo un adversario débil, en el PPD, que celebraba su cincuentenario en 1988, se hablaba de un copo.

Pero para verano, el PNP comenzó una campaña negativa que alegaba que Hernández Colón pretendía convertir a Puerto Rico en una república asociada. "El PNP estaba desarrollando una campaña por todos los medios fuertísima con una mentira —y la mentira era que yo me proponía traer una república asociada", recordó Hernández Colón.[101] Los estadistas pautaron anuncios en televisión que ilustraban una bandera de los Estados Unidos siendo arriada, gráficas de un pasaporte americano rompiéndose, imágenes de violencia en países latinoamericanos, y música fúnebre que ambientaba la advertencia de que la reelección de Hernández Colón "marcaría el principio del fin de nuestras relaciones con Estados Unidos".[102]

El 25 de julio, recién aprobado el programa del PPD, el gobernador usó su mensaje en la concentración efectuada en el Capitolio para disipar cualquier duda sobre sus intenciones y destruir el mito de la república asociada. Explicó que no había tomado iniciativas en cuanto a status conforme a su promesa de 1984, pero que de revalidar buscaría llevar a cabo una consulta "luego de un diálogo con los otros partidos en Puerto Rico y con el Gobierno de los Estados Unidos". Entonces enfatizó: "Creemos que el Estado Libre Asociado se debe mejorar. No creemos que el Estado Libre Asociado se deba cambiar por otro status político, llámese estadidad, república independiente, o república asociada". Luego de concluir su porción sobre status, articuló sus logros y aspiraciones en otras áreas y culminó su discurso con un tono inspirador que capturó la esencia de su campaña a la reelección en los próximos meses:

> Somos un pueblo que explora el enorme potencial que lleva dentro de sí, creando consciencia de lo mucho que es capaz.
>
> Llevamos dentro de nosotros la fuerza invencible de nuestra cultura puertorriqueña que nos define y nos enorgullece.
>
> Llevamos dentro de nosotros, la vitalidad de un propósito colectivo de afirmarnos y prosperar sobre esta tierra.
>
> Vamos adelante hacia el fin de este segundo milenio, con paso firme, en ruta ascendente, con voluntad inquebrantable, con miras claras, con confianza.
>
> Vamos hacia el fin de siglo, cogidos de la mano, haciendo patria, ancha y generosa para todos los hijos de esta bendita tierra.
>
> Compatriotas, hermanos puertorriqueños todos: Vamos por buen camino.[103]

Los asesores del gobernador temieron que la campaña negativa sobre la república asociada fuera efectiva. En septiembre, Joseph Napolitan, el consultor estadounidense que había trabajado con los Kennedy y con el PPD desde 1972, le advirtió al gobernador que la república asociada aparecía como la cuarta razón por la cual no votar por él. "No es un problema grande aún, pero podría desarrollarse en uno, y debemos planear la acción apropiada."[104] El 14 de octubre, el gobernador recibió su última encuesta interna de Peter Hart, donde aventajaba a Corrada 46% a 36%, con 13% indeciso. A pesar del margen, Hart le advirtió que todas las señales apuntaban a una elección cerrada. Casi la mitad (44%) de los votantes creía que Hernández Colón apoyaba la república asociada, la mayoría de los cuales ya apoyaba a Corrada.[105]

Uno de esos votantes lo era el presidente de la juventud PNP, Ángel Cintrón. El lunes 24 de octubre, el gobernador compareció al programa de Ojeda sin límite que se transmitía por el canal 4. A mitad del

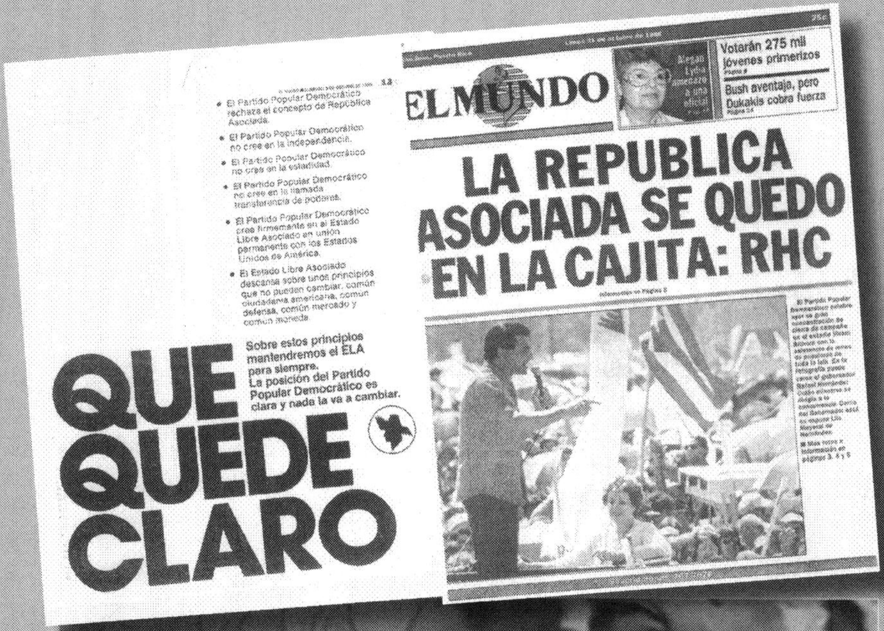

QUE QUEDE CLARO

EL MUNDO

Votarán 275 mil jóvenes primerizos

Bush aventaja, pero Dukakis cobra fuerza

LA REPUBLICA ASOCIADA SE QUEDO EN LA CAJITA: RHC

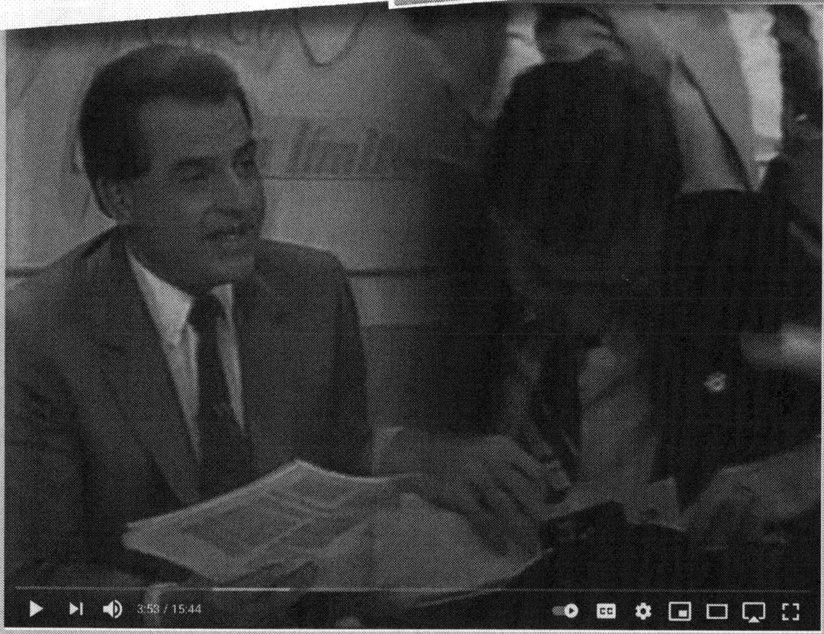

Rafael Hernández Colón en Ojeda Sin Límite
(24 de octubre de 1988)

programa, Luis Francisco Ojeda presentó a Cintrón para que le hiciera una pregunta al gobernador. "Me llamó que tenía una caja de documentos", anunció al aire Ojeda, quien aclaró que no había tenido tiempo para examinar sus contenidos. La cámara amplió la toma, revelando una caja blanca y maltratada, a punto de desbordarse de papeles. Cintrón sostuvo que la caja contenía el récord de documentos de demagogias y medias verdades del gobernador. Aunque alegaba tener materiales para hablar por horas, afirmó que escogería un solo tema para tratar en su turno. "A que lo adivino", interrumpió Ojeda. Simultáneamente, ambos dijeron mientras el público soltó una carcajada: "la república asociada".

Cintrón comenzó leyendo una serie de hechos sobre la historia del desarrollo del Estado Libre Asociado, comenzando por el Pronunciamiento de Aguas Buenas de 1970. Hernández Colón no dejó que siguiera, y rápido intercaló: "Permítame preguntarle si ahí está la palabra república asociada. Cíteme el documento. Me trae documentos, cítemelos. Quiero oírlos". Cintrón siguió hablando, mientras el gobernador, inclinado hacia al frente, sonreía y lo escuchaba boquiabierto, hasta que Cintrón culminó su turno diciendo: "Y aquí están los documentos".

"Como él habló de documentos, yo le voy a leer de un documento", respondió el gobernador, agitando la copia de su programa de gobierno. "Entonces, le voy a pedir que dentro de esa caja que tiene me busque uno solo que diga que yo o el Partido Popular respalda la república asociada." Instantáneamente, la pantalla se dividió en dos tomas, a la izquierda el gobernador haciendo su afirmación, y a la derecha, Cintrón, sentado, barajando papeles y cartapacios. El gobernador prosiguió a leer el contenido de su programa en cuanto a status, donde rechazaba categóricamente la república asociada, mientras las dos tomas permanecían al aire, con Cintrón buscando desesperadamente en la caja cómo responderle. Al concluir su lectura, Hernández Colón reiteró su pedido a Cintrón de que produjera un solo documento del PPD o él apoyando la república asociada.

"Tengo dos cosas distintas", respondió Cintrón. Primero sacó supuestas pruebas de trámites que hacía la oficina de Puerto Rico en Washington con el Partido Demócrata. Perplejo, Hernández Colón frunció el ceño y alzó las dos manos al aire y dijo: "Léelos a ver si dice algo de república asociada". "Tenga calma señor gobernador, señor Hernández", respondió Cintrón, y tanto el gobernador como el público comenzaron a reírse. Entonces Cintrón sacó un "resumen" hecho por un periodista que sostenía el respaldo a la república asociada. "No, no, no, no" interrumpió riéndose el gobernador, apoyado por Ojeda, quien le dijo a Cintrón que esa era la posición de un periodista. Finalmente, Cintrón citó un artículo del diario español *ABC* en el que el gobernador, a preguntas de cómo podía llamarse a una relación de ELA mejorado, alegadamente dijo que república asociada. "¿Dónde está el diario?", increpó Ojeda. "Ese no lo tengo aquí", respondió Cintrón, causando un alboroto de risa y rechazo en el público. El espectáculo duró 15 minutos, hasta que fue interrumpido por una pausa. "El incidente", recordó Hernández Colón en *Retos y Luchas*, "pasó a conocerse como el incidente de la cajita".[106]

Lejos de enterrar el tema de la república asociada tras la humillación televisada en Ojeda sin límite, el PNP continuó su ofensiva. Faltando menos de una semana para las elecciones, el miércoles 2 de noviembre se efectuó el primer y único debate acordado entre los tres candidatos a la gobernación. Hernández Colón se preparó para abarcar los temas preacordados, y se enfocó en ofrecer estadísticas que sostuvieran su éxito en cada renglón. En cambio, Corrada montó una ofensiva para descarrilarlo. La agresividad de Corrada, sumada a la proyección de Hernández Colón como tenso e incómodo, condujeron a la prensa y el público a concluir que Corrada ganó el debate.[107]

Pero Hernández Colón disintió: "Yo no me sentía tenso, me sentía particularmente cansado. Ahora, quizás lo que sí se vio era que como yo tenía tanto que decirle al pueblo, son tantas las cosas que se han hecho en la Administración, pues yo traté de hacer un esfuerzo en cada uno de esos turnos de decirle a nuestro pueblo mire, en economía hemos hecho esto, en educación esto y bregando con el crimen esto y lo otro", comentó entonces.[108] Décadas más tarde, afirmó nuevamente su impresión de que él no había perdido el debate. "Yo miraba lo del debate de una manera distinta a cómo lo miraban los periodistas o cómo lo miraban otras personas", dijo en el 2016. "Yo miraba el debate como que yo había comunicado lo que yo quería comunicar. La cosita esta pequeña de quién ganó el debate y qué se yo qué, eso no era algo que a mí me preocupaba."[109]

Corrada, como suelen hacer los candidatos que están perdiendo en las encuestas, había retado a Hernández Colón a un segundo debate sobre el tema de la república asociada. El día después del primer debate, pautó un anuncio de página entera promocionando "el debate sobre la República Asociada entre Baltasar Corrada del Río y Rafael Hernández Colón" el viernes por la noche. "Normalmente cuando uno es el incumbente uno no acepta ese tipo de debate", recordó Hernández Colón. Originalmente, declinó la invitación. "Pero en este caso, yo tuve que pensar esto dos veces", confesaría más tarde. "Si yo no iba, iban a montar toda una campaña de por qué yo no fui, qué era lo que yo estaba escondiendo.

Entonces decidí que tenía que ir al debate porque podíamos hasta perder las elecciones después de haber hecho un trabajo tremendo."[110]

El gobernador separó tiempo en su agenda para estudiar el viernes por la mañana. Le dijo a la primera dama que le preparara la ropa y se la diera a su maquillista, Claribel, quien debía encontrarlo a cierta hora en un hotel de San Juan. No le dijo para qué. A las siete de la noche, les pidió a las periodistas Nilsa Pietri Castellón e Irene Garzón de United Press International que lo encontraran en el hotel, a donde iría luego de una visita al residencial Luis Llorens Torres. "No sabíamos para qué, pero intuíamos que se trataba de una noticia importante", recordó Garzón.[111] "La idea", explicaría Hernández Colón, "era que si no me dejaban entrar, estas periodistas pudieran entonces sacar la noticia que yo no fui porque ellos me impidieron".[112] De igual forma, Hernández Colón ordenó a Vicente Belgodere que fuera a la cabina de televisión donde se efectuaría el debate para pautar unas cuñas cuando concluyera, y para informarle sobre lo que estaba aconteciendo en el estudio. "Lo que yo realmente necesitaba era preguntarle si ya Baltasar entró, si ya empezó", explicaría Hernández Colón.[113] Tras recibir la llamada de que Corrada había empezado la transmisión, "por uno de aquellos rústicos teléfonos celulares de entonces" recordó Garzón, el gobernador "[o]rdenó a su chofer mover el auto hasta la entrada, cuyo portón estaba cerrado, y él mismo le anunció al sorprendido guardia de seguridad que se trataba del gobernador y quería entrar". El guardia abrió el portón, el carro entró, se detuvo y el gobernador "se bajó de prisa y entró a la estación a paso ligero, tanto que era difícil seguirlo".[114]

Hernández Colón entró al estudio. Se oyó un pequeño bullicio y Corrada, hablándole a la cámara, miró a su izquierda de reojo. Volvió a mirar la cámara y casi instantáneamente, como percatándose de que acababa de ver a Hernández Colón, se viró a la izquierda y miró de nuevo. "Él no me ve de frente; siente de lado que yo he llegado", recodaría Hernández Colón, quien le pasó por detrás, se paró en el podio que le correspondía y colocó sus papeles. Se encendieron las luces del estudio sobre su pedestal para iluminarlo, y un técnico corrió a ponerle un micrófono en la corbata. Corrada no estaba preparado para la sorpresa.

El alcalde intentó improvisar las reglas del debate, mientras el gobernador, impaciente, le decía "eche pa'lante." Pausado y estirando sus palabras, Corrada propuso dividir los 30 minutos entre 15 para que el gobernador expusiera su posición y 15 para que él le respondiera. "Usted quiere decir que usted quiere que yo hable primero y después usted?" intercaló el gobernador. "No señor, vamos a hablar: usted tiene un turno,

¿Qué pasó en el último round?

Vea hoy y mañana la repetición del "debate" entre Rafael Hernández Colón y Baltasar Corrada sobre la llamada "República Asociada".

HOY DOMINGO
10:30 A.M.
9:30 P.M.
(o despues de Cine Siete)
CANAL 7

MAÑANA LUNES
10:30 P.M.
CANAL 7

Se acabó el evento:
El debate entre Hernández Colón y Corrada del Río (2016)

yo cojo otro turno. Adelante." Corrada titubeó, y Hernández Colón lo emplazó a que presentara todo lo que tuviera que decir sobre la república asociada, ya que Corrada era quien quería hablar del tema.

—Eche pa'lante; eche pa'lante.
—Y vamos a echar para adelante . . .
—¡Sin miedo!
—Sí, no tengo miedo . . .
—Pues eche pa'lante.
—Yo estoy claro . . .
—Estoy esperando.
—Pero vamos a establecer las reglas del debate . . .
—Eche pa'lante.
—Yo me alegro que haya venido y . . .
—Eche pa'lante.
—Vamos a proceder . . .
—Proceda.

Luego de aquel "proceda", hubo un silencio en el estudio. Hernández Colón miró fijamente a Corrada y sonrió. Tras un breve intercambio, Corrada fijó turnos de cinco minutos para cada uno. Hernández Colón no había pensado el "eche pa'lante" con anticipación, aunque había resuelto ser más agresivo de lo que fue en el primer debate. "Me salió lo de 'echa para adelante' cuando llegué", explicaría en 2016. "Pero ya yo venía decidido a ser fuerte con él porque él me había abierto las puertas para yo ser fuerte en el primer debate."[115]

Hernández Colón trajo consigo todos los documentos sobre status que había preparado a través de su carrera. "De lo que yo me acuerdo es de yo estarle leyendo a él del programa o de otros documentos del Partido Popular que claramente decían lo que nosotros apoyábamos, que era el Estado Libre Asociado y el crecimiento del Estado Libre Asociado dentro de su propia naturaleza y que rechazábamos expresamente esto de la república asociada."[116] El gobernador enfatizaba cada vez que un documento mencionaba la unión permanente y preguntaba retóricamente dónde decía república asociada. Cuando Corrada volvía a aludir equivocadamente a un documento, Hernández Colón le preguntaba, como un maestro regañando a un estudiante: "¿quiere que se lo vuelva a leer?" Un ayudante de Corrada, detrás de las cámaras, lamentó lo que estaba presenciando: "Le dije que lo grabara de antemano".[117]

Los periódicos resaltaron la sorpresa en sus primeras planas. El mismo consenso que favoreció a Corrada en el primer debate se viró en

En la juramentación de Héctor Luis Acevedo en San Juan junto a doña Fela y en la juramentación de *Churumba* Cordero en Ponce, junto a su esposa Madeleine Velasco (1989)

pro de Hernández Colón. Según *El Mundo*, comentaristas políticos que habían declarado a Corrada ganador en el primer debate "estuvieron de acuerdo casi unánimemente en que en el careo de anoche Hernández Colón superó ampliamente a Corrada del Río".[118] "El país vio en ese debate a un Hernández Colón distinto al del debate oficial: agudo, riéndose, a la ofensiva frente a un Corrada del Río que no pudo recuperarse nunca del asombro", recordó Garzón.[119] La campaña popular concluyó que fue tan favorable que pautó tres retransmisiones: el domingo por la mañana y por la noche y el lunes por la noche.

"El día de las elecciones me sentía absolutamente confiado de que íbamos a ganar", recordó el gobernador.[120] Desde temprano los números reflejaban una tendencia favorable para su reelección. Entrada la noche, Corrada no cedía la elección. "Sorprendentemente no querían aceptar el resultado", expresaría frustrado Hernández Colón. "Era una ventaja sólida, indiscutible, y no la querían aceptar."[121] Cerca de la 1:00 a.m. el gobernador salió de La Fortaleza a la sede del partido. Junto a su familia, que había crecido durante el cuatrienio, todos vestidos formalmente, salió al templete ante miles de populares entusiasmados. Hernández Colón sonrió, saludó, se acercó al micrófono y proclamó pausadamente para la historia: "¡Se acabó el evento!"

Rafael Hernández Colón ganó la reelección con 871,858 votos (48.7%), seguido por Corrada con 820,342 (45.8%) y Rubén Berríos con 99,206 (5.5%). En San Juan, Héctor Luis Acevedo ganaría la alcaldía por 29 votos luego de un recuento caldeado, convirtiéndose en el primer alcalde popular de la capital en 20 años. Ponce, baluarte histórico de los partidos estadistas, comenzó su transformación en baluarte popular al votar por Hernández Colón y Rafael *Churumba* Cordero Santiago.

Sin embargo, el PPD se sintió decepcionado. Luego de haber tenido un Gobierno tan efectivo, había logrado la reelección por casi el mismo margen que había ganado en 1984 contra Romero Barceló, a quien derrotó con 822,709 votos (47.8%) frente a 768,959 (44.6%). "Ganamos cómodamente las elecciones del 88 pero no por el margen que yo esperaba", admitió Hernández Colón en 1991. "La campaña demagógica sobre nuestra alegada aspiración a la república asociada caló en el electorado. Una vez más se evidenció la capacidad de distorsión que tiene el issue del status en nuestras elecciones."[122]

¿Qué le pasó al copo del PPD?, preguntó A. W. Maldonado en el *San Juan Star*. Para Maldonado era claro que el ataque de la república asociada había sido efectivo: "Los anuncios enseñando a la bandera de Estados Unidos siendo bajada y la advertencia de que bajo la 'república asociada' habría una guerra civil sangrienta pasarán a la historia de la isla como de los más demagógicos. Pero ahora sabemos que funcionaron".[123] Una encuesta de *El Nuevo Día* reflejó que la mayoría de los electores que decidieron cómo votar en el último mes de campaña lo hizo a favor de Corrada.[124] El memorándum del Grupo Yankelovich, firma encuestadora de *El Nuevo Día*, afirmó que el PNP "pudo explotar los temores al cambio con su ataque al concepto de 'la república asociada'. Al sugerir que Hernández Colón estaba desplazándose en dirección de la independencia, Corrada ayudó a su causa en los días finales".[125]

Francisco de Jesús Schuck, entonces director de campaña del PPD, intentó proveerle un contexto más alentador y realista a los resultados. En 1984, el alcalde de San Juan Hernán Padilla había sacado 69,807 votos (4.1%) luego de abandonar el PNP y fundar el Partido Renovación Puertorriqueña. Mientras tanto el PIP, con Fernando Martín de candidato, había sacado 61,312 votos (3.6%), casi 26,000 votos menos que en 1980. Se interpretó en 1984 que Hernández Colón había ganado porque Padilla le restó casi 70,000 votos al PNP y porque casi 26,000 pipiolos le prestaron el voto al PPD. En 1988, Padilla reingresó al PNP y muchos "melones" regresaron al PIP a votar por Rubén Berríos. "Todo lo anterior sugiere que la victoria del PPD y de RHC en estas elecciones fue mucho mayor de lo que los números reflejan aisladamente", argumentó de Jesús. "Si calculamos conservadoramente que unos 55,845 de los 69,807 simpatizantes del doctor Padilla regresaron con él al PNP, y que unos 10,000 independentistas regresaron al PIP para darle su respaldo a Rubén Berríos, no puede escaparse la conclusión de que RHC y nuestro Partido Popular tuvieron que cancelar más de 65,000 votos y generar otros 52,000 votos para ganar la gobernación el pasado 8 de noviembre".[126] En un memorando privado un año más tarde, Joseph Napolitan le expuso al gobernador que si bien era cierto que el margen no fue lo que esperaban, el resultado era lo que sus encuestas predijeron y el margen de votos más amplio en una elección para la gobernación desde 1972.[127] También era la primera vez desde 1960 que Puerto Rico reelegía a un gobernador popular. Y sería la última, como mínimo, por los próximos 40 años.

Día de Puerto Rico en el Comité Olímpico en Salinas
(19 de noviembre de 1986)

CAPÍTULO 12

OLIMPISMO

"En Puerto Rico antes de mi administración", explicó Hernández Colón en un documental sobre su obra de gobierno en 1992, "hubo una guerra entre el Comité Olímpico y el Gobierno del Estado Libre Asociado, y la hubo porque no se respetaba la autonomía del Comité Olímpico".[128] Para mejorar esta relación y fortalecer el olimpismo, reclutó a Leo González, exalcalde de Aibonito y secretario general del PPD, como secretario de Recreación y Deportes y trabajó de cerca con German Rieckehoff Sampayo, del Comité Olímpico Internacional.

Al concluir el primer mes de su mandato, sometió a la legislatura un proyecto de ley para fortalecer la autonomía deportiva olímpica y para asignarle fondos para el funcionamiento del Comité Olímpico y la terminación del Albergue Olímpico y sus gastos operacionales.[129] Durante el anuncio, Rieckehoff Sampayo "no pudo expresarse con la afluencia de palabras acostumbrada cuando le correspondió dirigirse al público", reportó El Nuevo Día.[130] Un mes más tarde, el gobernador firmó la Ley 3 para aclarar la política pública del Gobierno en torno al movimiento olímpico, otorgándole "total autonomía de la gestión gubernamental" con el fin de regirse "por sus propios reglamentos y determinaciones, de acuerdo con la política del olimpismo internacional".[131]

Posteriormente, en junio de 1986, Hernández Colón inauguró el Albergue Olímpico en Salinas. Ahora conocido como el Albergue Olímpico Germán Rieckehoff Sampayo, el Albergue contaría con facilidades para la práctica de varios deportes: atletismo, natación, boxeo, lucha olímpica, baloncesto, tiro, levantamiento de peso, gimnasia, judo, tenis de campo y tenis de mesa.[132] Tres años más tarde, el gobernador inauguró la escuela técnico deportiva en el Albergue, ampliando así su capacidad para desarrollar atletas. Previo a la escuela del Albergue, los estudiantes tenían que balancear su entrenamiento con la educación tradicional o el trabajo a tiempo parcial. La escuela pretendía remediar ese problema. "El Gobierno con sus Secretarías de Instrucción Pública, de Recreación y Deportes, la Universidad de Puerto Rico y otras instrumentalidades, junto con el Comité Olímpico de Puerto Rico y el sector empresarial privado, reconocimos el imperativo de impulsar un modelo novel para la instrucción técnico-deportiva y académica de excelencia, para jóvenes con aptitudes para el deporte y los estudios académicos", declaró el gobernador. La escuela disponía albergue para 310 estudiantes y ofrecía una preparación académica integral, junto con el entrenamiento deportivo conforme al talento de sus alumnos. "Con la inauguración de esta Escuela Técnico-Deportiva", declaró, "Puerto Rico se adelanta a preparar los atletas exitosos del mañana, los que nos harán aplaudir sus ejecutorias, los que nos harán vibrar de emoción al ver la bandera monoestrellada izarse entre todas las banderas del mundo".[133]

A finales de 1986, el gobernador también facilitó la celebración de la reunión del Comité Olímpico Internacional en Puerto Rico y recibió la Orden Olímpica del Comité Olímpico Internacional. "Es la orden más importante que el olimpismo mundial da en reconocimiento a los hombres que han promovido y han defendido el ideal y la filosofía olímpica", explicó Rieckehoff. En su mensaje de aceptación reconoció el deporte como "parte sustantiva del espíritu y la idiosincrasia de los pueblos" y manifestó que el deporte "identifica a los pueblos, enaltece los corazones, fortalece los cuerpos y une a los hombres en justas que dignifican los más puros sentimientos de hermanable y humanitaria convivencia". Era deber de todos los gobiernos apoyarlo. Y con miras a fortalecer la institución del Comité Olímpico, aprovechó la ocasión para anunciar que había impartido instrucciones para que el Comité Olímpico pudiera adquirir el viejo edificio de la YMCA, ubicado en la salida del Viejo San Juan, cerca del Teatro Tapia. El plan coincidía con el plan más amplio de rehabilitar estructuras históricas de la ciudad amurallada. "Esta estructura tiene una historia y una tradición estrechamente ligadas a nuestra cultura y a nuestro deporte", declaró, "pues fue aquí, a inicios de siglo, donde prácticamente nació y empezó a florecer la actividad deportiva en nuestra isla".[134]

A raíz de los VIII Juegos Panamericanos celebrados en Puerto Rico en 1979, Rieckehoff había ideado la posibilidad de que Puerto Rico fungiese como Sede de las Olimpiadas en el futuro, particularmente, el 2004. Según narró Rieckehoff, el domingo 28 de diciembre de 1986, el gobernador lo llamó y le preguntó "qué era eso del 2004". Rieckehoff le explicó, y el gobernador le dijo que siempre había tomado su palabra en serio.

Durante la XXI Premiación Olímpica más tarde ese día, el gobernador autorizó a Rieckehoff "a realizar las gestiones necesarias para el logro de ese magno evento en Puerto Rico con el total apoyo de nuestro Gobierno".[135] Los presentes en el Centro de Recepciones de San Juan aplaudieron entusiasmadamente. Se formó una comisión dirigida por Richard L. Carrión, presidente del Banco Popular, que trabajaría por los próximos 10 años en la meta. "El camino olímpico era largo y lleno de obstáculos", escribió el historiador Guillermo Baralt, "pues había que buscar soluciones, a problemas como la infraestructura, la transportación pública (se visualizaba la creación del tren urbano), y la vivienda, a lo que había que añadir el mantenimiento y expansión de las facilidades deportivas, recreativas y turísticas existentes; en fin, había que aspirar a mejorar la calidad de vida de todos los puertorriqueños".[136]

Hernández Colón vio una oportunidad para unir voluntades tras una meta que, si se lograba o no, produciría resultados favorables para los puertorriqueños. Como describió en un mensaje ofrecido el 4 de agosto de 1992, procuraba que la meta elevara la calidad de vida de los puertorriqueños mediante su impacto indirecto y fortaleciera la proyección internacional de Puerto Rico, como había percibido que ocurrió en España con los Juegos Olímpicos celebrados en Barcelona ese verano. "[E]ra una idea-fuerza para un impulso de superación mucho más amplio, que nos llevaría a elaborar los planes del Puerto Rico que queremos construir para entrar en el siglo XXI", declaró. "Los planes para este desarrollo integral de Puerto Rico, que he denominado Puerto Rico 2005, contemplan el desarrollo ordenado de la infraestructura, carreteras, puertos y aeropuertos, hoteles, hospitales, escuelas, viviendas, instalaciones recreativas, y el uso cuidadoso de la tierra, protegiendo las zonas verdes y nuestros recursos naturales. Igualmente, incluyen la planificación de las actividades económicas y el desarrollo de las nuevas generaciones de puertorriqueños." Era una meta que procuraba "tomar esa coyuntura simbólicamente para el desarrollo de un proyecto que aglutine la voluntad de todos los sectores del país y nos sitúe entre los países más adelantados por su calidad de vida en el mundo". Su experiencia en Barcelona le permitió confirmar "el salto cualitativo que ha dado esta ciudad en su infraestructura, en la planificación integral de la ciudad, en la belleza de su entorno y en el orgullo y autoestima gracias a la obras realizadas para ser sede de las olimpiadas. Y no hay que abundar mucho para que todos entendamos lo que para Barcelona y para España ha representado estas olimpiadas en términos de proyección mundial".[137]

A un mes de concluir su mandato, el 4 de diciembre de 1992, Hernández Colón tuvo el privilegio de inaugurar la Casa Olímpica, nueva sede del Comité Olímpico en el antiguo edificio de la YMCA. Proclamó que su Gobierno le había brindado al deporte "un apoyo jamás antes igualado por ninguna administración gubernamental". Resumió cómo habían reestablecido la educación física en el sistema escolar, creado un instituto para capacitar entrenadores para la enseñanza técnico-deportiva, invertido en nuevas instalaciones recreo-deportivas y aprobado leyes favorables al olimpismo. "En fin, hemos atendido el deporte con un gran sentido de prioridad dentro de la situación presupuestaria gubernamental", concluyó. Esperanzado en que la administración entrante del Dr. Pedro Rosselló no abandonase la meta del 2004, Hernández Colón declaró: "Comenzamos aquí hoy una etapa crucial en nuestra ruta hacia el 2004, esos próximos 12 años que habrán de ser tan significativos para el futuro de nuestra isla".[138]

El gobernador Rosselló endosó la iniciativa en su primer mensaje de estado a principios de 1993, y la comisión continuó trabajando hasta formalizar su aspiración en 1994. Sin embargo, el 27 de noviembre de 1994, Carrión advirtió que el Gobierno sufría de un problema de voluntad. "Y si a estas alturas no hay voluntad de parte del Gobierno para, eventualmente, llevar una candidatura sólida a la elección del COI, el sueño del 2004 se convertirá en una pesadilla".[139] Finalmente, en 1996, San Juan no fue seleccionado ni siquiera como finalista.

CAPÍTULO 13

URBANISMO Y CULTURA

La política cultural de los ocho años del Gobierno de Carlos Romero Barceló estuvo marcada de fanatismos y actitudes que fomentaban "la baja autoestima personal y colectiva", según Rafael Hernández Colón. "Nuestra cultura —cultura que se enriquece y se nutre por el paso de los años— es lo que nos cohesiona y fortalece como pueblo, lo que unifica nuestras aspiraciones individuales en un propósito común de superación", explicó en su último mensaje de estado en marzo de 1992. "Es la cultura, el propósito y la fuerza lo que nos llevará a nuestra realización como pueblo, a la formación del ser humano puertorriqueño y su civilización conforme a los valores que, desde el hondón de la historia, van forjando la conciencia puertorriqueña hacia el final de los tiempos." Al asumir la gobernación en 1985, urgía rescatar los organismos gubernamentales que atendían la política cultural y darles nuevas herramientas para que no dependieran del vaivén político partidista. Temprano en 1985, el gobernador reestructuró los organismos culturales, aprobó leyes que reorganizaron el Instituto de Cultura Puertorriqueña en una entidad autónoma, le devolvieron el Centro de Bellas Artes, y crearon nuevas instituciones como la Corporación de las Artes Musicales con la Orquesta Sinfónica, las Artes Escénico-Musicales y el Conservatorio de Música como corporaciones subsidiarias. Además descentralizó el Instituto en cuatro oficinas regionales y revitalizó centros culturales. "Hoy la vida cultural florece en el país", afirmó.[140]

Gran parte de las iniciativas culturales giraron en torno al hecho de que en octubre de 1992 se conmemoraría el quinto centenario del encuentro entre América y Europa. "Cuando tomé posesión en el 85", recordó Hernández Colón, "vi la celebración del Quinto Centenario como una oportunidad lógica para desarrollar unos proyectos que se reflejaran en torno a la afirmación de nuestra personalidad; que levantaran nuestro autoestima, que nos ubicaran dentro de nuestro contexto histórico-cultural apropiado".[141] El Quinto Centenario "nos invitaba a un encuentro con nuestras raíces y a un acercamiento con los países hermanos, y con España, con la comunidad espiritual de naciones iberoamericanas".[142] "Conmemorarlo era un reclamo histórico, para la reafirmación de nuestra voluntad de ser y las credenciales de nuestra identidad."[143] Con estos principios en mente, revocó la decisión del Gobierno anterior de que nos representara el Gobierno de los Estados Unidos en los actos oficiales que se gestionaban a través de América.[144]

El plan maestro abarcó los ocho años de su administración, aun cuando era incierta su reelección, y entrelazó las áreas de urbanismo y cultura. Arrancó con la creación de una comisión coordinadora mediante orden ejecutiva presidida por Miguel Hernández Agosto, con Rony Jarabo de vicepresidente y Héctor Luis Acevedo de secretario general. Consistió en inversiones millonarias en urbanismo y la restauración del patrimonio edificado del Viejo San Juan, al igual que otras obras de restauración en San Germán, Guayama, Humacao, Coamo, Vieques y Ponce, a través de lo que se conoció como Ponce en marcha. También contó con la visita de los reyes de España, la ley del español como idioma oficial y, como punto culminante, la Gran Regata Colón y el Pabellón de Sevilla en la Expo 92.

Hernández Colón se envolvía de lleno en estos proyectos. La restauración de la avenida Baldorioty de Castro ilustra cuánto. "La Baldorioty, cuando nosotros comenzamos, era una avenida, digamos, del tercer mundo. En otras palabras, la imagen que se recibía de Puerto Rico era de un país subdesarrollado —sucio, aquello asqueroso. El esfuerzo para limpiar la Baldorioty, a jardinearla, eliminar toda esa cablería horrorosa, ponerle cables nuevos, ponerle los puentes, resolver los problemas de tapones que allí había ha sido un esfuerzo tremendo", recordó en 1992. "A veces en estas cosas me tengo que meter en el detalle y coger los jefes de agencia y montarlos en una guagua y 'vamos a dar una vuelta por la Baldorioty a ver cómo va el esfuerzo de la Baldorioty'. Y muchas veces lo tuve que hacer, y eso requirió años de empuje y de empuje."[145]

San Juan: Patrimonio Edificado

El deterioro del patrimonio edificado del Viejo San Juan era marcado. El 1 de mayo de 1986 el gobernador hizo un recorrido con su secretario de Estado Héctor Luis Acevedo por el Cuartel de Ballajá. "Los valiosos balaustres de ausubo en las escaleras principales fueron arrancados por saqueadores y el interior del histórico edificio deteriorado y

Revisando los planes para el Frente Portuario con el alcalde de San Juan,
Héctor Luis Acevedo y Rubén Vélez Lebrón (20 de marzo de 1991)

Arriba: Inauguración del Tótem en la nueva Plaza del Quinto Centenario
(2 de octubre de 1992)
Abajo: Inauguración del Paseo de la Princesa (30 de mayo de 1992)

destruido en grotesca magnitud. Esa fue la triste impresión que recibieron los funcionarios y periodistas que ayer visitaron el antiguo Cuartel de Ballajá", informó Rubén Arrieta de *El Nuevo Día*.[146] Las estructuras cercanas —hospitales y conventos históricos que databan de la soberanía española— se hallaban en similar estado. "Recuperar para nuestro pueblo estructuras como el Hospital de la Concepción, la Casa de Beneficencia, el Cuartel Ballajá, el antiguo Manicomio es perpetuar en la memoria los sucesos de una época a la vez que la convertimos en una experiencia cotidiana", afirmó Hernández Colón en 1986. "Al revivir Ballajá no solo mejoramos el entorno urbanístico —integrándolo al resto de la zona histórica de San Juan— sino que además acercamos al pueblo al entendimiento y la valoración de nuestro patrimonio histórico."[147]

La obra consistió en la restauración del Cuartel de Ballajá, el Asilo de Beneficencia (que se convirtió en sede del Instituto de Cultura Puertorriqueña), el Convento de Santo Domingo, el Hospital de la Concepción, el Palacio Rojo, la Real Audiencia, el Paseo de la Princesa, la Cárcel de la Princesa (que se convirtió en sede de la Compañía de Turismo), cambios escénicos al Morro —sin árboles ni estacionamientos— y la construcción de nuevas obras en el Viejo San Juan, como la Plaza del Quinto Centenario, el estacionamiento soterrado de Ballajá, el Tótem Telúrico y cambios al frente portuario en La Marina y La Puntilla. Las obras se culminaron en octubre de 1992, para conmemorar el encuentro entre España y América. "Desde que Puerto Rico se convirtió en líder en revitalización de zonas históricas en los años 50", dijo el gobernador a principios de 1992, "esta es la obra de recuperación del patrimonio de mayor magnitud que se ha llevado a cabo tanto aquí como en toda Iberoamérica".[148]

Con esta transformación, cualquier persona podía caminar desde los muelles en el barrio de La Marina, cruzar por el Paseo de la Princesa, entrar por la Puerta de San Juan, subir la cuesta de la calle Sol y entrar a la Casa Blanca, salir por la calle San Sebastián y transitar por los restaurados edificios del Barrio Ballajá, apreciar el Tótem en la Plaza del Quinto Centenario y culminar su ruta en el Morro, que sin árboles, múltiples caminos pavimentados y estacionamientos, sobresalía en el horizonte con máximo esplendor.

Ponce en marcha

Las iniciativas de urbanismo también impactaron el área sur. "Cuando llegamos a La Fortaleza en enero de 1985", explicó Hernández Colón en 1989, "una de las prioridades con que nos confrontamos fue el descalabro económico y social que estaba sufriendo el área sur, debido, en gran parte, al descalabro de la industria petroquímica, en la que tantas esperanzas fueron cifradas".[149] Ponce "era un imperio agrícola comercial y financiero" a finales del siglo XIX. "En los años 50 y 60 eso cambió hacia una economía industrial. Con el cierre de [las petroquímicas] CORCO y Carbide ocurridos a fines de los 70 y principios de los 80 se desplomó la economía industrial".[150]

Para el gobernador, "[e]l panorama era desolador: una industria petroquímica colapsada, una ola de cierres de fábricas y comercios, casas abandonadas, migración de profesionales, de familias; en definitiva, retroceso socioeconómico y desmoralización". Como resultado, "Ponce se apagaba y había que revivirla, pero con una política que solucionara no solo las necesidades prioritarias sino que pudiera definir, simultáneamente, un modelo de ciudad con proyección de futuro".[151]

El plan Ponce en marcha "[s]urgió de la preocupación extrema que sentía al ver, la antes Ciudad Señorial, sumida en el más alarmante deterioro; con un desempleo, en 1984, tres veces mayor que el de San Juan y Mayagüez". Primero comisionó un estudio a su hijo José Alfredo en 1983, durante el verano que transicionó de bachillerato a derecho. "Al estudio de mi hijo en 1983, siguió después un proceso democrático de consultas a empresarios, instituciones y ciudadanos ponceños. Posteriormente, se reclutaron consejeros en urbanismo y se formuló el plan para unir a la ciudadanía y al Gobierno en un solo propósito de progreso y bienestar." El reto: "utilizar todos los recursos con que cuenta Ponce —recursos humanos, naturales y la rica herencia cultural— de manera inteligente y productiva para promover la industria, el comercio y el turismo en Ponce". [152] Fueron ocho años de arduo trabajo, repletos de eventos de colocación de primera piedra e inauguraciones de nuevos proyectos y restauraciones.

El legado más duradero de Ponce en marcha sería la restauración de la Zona Histórica de Ponce. El interés de Hernández Colón por la Zona Histórica de Ponce antecedía su vida política. Como señaló en un mensaje que ofreció en 1987, al inaugurar la restauración de varias calles del casco urbano, "mi interés por esta zona histórica no es reciente; cubre ya cerca de cinco lustros e incluye la presidencia del Comité Pro Zona Histórica de aquel entonces". En aquel mensaje, bromeó que además de presidir el Comité, fungía como su chofer. Invitó a constatar el dato con Ricardo Alegría y Luis Manuel Rodríguez Morales, "a quienes recogía en el Aeropuerto de Mercedita en un pequeño pero batallador carro que tenía".[153]

En un mensaje escrito para la Cámara de Comercio en marzo de 1992, la noche antes de inaugurar el Museo de la Masacre de Ponce, Hernández Colón describió cómo actuó para implantar el componente de rehabilitación urbana de Ponce en marcha. Desarrolló "los instrumentos necesarios para la defensa y conservación del patrimonio" en coordinación con el Instituto de Cultura Puertorriqueña, la Oficina Estatal de Preservación Histórica y 17 agencias adicionales. "En cooperación con el Gobierno español desarrollamos un estudio integral de Revitalización del Centro Histórico, el cual posteriormente ha sido presentado como modelo en diferentes simposios internacionales. También se estructuró un nuevo Reglamento de Zonas Históricas, que por su rigurosidad y visión, nos ha puesto a la vanguardia en la rehabilitación de estas zonas", detalló con satisfacción. Establecieron "los cauces necesarios para la rehabilitación, por parte de propietarios, de numerosos edificios tradicionales de este sector de la ciudad". Soterraron los cables eléctricos en el casco urbano, restauraron calles decrépitas, y como resultado Ponce se veía "remozada y limpia con la obra millonaria de soterrado eléctrico y reparación de aceras en avanzado progreso".[154]

A raíz de esas gestiones, Ponce se sentía orgulloso "no solo de la belleza resurgida, sino de la vida y la actividad que ha aflorado en todo el sector con el renacimiento de la Casa Armstrong Poventud, de Cristina 70, de la Plaza de los Perros, del Museo de la Masacre que mañana inauguraremos, del Fox Delicias, del Antiguo Casino, del Castillo Serrallés y el Panteón Nacional Baldorioty de Castro", entre otros proyectos terminados para marzo de 1992. Posteriormente se culminó la restauración de la Casa Villaronga, la Escuela de Bellas Artes, el Cementerio Católico, la Fuente de la Plaza y la Casa Saurí, entre otros. A raíz de estas obras, aumentó el flujo de visitantes y hubo lo que describió como "una inyección de vida a los establecimientos comerciales de la ciudad". "La activación de la zona comercial del Centro de Ponce se ha dado con las mejoras a las fachadas, obras como los paseos de Atocha y Arias, la Vieja Plaza del Mercado, los estacionamientos en progreso, la tramitación de préstamos a pequeños comerciantes, la reubicación de los comercios ambulantes." El progreso comercial incluía como "el símbolo más llamativo de esta actividad, la construcción de Plaza del Caribe", que entonces sería "mayor que Plaza las Américas".[155]

En el turismo, procuró "proyectar a Ponce con toda la fuerza de su potencial, promoviendo el turismo interno y el exterior". Para ello hizo inversiones millonarias en autopistas y carreteras, atrajo vuelos internacionales y domésticos al Aeropuerto de Mercedita, ampliando su pista y mejorando sus instalaciones. "Los frutos ya se ven", dijo en 1992, "el año pasado cerramos en Mercedita con un movimiento de pasajeros ascendente a 95,969; 60 mil más que en 1985". El Puerto de Ponce recibió cuatro cruceros como resultado de una iniciativa que lanzó en 1988. También se facilitó la apertura de nuevos hoteles, como el Days Inn y el Ponce Hilton, al igual que la remodelación de hoteles clásicos como el Hotel Meliá. Los turistas llegaban a Ponce gracias "al desarrollo de los atractivos turísticos como el Paseo La Guancha, las nuevas facilidades recreativas, el muelle y las veredas submarinas en Caja de Muerto y la continua obra de recuperación y restauración del casco histórico de Ponce, que añade cada día a Ponce un incalculable valor como ciudad patrimonial en Iberoamérica".[156]

Ponce en marcha transformó la infraestructura de Ponce. "Los desarrollos en infraestructura han sido sustantivos y significativos", informó Hernández Colón en 1992. "Van desde proyectos gigantes como la terminación de la Represa Cerrillos, para el futuro el abasto de agua a Ponce, hasta las obras públicas para mejorar los servicios en acueductos, en teléfonos, en mejoras al sistema de energía eléctrica." El Gobierno además abrió ocho nuevas escuelas, cuarteles de seguridad, un nuevo Centro Judicial y la cárcel de Las Cucharas. También remodeló el Hospital Regional, impulsó mejoras a la vivienda pública en Arenas Betances, Pabellones y la Playa de Ponce, al igual que apoyó al sector privado en el desarrollo de viviendas de clase media.[157]

La cultura, la educación y la recreación eran piezas clave de Ponce en marcha. "Un aspecto vital del Plan de Ponce en marcha ha sido la recuperación de los valores culturales de nuestro pueblo", como evidenció el plan de revitalización de la zona histórica de Ponce y la red de museos, como el de la Música y la Masacre de Ponce. Para la educación no solo construyó nuevas escuelas, sino que creó "nuevos sistemas de educación para personas no diestras como las Escuela-Taller y los nuevos talleres del arte de la construcción". Ponce en marcha también procuró mejorar la calidad de vida mediante la expansión de oportunidades recreativas. "Proyectos como el Parque Urbano, el Parque Lineal del Río Portugués, los Parques de la Entrada de la calle Isabel, demuestran que la vida en ciudad todavía es posible en Puerto Rico. Estos proyectos reafirman la posibilidad de vida comunitaria para los ponceños y a la vez, dotan a la ciudad de pulmones verdes que contribuyen al mejor disfrute de la misma."[158]

Hasta en el deporte se respiraba el progreso. El 25 de agosto de 1990, los Leones triunfaron en el campeonato de Baloncesto Superior Nacional

Junto a Rafael Cordero Santiago en la reinauguración del Parque de
Bombas (1 de julio de 1990)

por primera vez en 24 años. Hernández Colón estaba en Washington, pero confesó: "Me pasé llamando a Puerto Rico hasta que me dieron la noticia de que los Leones habían ganado". "Como buen puertorriqueño, soy amante del baloncesto; y como buen ponceño —no hace falta decirlo— uno de los más fieles fanáticos del equipo de los Leones", expresó en ocasión de la victoria. Su mensaje para la ocasión no fue genérico ni protocolario; contó con un análisis de las causas de la victoria que reflejaba el nivel de atención que le prestó a la temporada. "Verdaderamente este año, desde los primeros juegos, demostraron esas cualidades que convierten, a un equipo, en ganador." Aludió a "[l]a cohesión del equipo, el juego balanceado, los rebotes, la buena defensa y la mejor ofensiva", así como a "la buena dirección de Miguelito Mercado, con la asistencia de Sammy Betancourt y Miguel Martínez". "Todos estos factores fueron el pasaporte a las finales y —¡después de 24 años de espera!— el pasaporte a la victoria", concluyó.[159] Dos años más tarde, los Leones volvieron a ganar el campeonato. Hernández Colón ató el resultado a Ponce en marcha. "Esta reconquista es parte del renacer del deporte en la Ciudad", declaró. "Del haber fortalecido y revitalizado el desarrollo de las categorías menores, de ese deporte de base que ha generado un extraordinario núcleo de talentos locales quienes se han convertido en los nuevos ídolos de la fanaticada ponceña."[160]

En el contexto de Ponce en marcha, el gobernador realizó dos iniciativas de transformación gubernamental que incluyó en el bosquejo para estas memorias: el Centro de Gestión Única y el Plan de Ordenamiento Territorial.

En cuanto al primero, procuraba crear una oficina regional donde los ciudadanos pudieran obtener los permisos necesarios para cualquier propósito, eliminando la necesidad de peregrinar a San Juan y visitar múltiples oficinas para obtener distintos permisos. También procuraba delegar la autoridad decisiva de otorgar permisos en el municipio autónomo. "El Centro de Gestión Única fue creado mediante la Orden Ejecutiva OE-1990-52", escribiría en 2004. "Se ubicó en el centro urbano, en la esquina de las calles Luna y Marina, a una cuadra de la Casa Alcaldía. Se instaló con 18 agencias del Gobierno central relacionadas a los procesos de permisos, las cuales delegaron esta competencia a los directores regionales y/o funcionarios nombrados a esos fines." El gobernador lo consideró un éxito. "Una vez el Centro de Gestión Única comenzó operaciones se redujo considerablemente el tiempo y las complicaciones de obtener los permisos del Gobierno central." Ahora bien, se debía ir más lejos. "Se deben revisar las políticas y funciones de cada agencia de Gobierno del Estado Libre Asociado y determinar cuáles pueden ser más eficientes y más costoefectivas a nivel municipal", reflexionaría en 2004. "Esta revisión proveerá una estructura modelo a seguir para la implantación de un plan riguroso de descentralización, el cual podrán continuar los próximos gobernadores de Puerto Rico."[161]

Por su parte, el poder de ordenamiento territorial se trataba de un "nuevo poder de planificación urbana de modo que cada pueblo pueda decidir el giro y carácter que le quiere imprimir a su municipio, que cada pueblo pueda decidir en qué dirección quiere crecer y cuál es el modo que considera más productivo para utilizar su territorio".[162] Elaborar un plan era requisito para que el Gobierno central le transfiriese al municipio el poder de otorgar permisos. Tenía que prepararse conforme a las guías que fijaba la Ley de Municipios Autónomos, y debía "guardar concordancia y ser compatible con la política pública establecida y con planes estatales, regionales y planes de otros municipios".[163] Ponce fue el primer municipio que "acometió el proceso de estudio, de análisis y de decisiones que culminó en su Plan de Ordenamiento Territorial", afirmó el gobernador en octubre de 1992. El plan que desarrolló Churumba ofreció a Puerto Rico "un modelo de planificación municipal de primer orden, una demostración de la ruta que hay que seguir para alcanzar la autonomía". A Hernández Colón le pareció "excelente", y como consecuencia Ponce podía "solicitar a la Junta de Planificación y a la Administración de Reglamentos y Permisos [que] le transfieran las facultades para ser el propio pueblo de Ponce quien administre su Plan". A la fecha de aprobar el plan de Ponce, Bayamón, un municipio novoprogresista, había comenzado a desarrollar su propio plan. "Para mí es enorme la satisfacción haber podido, junto a los alcaldes y la legislatura, hacer realidad mi anhelo de tantos años de redimensionar el Gobierno, y que este poderoso instrumento de autonomía municipal esté en manos y al servicio del pueblo de Puerto Rico", declaró el gobernador.[164] En el 2018, 44 municipios tenían planes de ordenación.[165]

Ponce en marcha fue una de las mayores satisfacciones de Rafael Hernández Colón. Cuando inauguró la segunda fase del soterrado eléctrico en la Zona Histórica de Ponce el 26 de octubre de 1988, a días de las elecciones, citó porciones de su mensaje al anunciar Ponce en marcha cuatro años antes para marcar el contraste entre la ciudad que halló y la ciudad que ahora progresaba. Con orgullo afirmó: "Mi querido pueblo de Ponce, imagínense cómo me siento hoy al poder afirmar junto con todos ustedes que otra vez Ponce es Ponce. Ponce está conservando todo lo bueno que siempre lo ha distinguido, y su presente y su mañana crecerá, añadiendo logros, progreso y distinción a su historia".[166]

Visita de los reyes de España

El domingo 24 de mayo de 1987, el rey Juan Carlos y la reina Sofía de España aterrizaron en Puerto Rico con motivo de la Quinta Reunión de la Conferencia Iberoamericana de Comisiones para la Conmemoración del Quinto Centenario que se celebraría en Puerto Rico. El gobernador y su familia los recibieron en la pista de la Base Aérea Muñiz, donde luego de los saludos protocolarios partieron hacia La Fortaleza. El pueblo estaba animado y curioso. "Miles de personas ya estaban a los lados de la avenida Baldorioty de Castro para saludar a los monarcas", reportó *El Nuevo Día*. "Una considerable cantidad de personas estaban concentradas en la zona adyacente a la laguna. De los balcones y fachadas de algunos condominios pendían banderas españolas."[167] La Casa de España en la entrada del Viejo San Juan desplegó una bandera de España y un letrero de luces que decía "Bienvenidos". Al llegar a la Mansión Ejecutiva, un coro de monjas les cantaron al aire libre la *Marcha Real* española mientras se desplegaban las banderas de ambos países, España y Puerto Rico. "Estamos encantados de estar aquí", expresó el rey al bajarse de la limosina. "Nos sentimos como en casa."[168]

Los reyes durmieron en La Fortaleza, y la agenda del día siguiente estuvo cargada de eventos. El gobernador le otorgó al rey la Orden del Quinto Centenario del Descubrimiento de Puerto Rico en el Salón de los Espejos de La Fortaleza, una medalla dorada de 14 quilates, diseñada por el escultor puertorriqueño Tomás Batista, colgada de una cinta roja, azul y blanca. En los terrenos del Morro, se efectuó una gran concentración de cerca de 30 mil espectadores para escuchar un mensaje del rey y el gobernador. "Es impresionante. Muy impresionante", expresó sorprendido el rey al ver el fuerte militar de cuatro siglos construido por sus antecesores.[169] Los mensajes giraron en torno a los lazos entre Puerto Rico y España, el simbolismo de la visita y la importancia de la relación. "Puerto Rico tiene para España un sentido muy especial", declaró el rey, "tanto por haberse mantenido hasta nuestros días un caudaloso flujo cultural y humano. Esto permite albergar legítimas y razonables esperanzas en un futuro marcado por un incremento de nuestra cooperación en todos los ámbitos".[170]

Luego del evento público en El Morro, los reyes recorrieron distintos puntos de interés en el Viejo San Juan: la Iglesia San José, donde los reyes obsequiaron el retrato del altar, el Museo Pablo Casals y el Centro de

Visita de los reyes de España a Puerto Rico
(25 de mayo de 1987)

Estudios Avanzados de Puerto y el Caribe (antiguo Seminario Conciliar y primera universidad en Puerto Rico bajo España). Asistieron a diversas y concurridas recepciones, y el miércoles, a la Quinta Reunión de la Conferencia Iberoamericana de Comisiones para la Conmemoración del Quinto Centenario, el Arsenal la Puntilla, y la Universidad de Puerto Rico, donde visitaron el archivo del nobel español exiliado en Puerto Rico, Juan Ramón Jiménez. Al concluir su viaje el rey estaba satisfecho. "Me llevo una impresión maravillosa de vuestro país y un recuerdo imborrable de todos ustedes", afirmó. Y del gobernador, asombrado por la pregunta de la prensa, opinó que era "bueno, muy bueno".[171]

El viaje desarrolló unos lazos de amistad entre los monarcas y la primera familia de Puerto Rico, como reflejó la despedida en el aeropuerto. "Al contrario del sobrio recibimiento a los reyes en la Base Muñiz de la Guardia Nacional Aérea el domingo", destacó *El Reportero*, "lo de anoche fue una despedida de amigos, de sonrisas y besos y abrazos y nudos en las gargantas". El pueblo puertorriqueño, continuó el periódico, quedó "aún más convencido de que —hijos de España— somos, como en la 'Oda a Roosevelt' de Rubén Darío, parte integral de esa América que 'aún reza a Jesucristo y aún habla en español".[172] El gobernador capturó su impresión en la carta que cursó al rey el 2 de junio. Según Hernández Colón, los monarcas ganaron el afecto del pueblo en una manera que no tenía precedente en su historia. "Fueron dos días donde reinó una espontánea solidaridad en un pueblo que encierra profundas divisiones en cuanto a cuál ha de ser su destino final", escribió.[173] La satisfacción del país era evidente. "El gobernador Rafael Hernández Colón y su distinguida esposa, doña Lila, representaron a Puerto Rico con la elegancia y dignidad que requería la ocasión", editorializó *El Vocero*. "Todos los puertorriqueños debemos sentirnos orgullosos de la visita de los soberanos que lograron estrechar más los nexos de amistad entre España y Puerto Rico."[174]

Ley del español

Luego de la invasión norteamericana en 1898, los gobernantes designados por el Gobierno de los Estados Unidos decretaron el uso indistinto del inglés y el español en el Gobierno de Puerto Rico y la enseñanza en inglés en las escuelas públicas del país. "El cambio de soberanía trajo a la isla la imposición del inglés como idioma de enseñanza en nuestras escuelas. La política de transculturación amenazó con privar a nuestros niños de libros de textos en español", expresó Hernández Colón en 1991.[175] Luis Muñoz Rivera, recordó Hernández Colón, "en su patriótica lucha por defender el español, le recordaba al país que todos los yugos eran

odiosos pero que el del idioma, era intolerable".[176] Una vez electo gobernador, Luis Muñoz Marín puso fin a la enseñanza en inglés en las escuelas públicas. También puso fin, informalmente, al uso indistinto de los
dos idiomas en el Gobierno, que pasó del control de personas designadas
por el presidente de los Estados Unidos al control de los puertorriqueños
y sus funcionarios electos. Así pues, para algunos la ley de 1902 estipu-
lando el uso indistinto del español y el inglés en el Gobierno se tornó
anacrónica. En 1965 el Tribunal Supremo de Puerto Rico reconoció que
el español era la lengua de los puertorriqueños y por consiguiente sus
tribunales, y por años legisladores del Partido Popular como Sergio Peña
Clos presentaron medidas para declarar el español como idioma oficial
de Puerto Rico.

Una vez concluido el proceso plebiscitario de 1989–91, en el cual
la defensa del español figuró como un elemento importante del debate
sobre el futuro de Puerto Rico bajo la estadidad, el representante Héctor
López Galarza presentó un proyecto para declarar el español como único
idioma oficial del Gobierno de Puerto Rico, que fue aprobado por un
margen abrumador en la Cámara y el Senado. En una ceremonia ma-
jestuosa efectuada el 5 de abril de 1991 en el Centro de Bellas Artes de
Santurce, el gobernador firmó la ley. El gobernador vio la ley como una
oportunidad para reafirmar la identidad puertorriqueña como pueblo
hispano. "Con la firma de esta ley, reafirmamos la voluntad de ser del
país. Declaramos nuestra lengua materna como nuestra más preciosa
seña de identidad", afirmó en su discurso, donde además abundó sobre
el impacto que había tenido el proceso plebiscitario en su decisión de firmar la ley. "El desenlace negativo del plebiscito ante el Congreso de Estados Unidos causado por la resistencia senatorial a la estadidad evidencia
el reconocimiento de que somos un pueblo culturalmente diferenciado",
manifestó. "La táctica asimilista de negar la realidad, obscurecer lo que
somos, situarse entre dos aguas, instalarse en el absurdo del ser y el no
ser, se estrelló contra la realidad. La roca sólida de nuestra identidad tiene que ser el fundamento de una fecunda relación política con Estados
Unidos."[177]

Haciendo eco de Luis Muñoz Marín y su habilidad de resumir ideas
complejas en oraciones sencillas, añadió: "Somos ciudadanos americanos porque somos puertorriqueños. No al revés. La biología y la cultura
anteceden a la juridicidad. No al revés". La ciudadanía era fuente de derechos, no de identidad. "Nuestra identidad viene, no de la ciudadanía,
sino de formar parte del pueblo de Puerto Rico, una colectividad humana con una sangre, una tierra, una historia, una voluntad, una cultura,

un destino común", proclamó. De paso, la ciudadanía estadounidense era la fuente jurídica de los derechos que permitían afirmar el español como nuestra lengua. "Nuestra valoración de la ciudadanía, nuestra voluntad de cumplir honrosamente con sus más sacrificadas obligaciones como acabamos de hacerlo en el Golfo Pérsico, nos garantiza la libertad para realizarnos dentro de nuestra identidad puertorriqueña."[178]

No obstante su énfasis en la ciudadanía americana y la afirmación del idioma como ejercicio de los derechos que esta confiere, la oposición atacó la ley como un acto separatista. "Desafortunadamente, el tema se tomó en términos políticos partidistas y por tanto era algo separatista, con lo cual no tenía nada que ver, y que era algo que nosotros no queríamos a los Estados Unidos", recordó Hernández Colón en 2007. No trataba de eso, insistió. "Nosotros queremos a los Estados Unidos, lo que ocurre es que lo queremos como puertorriqueños que hablamos español." Tampoco era un rechazo a la enseñanza del inglés. "No quiere decir que no sea importante aprender el inglés", dijo Hernández Colón. "Es muy importante. Lo que importa es que nuestro idioma propio, el vernáculo, tiene que desarrollarse plenamente."[179]

A pesar de las críticas, Hernández Colón recordaba que el país reaccionó favorablemente a la iniciativa. "La reacción del pueblo fue muy buena", afirmó en 2007, aunque reconoció que hubo sectores profesionales que protestaron porque les afectaba, como contables y arquitectos.[180] Días después de firmar la ley, la Fundación Premio Príncipe de Asturias nominó y eligió al Pueblo de Puerto Rico para el Premio Príncipe de Asturias de las Letras por su defensa del idioma español. Lo hizo por iniciativa de Teodoro López Cuesta, director de la Escuela Asturiana de Estudios Hispánicos, la Academia Puertorriqueña de la Lengua Española y la Casa de España de Puerto Rico.[181] Concedido desde 1981, el Premio había galardonado a escritores como Juan Rulfo, Miguel Delibes, Camilo José Cela y Mario Vargas Llosa. "Yo no tenía la menor idea que esto iba a tener unas repercusiones internacionales como las que tuvo", explicó Hernández Colón en 2007. "En España esto se tomó como un acto de afirmación cultural hispánica de Puerto Rico y en base de eso ahí se le extendió ese reconocimiento al pueblo de Puerto Rico."[182] Aunque le correspondería recoger el premio como gobernador del pueblo de Puerto Rico, Hernández Colón siempre tuvo presente que el premio era del pueblo y no de él personalmente. "Fue el pueblo de Puerto Rico que, a pesar de una política de asimilación para que empezara a hablar inglés, se resistió y mantuvo su idioma", afirmó.[183]

Recibiendo el Premio Príncipe de Asturias de las Letras a nombre del
pueblo de Puerto Rico por la defensa del idioma español
(18 de octubre de 1991)

La noche del viernes 18 de octubre de 1991, el príncipe de Asturias Felipe de Borbón entregó los premios en una ceremonia celebrada en Oviedo. En su mensaje, el ahora rey de España saludó "con especial emoción al pueblo de Puerto Rico, Premio Príncipe de Asturias de las Letras, por su decidida defensa de su más preciado legado cultural, al cultivar nuestra lengua y hacerla nacer y renacer cada día, como sangre de espíritu". Agradeció al gobernador por su presencia y le envió "un cálido mensaje de fraternidad al pueblo puertorriqueño".[184] Al repartir los premios y ser llamado, el gobernador se paró de una silla ubicada perpendicular a la mesa presidencial donde estaba sentado el príncipe. Caminó hacia él, le extendió la mano, y se saludaron efusivamente. El gobernador recogió el premio, retrocedió unos pasos sin darle la espalda al heredero de la corona, se inclinó en un gesto de reconocimiento, se viró y volvió a su silla, mientras el público aplaudía en reconocimiento al pueblo de Puerto Rico. En Puerto Rico, lo observaban a través de la televisión local. La imagen del gobernador recogiendo el premio de la mano del príncipe fue la primera plana del *ABC*, uno de los periódicos más leídos en España. En su discurso, Hernández Colón resumió la lucha de los puertorriqueños en defensa del idioma español y repitió su mensaje de que la reafirmación no era sinónimo de rechazo. El 25 de octubre llegó de España, donde estuvo más tiempo participando de actividades en reconocimiento a Puerto Rico, y fue al Centro de Bellas Artes en San Juan a colocar el premio, una escultura de Joan Miró, en el vestíbulo, en una ceremonia breve pero concurrida.

Cuando el PNP ganó las elecciones de 1992 y asumió el poder en enero de 1993, la primera ley que aprobó fue para derogar la ley del español como único idioma oficial. "Tuvimos una experiencia que hay que tomarla en cuenta para ver que hacemos en el futuro", reflexionó Hernández Colón. "Nosotros creamos la ley, dimos el paso, y entonces vino el PNP y la revocó. Esto es algo más profundo que requiere que lo decida el propio pueblo de Puerto Rico en una asamblea constituyente o algo parecido de tal forma que no pueda ser algo de quítate tú para ponerme yo. Esto es algo muy serio para el país que merece una estabilidad."[185]

Expo 92 y Gran Regata Colón

Durante la visita de los reyes de España en 1987 surgió la idea de que Puerto Rico participara con su propio pabellón en la Expo Mundial de 1992. La Exposición Universal como concepto y evento comenzó en 1851 en Londres, cuando el príncipe Alberto organizó un evento para exponer a los demás países del mundo los avances tecnológicos y manufactureros de su país en plena industrialización.[186] A partir de entonces, aproximadamente cada 10 años, una ciudad funge de anfitriona para la exposición universal donde distintos países se congregan para exponerse, los unos a los otros, sus logros, sus culturas y su orgullo. En 1992, Sevilla fungió de sede como parte de los eventos internacionales que se organizaron alrededor del Quinto Centenario. Más de cien países construyeron pabellones a lo largo de la Isla de Cartuja, y por primera vez en su historia, Puerto Rico participó de una Expo con su propio pabellón.

El Pabellón, como las demás iniciativas del Quinto Centenario, era un acto de afirmación. "En relación con el Pabellón, estaba claro lo que queríamos hacer: afirmar y comunicar, aquí estamos notros, los puertorriqueños, que somos una nación, un pueblo como todos ustedes", expresó Hernández Colón en 1996. Un pueblo, "[q]ue había estado ausente de estas exposiciones universales porque habíamos estado representados por otros pueblos, primero España, luego Estados Unidos, pero ahora aquí estamos nosotros mismos, queremos que nos conozcan, queremos que sepan exactamente cómo somos". Procuraba exaltar nuestras capacidades, al igual que "combatir la imagen de Puerto Rico como *West Side Story*". El mensaje de afirmación era un mensaje a Estados Unidos, "pero no era un desafío, era de hermandad". El embajador de Estados Unidos en España asistió a la inaguración de nuestro pabellón y expresó su orgullo, lo cual "complació mucho" a Hernández Colón. "Acá entre nosotros", le confesó a Sylvia Álvarez Curbelo en una entrevista en 1996, "tenía más razón para sentirse orgulloso del nuestro que del propio que estaba muy feo". El americano, reflexionó Hernández Colón, "te respeta cuando te afirmas a ti mismo, no en negación a ellos sino en afirmación de lo propio". Su experiencia había sido "que todo lo que hagamos para afirmar nuestros valores, nuestra identidad se respeta y el intento de asimilación, el servilismo que caracterizan a las posturas de los estadistas, no van para ningún lado, al contrario, las desprecian".[187]

El esfuerzo lo dirigieron Eira Piñeiro Biddle como directora del Pabellón, Elías López Sobá como representante de Puerto Rico en España, Antonio Maldonado como presidente de la Compañía de Fomento Industrial y Antonio Colorado y luego Alfredo Salazar como directores de PRIDCO. "Diseñado por Segundo Cardona", recordó Hernández Colón en 2017, "el pabellón de Puerto Rico fue un monumento digno y acogedor que demostró a miles y miles de visitantes, provenientes de distintos países del mundo, nuestra historia, nuestra geografía, nuestra industria, nuestros recursos turísticos, nuestro arte —pinturas de Campeche, Oller y Rodón—, nuestra cinematografía, nuestra gastronomía y nuestros conciertos de salsa al caer la tarde en lo que se conocía como la playa de Puerto Rico, se convirtieron en uno de los eventos que más público atrajeron en todo el recinto ferial".[188] "Me decían", comentó Hernández Colón en 1992, "que del Pabellón de Francia venían almorzar aquí al de Puerto Rico".[189]

Aunque criticado por su costo de alrededor de $17 millones, el tono de la prensa cambió tan pronto se inauguró el Pabellón en abril de 1992. "Desde temprano la reacción del público al Pabellón de Puerto Rico fue favorable", reportó El Nuevo Día.[190] El Pabellón recibió elogios de diarios internacionales como el Wall Street Journal[191] y el ABC.[192] Ya para julio, el San Juan Star publicaba un artículo titulado "Visit to expo changes skeptics' minds", dedicado totalmente a reportar anécdotas de personas que asistieron al Pabellón dudosos de su significado e importancia, pero que cambiaron de parecer.[193] "Llevo usando la palabra inversión por los pasados dos años mientras otros insistían en decir gasto", protestó Piñeiro. "Los críticos están empezando a usar inversión ahora." Se reportaba que Mova Pharmaceuticals había hecho una presentación de cinco días en el Pabellón, Goya había recibido solicitudes para sus productos luego de que personas asistieran al restaurante y personas que vieron la película planeaban una vacación a Puerto Rico.[194]

La película de Puerto Rico, por Marcos Zurinaga y Roberto Gándara, fue seleccionada por el New York Times como una de las tres mejores.[195] Filmada en 70 milímetros a un costo de $1.5 millones, Zurinaga la describió como "de tipo impresionista", que trataba de "penetrar por todos los sentidos humanos". "La película", explicó Zurinaga, "es un impresionante viaje por la cultura puertorriqueña a través del tiempo, sus legados históricos, música, danza y salto hacia el futuro donde la tecnología y el desarrollo industrial marcaron un derrotero significativo".[196] "No es por echármelas", afirmó Hernández Colón en 1996, "pero yo creo que fue la mejor".[197]

Mientras despegaba la Expo 92 en Sevilla, Puerto Rico se preparaba para la Gran Regata Colón en junio. El evento buscaba conmemorar los quinientos años del encuentro entre Europa y América recibiendo veleros de todas partes del mundo que saldrían de Lisboa o Génova, se encontrarían en Cádiz, saldrían en carrera hacia San Juan, y luego partirían a Nueva York para conmemorar también el 4 de julio. De allí navegarían a Boston y luego comenzarían otra carrera hasta Liverpool en Inglaterra.[198] La selección de Puerto Rico como sede fue un triunfo en sí. El plan original era que las embarcaciones se detuvieran en la República Dominicana. Pero Miguel Hernández Agosto, Juan R. Torruella, juez federal

Pabellón de Puerto Rico en Sevilla
Película de Puerto Rico por Marcos Zurinaga y Roberto Gándara:

del Primer Circuito de Apelaciones, y Miguel Domenech, director de Turismo, viajaron a Londres para promocionar a Puerto Rico. Allí fueron sede de la Sail Training Association, que asesoraba el comité a cargo de la selección, y la convencieron de que Puerto Rico debía ser incluido en la ruta de la Gran Regata, "en representación de las islas caribeñas que emocionaron a los descubridores al divisarlas y que son vívido recuerdo de las historias que dejaron los primeros navegantes oceánicos".[199] La planificación tomó casi ocho años.

Para coordinar el evento, Hernández Colón designó al juez Torruella como presidente de la subcomisión de la Gran Regata y a Iván Orlandi como director ejecutivo. Torruella, conocido deportista marítimo, se adentró minuciosamente en la planificación. En marzo, cuando faltaban menos de tres meses para que comenzaran a llegar las embarcaciones, atendió a la prensa frente a un mapa de la isleta de San Juan, cogió una regla y explicó hasta los pormenores del transito. De las 244 embarcaciones que se esperaban en San Juan, ocho saldrían de Puerto Rico, incluyendo el velero Danza, que capitanearía el propio Torruella.[200] A mediados de mayo, casi dos semanas antes de que se suponía que anclaran los veleros en San Juan, Torruella envió un informe de progreso a través de la radio de su embarcación. "Todo va bien hasta el momento", afirmó. "Si todo nos sale bien estaremos llegando a finales de mayo."[201]

Según se acercaban los veleros, los puertorriqueños comenzaron a captar la magnitud del evento que se avecinaba. El 22 de mayo, el superintendente de la Policía Ismael Betancourt Lebrón anunció que había asignado dos mil policías para la Gran Regata, suspendiendo vacaciones de todos los policías mientras durara la actividad. Héctor Luis Acevedo, alcalde de San Juan, le sumó 280 policías municipales y 100 cadetes de la academia.[202] El *San Juan Star* reportaba que la Gran Regata podría ser el evento mediático más grande jamás planeado en Puerto Rico, superando los Juegos Panamericanos de 1979 y el concurso de Miss Universo de 1972.[203] Esperaban 250,000 personas para observar los fuegos artificiales en el área de la bahía, 100,00 diarios en la isleta de San Juan y 15,000 en Cataño para cruzar la bahía.[204] Al comenzar las actividades oficiales el 5 de junio, el tráfico de seres humanos fue, en palabras de *El Nuevo Día*, "incesante por mar y tierra". Durante el primer fin de semana, se estimó que 200,000 personas usaron las lanchas de la Autoridad de Puertos y los autobuses de la AMA para transportarse al Viejo San Juan.[205] Los hoteles del Viejo San Juan y Condado se llenaron a capacidad.[206]

Por cerca de dos semanas los puertorriqueños exhibieron sus mejores dotes de hospitalidad y cultura al recibir las embarcaciones y sus tripulantes en la isleta de San Juan con eventos artísticos y culturales que les dejaron saber cómo somos los puertorriqueños. Cuando culminaron las celebraciones el 14 de junio, miles de puertorriqueños se congregaron entre Isla Verde y la Bahía de San Juan para ver los veleros partir hacia Estados Unidos a lo largo de cinco horas. Docenas de estas naves eran réplicas de embarcaciones antiguas, altas e impactantes. "Míralas vadeando en el agua", comentó un residente de La Perla. "Así es que se habrá visto para los taínos cuando Colón vino por primera vez."[207]

"Cuando lo de la Gran Regata, la gente decía, 'oye pero aquí se ha montado algo de una magnitud excepcional'", recordó el gobernador al terminar su mandato.[208] Robert Friedman del *San Juan Star* capturó el impacto de la Gran Regata en la psiquis de los puertorriqueños, al escribir que mientras la armada magnífica de grandes veleros navegaba hacia el horizonte, dejaban a su paso un nuevo rumbo para los sanjuaneros mejorar la calidad de vida en la ciudad. Según Friedman, la mayoría de los observadores coincidieron en que la Gran Regata Colón fue un éxito como espectáculo y entretenimiento, al igual que en logística y planificación. "Era como estar en otro país", comentó una maestra. "La rehumanización de la sociedad puertorriqueña", afirmó una profesora universitaria. "Una de las mejores cosas que ha pasado en Puerto Rico en décadas", estipuló un arquitecto. El sistema de transportación pública funcionó, y el valor de las obras de restauración en el Viejo San Juan se hizo palpable. "Por primera vez en años", comentó un ingeniero, "fue divertido vivir en San Juan de nuevo".[209]

Menos de dos semanas más tarde, el 23 de junio, se celebró el día nacional de Puerto Rico en la Expo de Sevilla. Entre dos y seis mil puertorriqueños, incluyendo 800 estudiantes de escuelas públicas vestidos de rojo y azul, se congregaron en el Palenque, el auditorio al aire libre. Mientras la Banda de la Congregación Mita entonaba versiones instrumentales de música patriótica, y los presentes ondeaban miles de banderas de Puerto Rico, el gobernador entró con el comisario general de la Expo, Emilio Cassinella, y el ministro de Relaciones Exteriores de España, Javier Solana. Luego de los discursos protocolarios, donde se enfatizó la importancia de la cultura, la hospitalidad de los puertorriqueños y la necesidad de estrechar relaciones entre Puerto Rico, España y el resto del mundo, se presentó lo mejor de la cultura puertorriqueña en Sevilla. El coro de Niños de San Juan, bajo la dirección de Evy Lucio interpretó distintas danzas puertorriqueñas; Edwin Colón Zayas y Taller Campesino entonaron su trova, mientras Ballet Jíbaro armonizaba en la tarima, y Antonio Cabán Vale cerró con su icónico, y muy aplaudido, *Verde Luz*.[210] Una vez concluyeron los actos oficiales, el gobernador y la comitiva recorrieron la exhibición de arte. Luego, "[u]no de los momentos más dramáticos", escribió Paloma Usero, "fue cuando la orquesta de los Mitas, integrada por 150 miembros y los 800 estudiantes de las escuelas de Puerto Rico se unieron —ondeando pequeñas banderas puertorriqueñas— al cotidiano desfile vespertino que recorre la Expo, La Cabalgata".[211]

Hasta la madrugada se celebró "Puerto Rico es salsa", descrito como "el más grande concierto de salsa jamás visto en Europa", con El Gran Combo, Andy Montañez, Ismael Miranda, Tony Vega, Alex D'Castro —y Rafael Hernández Colón. A petición del público que le imploraba que cantara, soltó un humilde: "A la, la, la, la, la, la, que cante mi gente" ante un público que se alborotó en respuesta. "Nunca había visto tantas personas celebrar un día nacional antes", dijo un vendedor de helados.[212] "Ni siquiera hubo tanto interés cuando vinieron los príncipes Charles y Diana de Inglaterra", expresó una joven.[213] En un solo día, 35,000 personas visitaron el Pabellón de Puerto Rico, según Fortaleza.[214]

El 12 de octubre concluyó la Expo. Con motivo de cierre, el gobernador se declaró triunfante. Dos millones y medio visitaron el Pabellón; 20 mil periodistas reportaron de la Expo. "La imagen proyectada, estereotipada del Puerto Rico del *West Side Story* ha sido borrada por este pabellón, por nuestra magnífica película, por nuestra exhibición. Por estos artistas que exponen sus obras y que demuestran la capacidad productiva, creadora y artística del pueblo puertorriqueño."[215] Sevilla proyectó "no solo la capacidad creativa y artística, sino la capacidad total del pueblo puertorriqueño", recordó.[216] "Con esta apertura, que demostró al mundo la enorme capacidad de nuestro pueblo, cerré mis tres cuatrienios de gobernación."[217]

Entregando el premio Príncipe de Asturias por la defensa del idioma
español en el Centro de Bellas Artes
(25 de octubre de 1991)

Retiro de la presidencia del PPD
(11 de enero de 1992)

CAPÍTULO 14

DESPEDIDA

Faltaba exactamente un año para la toma de posesión del próximo gobernador el 2 de enero de 1992 cuando Rafael Hernández Colón pautó un mensaje por televisión para las 10 de la noche. A las siete, convocó a los alcaldes populares a La Fortaleza. A las 9, a los legisladores y miembros de la Junta de Gobierno del PPD. Los alcaldes salieron sombríos y llorosos, pero indispuestos a adelantar lo que diría el gobernador en su mensaje, reportaría *El Nuevo Día* la mañana siguiente.[218] A las 10, sentado en el Salón del Trono en La Fortaleza, inició su mensaje. Resumió los retos del año anterior —la guerra en el Golfo Pérsico, la recesión en los Estados Unidos— y detalló la agenda cargada para el año entrante —la Gran Regata, la Expo en Sevilla y las elecciones. "Cara a esas elecciones, quiero compartir con ustedes mi determinación sobre la reelección al cargo que ocupo", anunció. Procedió a reflexionar sobre sus años en el servicio público, la importancia de un relevo generacional y la dificultad de llevarlo a cabo. Había vivido la transición fallida entre Luis Muñoz Marín y Roberto Sánchez Vilella, y sus propias tensiones con Muñoz luego de asumir la presidencia del partido en 1969. "Escoger el momento es una grave responsabilidad", manifestó. "Descargarla nunca estará exenta de riesgos y de posibles equivocaciones como todas las decisiones que se toman en el ejercicio del liderato." Pero había llegado el momento. Así pues, anunció a los televidentes: "Me propongo retirarme de la vida pública al terminar mi mandato el día 2 de enero del año entrante. Quiero vivir en la tranquilidad de mi hogar y ocupar mi tiempo en otros asuntos que interesan a mi espíritu".[219]

Durante el cuatrienio había confrontado disidencia dentro de su partido y tres semanas antes había sufrido su peor derrota electoral en el referéndum de los derechos democráticos. Desde 1989, muchos populares impulsaban la candidatura de Victoria Muñoz Mendoza, senadora e hija de Luis Muñoz Marín. En abril de 1991, ocho meses antes de que Hernández Colón anunciara su retiro, Muñoz Mendoza lanzó su candidatura. Los legisladores populares se dividieron en dos bandos, y los simpatizantes de Muñoz Mendoza privaron al gobernador de las dos terceras partes necesarias para aprobar el referéndum de enmiendas a la Constitución. Como resultado, el gobernador celebró el referéndum para meramente "reclamar" que se enmiende la Constitución. "Lo hice por malas razones. Se dio una oposición de los propios populares a que se llevaran a cabo las enmiendas constitucionales, con dos terceras partes de los votos", reconoció Hernández Colón en 2017. "Fue un error, el pueblo vota, pero no se enmendaba la Constitución. Lo hice por la presión del partido."[220] El referéndum se celebró el 8 de diciembre de 1991, y el resultado fue 54.1% en contra y 45.9% a favor de reclamar las enmiendas a la Constitución.

La historia recordaría la decisión del gobernador de retirarse como resultado del reto de Muñoz Mendoza y la derrota en el referéndum. Sin embargo, Hernández Colón siempre insistió que había tomado su decisión de gobernar por dos términos en 1984. No la revelaba por temor a perder poder político —temor justificado, como revelaría la ola de renuncias de jefes de agencia que sufrió el Gobierno en los días siguientes.[221] Andrew Viglucci, editor del *San Juan Star,* fue de los pocos que había concluido, desde antes del referéndum, que el gobernador había decidido no postularse.[222] A. W. Maldonado también, al escribir que era la única explicación racional para las acciones políticamente suicidas que había llevado a cabo en los tres años anteriores.[223] Según un hijo de Hernández Colón, el gobernador incluso se reunió con Muñoz Mendoza más temprano en el cuatrienio, le adelantó su intención de no postularse y le advirtió que no se lanzara antes de que él se retirara porque podía afectar la actitud de muchos populares hacia ella.

La noticia causó mucha tristeza entre los empleados de La Fortaleza y muchos líderes del Partido Popular, quienes llevaban desde 1969 siguiendo al gobernador. Maricely Currás, recepcionista en la mansión ejecutiva, dijo a la prensa que no le quedaban lágrimas. Bienvenida Class dijo que no podía creerlo mientras veía el mensaje. "Empecé a llorar."[224] La oposición fue generosa. El Partido Independentista Puertorriqueño, a través de su candidato a gobernador Fernando Martín, elogió al gobernador y reconoció que puso el status en *issue*, defendió la puertorriqueñidad y asumió el riesgo "de que se le acusara de independentista" con "valentía moral que el país tanto necesita".[225] Pedro Rosselló calificó el mensaje como uno "de altura",[226] y Luis A. Ferré lo felicitó por su "encomiable sentido de responsabilidad ciudadana" al evitar "el vicio del continuismo político".[227]

El sábado 11 de enero, Hernández Colón entregó la presidencia del PPD en una ceremonia emotiva llevada a cabo en la sala Luis Muñoz Marín de la sede central en Puerta de Tierra. Allí, rodeado de su esposa, sus cuatro hijos y cuatro nietos, escuchó los mensajes emotivos de despedida que le brindó el liderato. Algunos se despidieron con lágrimas y la voz quebrada, como Miguel Hernández Agosto y Muñoz Mendoza. Otros se despidieron con pasión, frustración y lamentos como Felisa Rincón de Gautier.

En los días siguientes, Muñoz Mendoza consolidó su fuerza y aseguró su posición como la única candidata a la gobernación por el PPD en las elecciones de 1992. Muñoz Mendoza había arrancado desde una buena posición en las encuestas. Durante 1990 y 1991, llegó a registrar una delantera de 10 a 30 puntos sobre su contrincante Pedro Rosselló en las encuestas de *El Nuevo Día*. Para marzo de 1992, sin embargo, estaba en un virtual empate. Su ventaja continuó evaporándose. En septiembre y octubre, corría 8 puntos detrás.[228]

El rol de Hernández Colón en la campaña sería motivo de controversia. El 14 de octubre, el consultor político Joseph Napolitan le escribió un memorando a Muñoz Mendoza sobre la posibilidad de grabar un mensaje televisivo del gobernador a favor suyo. "Estoy confundido sobre si deseas o no que Rafael aparezca en televisión a favor tuyo en la última semana de la campaña", escribió al principio de su memorando. Había oído que no y que estaba indecisa, y le exhortó que avisara a Hernández Colón lo antes posible. Asumiendo que estaba indecisa, intentó convencerla de que autorizara la grabación del mensaje. Napolitan detalló los riesgos: que los electores de ella cambiaran de bando a favor de Rosselló o Martín y que convenciera a los indecisos a no votar por ella.

Pero Napolitan no consideraba que esos riesgos fueran a materializarse; el primero porque los electores que ya iban a votar por ella dudosamente cambiarían de parecer a una semana de las elecciones si Hernández Colón la endosaba y el segundo porque la cantidad de indecisos era muy pequeña para tener un impacto. En cambio, le advirtió que ella no tenía el 10% de los populares y el 22% de los que votaron por Hernández Colón en 1988 y que estos serían receptivos a un endoso del gobernador. Estimaba, por tanto, que 5% de los electores que no iban a darle el voto eran populares o exelectores de Hernández Colón que *for whatever reason*" no iban a votar por ella, y que en un país donde las elecciones se deciden por 3% esa cantidad de electores era masiva. "Si tú estas confiada que puedes conseguir estos electores sin la intervención de Rafael, entonces no existe la necesidad de pedirle que haga una charla televisiva a favor tuyo", le escribió. "Personalmente, yo no estaría dispuesto a tomar este riesgo." Le repitió que él y Hernández Colón tenían el mismo objetivo que ella —facilitar su elección— y que los beneficios pesaban más que los riesgos, pero que la decisión era de ella sola y tenía que tomarla pronto. La exhortó a no dudar de su decisión, especialmente si le pedía que hablara y luego perdía, pues no sería justo atribuirle la derrota al gobernador. "Rafael no está empujando para la oportunidad de hablar. Está dispuesto a hacerlo si tu quieres que lo haga, y está igual de feliz no haciéndolo si tú no quieres que lo haga", concluyó. "De una forma u otra, merece una respuesta rápido."[229]

Para no perder tiempo, Napolitan le escribió un memorando a Hernández Colón con ideas para el posible mensaje. Compartió algunos hallazgos y análisis que había compartido con Muñoz Mendoza, incluyendo que su percepción pública había mejorado en los últimos meses, aunque mantenía al país dividido en casi partes iguales sobre su aprobación. Criticaban sus viajes, y, a menor escala que durante el verano, el Pabellón de Sevilla. Sin embargo, su aprobación entre populares era altísima. Podía ayudar a Muñoz Mendoza con el 10% de los populares que no pensaba votar por ella y el 22% de electores que votaron por él en 1988 y no pensaban votar por ella en 1992. Napolitan quería que dijera algo como "si votaste por mí en 1988, por favor vota por Victoria el próximo martes". "Si ella puede conseguir el voto de tus electores de 1988, puede ganar", le escribió.[230]

En algún momento, Hernández Colón recibió el memorando que Napolitan le escribió a Muñoz Mendoza. En la primera página escribió a mano lo que aconteció después: "El 18 de octubre de 1992 Joe Napolitan me llamó a las 5:00 p.m. para decirme que había recibido un mensaje de Victoria indicando que no deseaba mi presentación televisiva porque Rosselló estaba atacando mi administración".[231] A pesar de esta decisión, el domingo 1 de noviembre, Hernández Colón asistió al cierre de campaña del PPD, ofreció un discurso y cedió el micrófono a Muñoz Mendoza, quien dedicó el principio de su discurso a elogiar su obra.[232] El martes siguiente, los electores votaron abrumadoramente por Pedro Rosselló y el PNP. El PPD sufrió su peor derrota hasta ese momento, de aproximadamente 76,000 votos y 4%. "Un desastre", le escribió Napolitan a Hernández Colón. "Pearl Harbor en el Caribe."[233]

Después de las elecciones, el Gobierno transmitió un documental de 45 minutos sobre la obra de Hernández Colón, preparado por Sally

Hunter. La planificación para el documental comenzó en agosto y contó con los consejos de Napolitan y Maggie Oronoz. Napolitan partía de la premisa de que el documental sería necesario para preservar el legado de Hernández Colón porque el PNP atacaría a la administración durante la campaña y Muñoz Mendoza, para distanciarse de la administración, también. Aunque encuestas recientes reflejaban una mejor apreciación de la gestión de Hernández Colón, Napolitan advirtió que la mayoría aún tenía una opinión negativa de su mandato y poco conocimiento de sus logros. Por tanto, Napolitan se desbordó en sugerencias para el documental a lo largo de cuatro páginas, subrayando que debía cubrir los logros que el gobernador entendiera que eran los más importantes para el país, a grandes rasgos, sin gráficas, estadísticas y tablas. "Queremos dejar a los puertorriqueños con la impresión de que fuiste un gran gobernador", escribió.[234]

Cuando pasaron las elecciones, Napolitan redobló sus esfuerzos con el documental. "Todos sabemos que tan pronto Rosselló y Romero agarren La Fortaleza, harán todo lo que puedan para desacreditarte a ti y tus logros. . . . Ellos ciertamente tratarán de escribir la historia en una manera que te posicione como el villano número 1 en Puerto Rico." Le sugirió que hablara de obras encaminadas, de las bases que sentó para un mejor Puerto Rico en empleos, urbanismo e infraestructura, y hasta de convertir sus viajes —de lo que más le criticaron— en un activo.[235]

El producto final reflejó muchos de los consejos de Napolitan. Reflejó, también, las prioridades de Rafael Hernández Colón. En el bosquejo que sobrevivió de estas memorias, el capítulo de "Despedida" solo tenía dos subcategorías: "el espejo falso" y "confianza en el pueblo". Nadie sabe qué significa "el espejo falso". Sin embargo, y además de ser más obvio, el documental y su vida dejan claro qué quiso decir por "confianza en el pueblo".

"Cuando yo pienso en los logros de la administración", dice al comenzar el documental, "no pienso en ningún proyecto en particular, sino en una actitud de parte de los puertorriqueños cara a los retos que confrontamos y cara a nuestro futuro. Y es una actitud de que nosotros podemos hacer las cosas y que las podemos hacer tan bien como los mejores". Para sostener su argumento, Hernández Colón apunta hacia las Olimpiadas; la productividad y los premios que reciben los puertorriqueños; los puentes que se construyen en 72 horas; los premios de ecoturismo; la presencia en Sevilla; el restablecimiento del servicio eléctrico en *Hugo* en dos semanas; la reacción asombrada y positiva del pueblo a la Gran Regata. "Son múltiples las manifestaciones de la capacidad creativa

Documental de 1992 sobre obra de Gobierno
de Rafael Hernández Colón

y de la capacidad productiva del pueblo de Puerto Rico", afirma. "Eso es lo que nos lleva a sentir que como pueblo tenemos la capacidad para proponernos grandes metas en el futuro. Y esa realización interna, es para mí, lo más importante que hemos logrado en esta administración."[236]

A través de sus reflexiones y las de terceros, el documental adentra en sus mayores logros —sin gráficas ni tablas, como recomendó Napolitan. Discute la reforma de educación con la secretaria de Educación, Celeste Benítez. Expone los avances en infraestructura con carreteras de costa a costa, carreteras que atraviesan montañas y la construcción inconclusa del puente Teodoro Moscoso con el secretario de Transportación y Obras Públicas, Hermenegildo Ortiz. Narra la lucha por defender la 936 con Richard Carrión, las gestiones en pro del olimpismo con German Rieckehoff, el proceso plebiscitario del 89–91 con el senador J. Bennett Johnston. También abunda sobre su trabajo a favor de los puertorriqueños en Estados Unidos con la congresista Nydia Velázquez; las mejoras en Salud y la construcción del Centro Cardiovascular con el Dr. Raúl García Rinaldi; y la autonomía municipal y descentralización con el alcalde penepé de Guaynabo, Alejandro *Junior* Cruz. Resume las luchas por mejorar la vivienda pública y las obras relacionadas al Quinto Centenario, la ley del español, el Pabellón de Sevilla, las relaciones internacionales, la apertura al mundo y la coordinación económica con los demás países del Caribe —resaltada nada menos que por el expresidente Ronald Reagan.[237]

El documental concluye con terceros describiendo al gobernador como líder y ser humano. "Hernández Colón es un hombre que está lanzado hacia el futuro", afirma Benítez. "Hernández Colón le dio credibilidad a Puerto Rico", sostiene Rieckehoff. La obra fílmica destaca elogios anteriores hacia el gobernador del presidente español Felipe González, el vicepresidente electo Al Gore y el senador Ted Kennedy. Todos resaltan su inteligencia, compromiso y confianza en el pueblo puertorriqueño.

Al terminar el documental, la cámara vuelve a enfocarse en Hernández Colón. Meciéndose en un sillón de una terraza, con vestimenta casual y la brisa soplándole el rostro, el gobernador cierra el documental con su testamento público: "yo quisiera ser recordado, no por nada en particular, sino como una persona que tuvo y tiene una gran fe en la capacidad del pueblo puertorriqueño".[238]

Con la banda de la Congregación Mita en la Expo 92 en Sevilla
(23 de junio de 1992)

NOTAS

La gran mayoría de los materiales citados, incluyendo recortes de periódicos, están disponibles en el archivo de la Fundación Rafael Hernández Colón (FRHC). Los mensajes del exgobernador están disponibles en la página web: www.rafaelhernandezcolon.org. Todas las notas de la introducción y la primera parte son de Hernández Colón, salvo que se indique lo contrario con "Nota del editor". Las imágenes son del archivo de la FRHC. Hernández Colón no proveyó citas para cada dato de manera consistente; sin embargo, obtuvo gran parte de los datos del *Informe a la Undécima Asamblea Legislativa en su Séptima Sesión Ordinaria* (1992), que está disponible en la FRHC. En algunas citas, se hicieron cambios tipográficos insignificantes para corregir errores y asegurar uniformidad de estilo. Cuando varios hechos o varias citas corridas provienen de la misma fuente, se colocó una sola nota al final del párrafo para simplificar la lectura, conforme a las reglas del *Chicago Manual of Style*. La traducción al español de documentos en inglés son del autor y/o el editor.

1   Federico Hernández Denton, "El derecho: su mayor pasión", en *Hombre sin final: Testimonios sobre Rafael Hernández Colón* (Ponce: FRHC, 2019), 75.

2   Jaime Benítez, prólogo de *Luis Muñoz Marín, Memorias, Autobiografía Pública, 1898–1940* (Fundación Luis Muñoz Marín, 2003), 14.

3   Juan Agosto Alicea, *Crisis: Al borde de la quiebra* (2011), 137–138.

4   Jay Fonseca, *Banquete Total* (San Juan: Sinónimo Inc., 2013), 9.

5   Sila M. Calderón, "Un hombre excepcional", en *Hombre sin final: Testimonios sobre Rafael Hernández Colón* (Ponce: FRHC, 2019), 57.

6   Nelson Gabriel Berríos, "Espaldarazo pipiolo", *El Nuevo Día*, 3 de enero de 1992.

7   Eduardo Villanueva, "En memoria justa de Rafael Hernández Colón", en *Hombre sin final: Testimonios sobre Rafael Hernández Colón* (Ponce: FRHC, 2019), 200.

8   Rubén Berríos, "Figura fundamental", en *Hombre sin final: Testimonios sobre Rafael Hernández Colón* (Ponce: FRHC, 2019), 121.

9 RHC, "Prólogo", en *La nación de siglo a siglo y otros ensayos* (1998), 15.

10 A. W. Maldonado, "Buscando al verdadero Hernández Colón", en *Hombre sin final: Testimonios sobre Rafael Hernández Colón* (Ponce: FRHC, 2019), 212.

11 Sobre la Ley PROMESA, véase RHC, "The Evolution of Democratic Governance Under the Territorial Clause of the U.S. Constitution", L *Suffolk University Law Review* 587–619 (2017).

12 RHC, *La Nueva Tesis* (1979), 58–59.

13 RHC, "Mensaje inaugural" (San Juan, PR, 2 de enero de 1985).

14 RHC, "Mensaje inaugural".

15 RHC, "Mensaje inaugural".

16 RHC, "Mensaje inaugural".

17 RHC, "Mensaje inaugural".

18 RHC, "Mensaje inaugural".

19 El edificio histórico situado en el perímetro de La Fortaleza donde ubican las oficinas de los ayudantes del gobernador.

20 Héctor Rivera Cruz, secretario de Justicia; Juan Agosto Alicea, secretario de Hacienda; Awilda Aponte Roque, secretaria de Instrucción; Juan Manuel Rivera, secretario del Trabajo y Recursos Humanos; Luis Izquierdo Mora, secretario de Salud; Antonio González Chapel, secretario de Agricultura; Darío Hernández, secretario de Transportación y Obras Públicas, Atilano Cordero Badillo, secretario de Comercio; Carmen Sonia Zayas, secretaria de Servicios Sociales; Jaime Torres Gaztambide, secretario de Vivienda; Antonio J. Colorado, administrador de Fomento Económico; Miguel A. Domenech, director ejecutivo de la Compañía de Fomento del Turismo; Miguel Lausell, presidente de la Autoridad de Teléfonos; Esteban Dávila, director ejecutivo de la Autoridad de las Navieras de Puerto Rico; Guillermo Mojica, director de la Oficina Central de Administración de Personal; Mario Prieto Batista, presidente y gerente general de la Autoridad Metropolitana de Autobuses; Ariel Nazario, director de la Administración de Compensaciones de Accidentes Automovilísticos; Mariano Artau, administrador de Deporte Hípico; Enrique (Chino) González, presidente de la Comisión de Derechos Civiles; Santos Rohena Betancourt, presidente de la Junta de Calidad Ambiental; José A. Ortiz Daliot, administrador de Asuntos Federales en Washington, D.C.; Lionel Motta, administrador de Reglamentos y Permisos; Ángel M. Almodóvar, presidente de la Comisión de Servicio Público.

21 En el segundo tomo de estas Memorias, *Contra Viento y Marea*, se encuentra el relato de cómo se logró la Sección 936.

22 "Ferré acepta encomienda de RHC", *El Vocero*, 27 de febrero de 1985.

23 "Treasury's proposal to repeal the possessions tax credit (Section 936) is unwarranted and would produce disastrous results for both Puerto Rico and the United States." U.S. Department of the Treasury, *A Report to the Secretary of The Treasury of the United States, The Honorable James A. Baker*, 1985.

24 Ronald Reagan, "Remarks at the Annual Conference of the Council of the Americas" (Washington, D.C., 21 de mayo de 1985), https://www.reaganlibrary.gov/research/speeches/52185g.

25 RHC, "Mensaje televisado sobre seguridad pública y corrupción" (San Juan, PR, 30 de mayo de 1985).

26 RHC a James A. Baker, 3 de septiembre de 1985, FRHC.

27 Ronald Reagan, "Remarks to Citizens in St. George's, Grenada" (Queens Park, Grenada, 20 de febrero de 1986), https://www.reaganlibrary.gov/research/speeches/22086a.

28 Ronald Reagan, "Remarks on Signing the Tax Reform Act of 1986" (Washington, D.C., 22 de octubre de 1985), https://www.reaganlibrary.gov/research/speeches/102286a.

29 RHC, "Mensaje del Gobernador del Estado Libre Asociado de Puerto Rico, Honorable Rafael Hernández Colón, en su programa 'Conversando con el pueblo'" (30 de octubre de 1986), FRHC.

30 Banco Gubernamental de Fomento, *Acelerando el Progreso* (1992), FRHC.

31 Junta de Planificación, *Informe Económico al Gobernador 1994* (febrero 1995), FRHC.

32 Junta de Planificación, *Informe Económico al Gobernador 1994*.

33 Banco Gubernamental de Fomento, *Innovación, Experienca y Solidez para Puerto Rico* (1992), FRHC.

34 Department of the Treasury of Puerto Rico, Banks of Financial Institution Bureau, *Consolidated Balance Sheet* (1985-1992), FRHC.

35 U.S. Department of Commerce, International Trade Administration, *Guide to Caribbean Basic Initiative* (November 2000), 11, http://www.sice.oas.org/TPD/USA_CBI/Studies/USITCcbi2000_e.pdf. Esta cifra cubre los desembolsos efectuados hasta el 1995, fecha en que se derogó la 936. Durante mi gestión se desembolsaron en promedio los $100 millones anuales que representaban mi compromiso inicial.

36 Political Risk Services llevó a cabo un estudio de evaluación de 85 países, entre ellos las potencias como Estados Unidos y Francia. Puerto Rico obtuvo la más alta calificación en los años 1991-1992. Nota del editor: el informe no está disponible. Hernández Colón lo citó en un mensaje que ofreció el 27 de junio de 1991 en la reunión para organizar los actos del 25 de julio en La Fortaleza, disponible en www.rafaelhernandezcolon.org.

37 Véase carta de Pedro Rosselló a Bill Archer, 15 de diciembre de 1995, FRHC.

38 Cuando escribo estas memorias en el 2018, el número de empleos que registra el Informe Económico al Gobernador de la Junta de Planificación indica que el total de empleos en Puerto Rico durante el año fiscal 2017 fue de 989,000. Al comparar esta cifra de empleos con la de 999,000 de mi último año fiscal podemos apreciar los efectos dramáticos de la entrega de la 936 y la

recesión que esto causó. En 24 años se registra un crecimiento negativo en el total de empleos en el país.

39   Además de Borrero y Paracchini, la delegación del sector privado incluía a Héctor Ledesma, del Banco Popular, Sergio Camero, de Manufacturers Trust Insurance Company, Ángel Collado Schwarz, de Badillo/Compton, Inc., Luis Romero, de CODECOM, Rubén Vélez Lebrón, de Rexach Construction Company, Inc., Richard Copaken, de Covington & Burling, Javier Uribe, de Merrill Lynch Government Securities of Puerto Rico, S.A., Steve Morgan, de Merrill Lynch Government Securities of Puerto Rico, S.A., Higinio Bartolomé, de Citicorp Investment Bank, Luis Zapata, de Citibank Institutional Bank Group.

40   Proposed Income Tax Convention Between Japan and the Commonwealth of Puerto Rico, 14 de marzo de 1985, FRHC.

41   RHC, "Testimony of Governor Rafael Hernández Colón Before the House Committee on Interior and Insular Affairs" (Washington, D.C., 17 de julio de 1986), FRHC.

42   Sobre la capacidad legal de Puerto Rico para llevar a cabo convenios internacionales, véase Duncan B. Hollis, "Why State Consent Still Matters: Non-State Actors, Treaties, and the Changing Sources of International Law", 23 *Berkeley Journal of International Law* 137–154 (2005). En el mismo se menciona el testimonio de Kozak.

43   La carta fue reproducida en el *San Juan Star*. Véase Deborah Ramírez, "Shultz denies P.R. request for tax treaty with Japan", *San Juan Star*, 27 de diciembre de 1986.

44   1985: Dos Acuerdos: Acuerdo entre Costa Rica y Puerto Rico, 21 de octubre; Acuerdo final reunión Comisión Dominico-Puertorriqueña, 2 de julio.

1986: Dos Acuerdos: Acuerdo Cooperación San Martín, Antillas Holandesas y Puerto Rico, 13 de febrero; Convenio Preservación Histórica entre Instituto Cooperación Iberoamericana y la Oficina de Preservación Histórica, 16 de octubre.

1987: Tres Acuerdos: Plan conjunto de Acción Cultural entre la República Argentina y el Estado Libre Asociado de Puerto Rico, 13 de agosto; Acuerdo Intergubernamental entre República de Costa Rica y el Estado Libre Asociado de Puerto Rico, 10 de marzo; Acuerdo Intergubernamental entre el Estado Libre Asociado de Puerto Rico y República Guatemala, 13 marzo.

1989: Dos Acuerdos: Protocolo Anejo al Convenio de cooperación entre el Gobierno de España y el Gobierno de Puerto Rico para obras Centro Histórico de Ponce, 12 de diciembre; Convenio entre Instituto de Cultura Puertorriqueña y Oficina de Preservación Histórica, en representación del Estado Libre Asociado de Puerto Rico y Agencia Española de Cooperación Internacional y la Comisión del Quinto Centenario de España, 22 de marzo.

1990: Siete Acuerdos: Acuerdo de intercambio y cooperación técnica y ayuda mutua entre Brasil y Puerto Rico; Protocolo Anejo al Convenio de cooperación entre el Instituto de Cooperación Iberoamericana y el Instituto de Cultura Puertorriqueña, en representación del Estado Libre Asociado de Puerto Rico, para obras en Centro Histórico de Ponce, 7 de diciembre; Memorandum of Understanding for Jamaica and Puerto Rico Partnership for Technology Promotion, 19 de octubre; Acuerdo entre el Instituto de Cultura Puertorriqueña y el Subsecretario Regional de Artesanías y Artes Populares, Organización de los Estados Americanos, 6 de febrero; Acuerdo de Cooperación técnica y financiera entre el Consejo Promotor de Inversiones de la República Dominicana y Administración de Fomento Económico, 28 de noviembre; Acuerdo de Cooperación en la Industria de las Telecomunicaciones entre República Dominicana y el Estado Libre Asociado de Puerto Rico, 22 de junio; Acuerdos de Cooperación e Intercambio de Proyectos y Actividades de la Comisión Dominicana Permanente para la Celebración del Quinto Centenario del Descubrimiento y Evangelización de América, y la Comisión Puertorriqueña para la Celebración del Quinto Centenario del Descubrimiento de América y Puerto Rico, 28 de febrero.

1991: Seis Acuerdos: Acuerdo institucional de cooperación técnica entre el Ministerio de Cultura, Juventud y Deportes de la República de Costa Rica, y el Departamento de Recreación y Deportes, 16 de abril; Acuerdo institucional de cooperación técnica e intercambio deportivo entre el Ministerio de Educación de la República de El Salvador y el Departamento de Recreación y Deportes de Puerto Rico, 20 de abril; Tercer Protocolo Anejo al Convenio de Cooperación entre la Agencia Española de Cooperación Internacional y la Comisión Española del Quinto Centenario y el Instituto de Cultura Puertorriqueña, para obras en el Centro Histórico de Ponce; Convenio de Cooperación y Asistencia Técnica en Materia Deportiva y Recreación entre la Secretaría de Deportes de Puerto Rico, el Ministerio de Cultura y Deportes de Guatemala, la Confederación Deportiva Autónoma de Guatemala y el Comité Olímpico Guatemalteco, 18 de abril; Acuerdo entre los Gobiernos de los países miembros de la OECO y el Estado Libre Asociado de Puerto Rico sobre comercio, inversiones y cooperación, 12 de septiembre; Acuerdo internacional de cooperación técnica e intercambio deportivo entre el Instituto Nicaragüense de Deportes de Nicaragua y el Departamento de Recreación y Deportes de Puerto Rico, 22 de abril.

1992: Se firmaron o se dio seguimiento a los acuerdos con: Organización de Estados del Caribe Oriental, República de Nicaragua, Departamento de Comercio Federal, República de Honduras, República de El Salvador, República de Guatemala, República de Costa Rica, Agencia Española de Cooperación Internacional, República de Jamaica.

Nota del editor: La lista de acuerdos que preparó Hernández Colón provino del informe de transición que presentó el Departamento de Estado en 1992, disponible en la FRHC.

45   Ingreso en organismos regionales e internacionales. Los ingresos han sido endosados por el Gobierno de Estados Unidos. Comisión Económica para América Latina y el Caribe (CEPAL), Caribbean Development and Cooperation Committee (CDCC), Comunidad Caribeña (CARICOM), Organización de las

Naciones Unidas para la Agricultura y la Alimentación (FAO), Organización Mundial de la Salud (OMS), Organización Panamericana de la Salud (OPS).

Nota del editor: La lista que preparó Hernández Colón provino del informe de transición que presentó el Departamento de Estado en 1992, disponible en la FRHC.

46 Durante los años de 1985 a 1992 tuve un grupo de asesores de primer orden en Fortaleza. Estos fueron: Oscar Rodríguez, quien comenzó como asesor y asumió la Secretaría de la Gobernación en 1990, Dolores Rodríguez de Oronoz, José M. Berrocal Fernández, Aníbal Acevedo Vilá, Liana Fiol, Eduardo Bhatia, Antonio García Padilla, Amadeo Francis, José Alonso García, Mario S. Rodríguez González, Fernando Lloveras, Jorge Pérez Díaz, Elba Rosa Rodríguez Fuentes, Luis Rivera Cabrera, Hiram Sánchez Martínez, Juan M. González Lamela, Ketty Medina, Bruno Cortés, Ángel Rivera Rodríguez, José Martínez Laboy, Luis Negrón Portillo, Maribel Rabell, Julia Milagros García Ríos, Irving Faccio, Evaristo Eleutice, Olga Cruz de Nigaglioni, José Raúl Ramírez, César Cordero y César Nazario. En otras capacidades me ayudaron: Jesús M. Otegui, Daniel Vélez Rodríguez, Eligio Caraballo Correa, María Esther Julbe, Ruth Fernández y María Casanova.

47 Matilde Rodríguez Marrero, "Adiestramiento en el servicio público de Puerto Rico, 1985 al 1991" (tesis de maestría, Universidad de Puerto Rico, 1992), 70, 92. Ver también RHC, "Mensaje ante la Conferencia de Reconceptualización del Servicio Público" (Fundación Luis Muñoz Marín, Trujillo Alto, PR, 20 de septiembre de 1990).

48 Ley 170-1988, 3 L.P.R.A.§ 2101.

49 Junta de Planificación, *Informe Económico al Gobernador 1994*.

50 Departamento de Hacienda, *Informe de Comité de Transición* (1992), FRHC.

51 Departamento de Hacienda, *Informe de Comité de Transición* (1992).

52 Banco Gubernamental de Fomento, *Innovación, Experienca y Solidez para Puerto Rico*.

53 Véase RHC, *Retos y Luchas* (1991), 22.

54 Boletín Administrativo No. 4564-A (29 de octubre de 1985).

55 Boletín Administrativo No. 5341A (21 de abril de 1989).

56 RHC, "Mensaje en ocasión del trigésimo noveno aniversario del Estado Libre Asociado" (Vega Alta, PR, 25 de julio de 1991).

57 RHC, "Mensaje en la Séptima Asamblea de la Asociación de Alcaldes de Puerto Rico" (Dorado, PR, 30 de agosto de 1991).

58 Véase RHC, "Mensaje Congreso de Legisladores Municipales" (San Juan, PR, 24 de abril de 2018).

59 El dato de puertorriqueños en Puerto Rico corresponde al Informe Económico al Gobernador del 1991 y el de puertorriqueños en Estados Unidos corresponde al Informe del Censo.

60 El dato del puertorriqueño en Puerto Rico corresponde al 2017 según el Instituto de Estadísticas y el de los puertorriqueños en los Estados Unidos al

2015, el último dato disponible a la fecha en que escribo estas memorias es del Pew Research Center.

61 Sobre estos incidentes véase RHC, *Contra Viento y Marea* (2014), 428.

62 Véase *Contra Viento y Marea*, 375–376 sobre mi intervención para el nombramiento de este Gran Jurado.

63 *In re Colton Fontán*, 128 D.P.R. 1 (1991).

64 Véase Sila M. Calderón a RHC, "Informe Dash", 11 de marzo de 1986, FRHC; Samuel Dash, *Report on Proposed Domestic Security/Terrorism Program*, s.f., FRHC.

65 Boletín Administrativo Núm. 4970-A (21 de julio de 1987).

66 RHC, "Mensaje sobre las listas" (San Juan, PR, 3 de agosto de 1987), FRHC.

67 RHC, "Mensaje sobre las listas".

68 RHC, "Mensaje con motivo de la inauguración de la restauración de la Casa de la Masacre en Ponce" (Ponce, PR, 22 de marzo de 1992).

69 *In re Colton Fontán*, 128 D.P.R. 1 (1991).

70 Ley 2-1988, 3 L.P.R.A. § 99h.

71 Véase Ley 2-2012.

72 KLCE201701488 (15 de marzo de 2018). Nota del editor: La sentencia del Tribunal de Apelaciones fue revocada por el Tribunal Supremo de Puerto Rico el 31 de julio de 2020. *Pueblo v. Muñoz Noya*, 2020 TSPR 76 (2020).

73 Administración del Hon. Rafael Hernández Colón, *Informe a la Undécima Asamblea Legislativa en su Séptima Sesión Ordinaria: Seguridad* (1992), FRHC.

74 Boletín Administrativo No. 4645-B (18 de abril de 1986); véase también *Informe Seguridad*.

75 *Informe Seguridad*.

76 Administración del Hon. Rafael Hernández Colón, *Informe a la Undécima Asamblea Legislativa en su Séptima Sesión Ordinaria: Educación* (1992), FRHC. Este informe cumplió con el compromiso del gobernador hecho a la Asamblea Legislativa en su mensaje del Estado del País de 1992 indicando que dicho mensaje solo contenía un apretado resumen de la obra realizada a partir de 1985 en las diversas áreas de gobierno y que sometería un informe extenso por escrito el cual vino a ser el informe que aquí se cita. Nota del editor: Todos los datos provistos sobre logros en el área de educación provienen de este informe.

77 Véase la exposición de motivos de la Ley 85-2018.

78 Una de las cosas que están por verse es si se puede superar la politización dentro del Departamento. En mi opinión convendría adoptar, no solo para el Departamento sino para todo el Gobierno, una ley como la Ley Hatch del Gobierno federal que prohíbe el activismo político de los empleados públicos.

79   Comisión de Gobierno, Comisión de Salud y Bienestar, Comisión de Hacienda de la Cámara de Representantes, P. de la C. 937, Informe Conjunto (1986).

80   RHC, "Mensaje en la inauguración del Centro Cardiovascular de Puerto Rico y del Caribe" (Río Piedras, PR, 18 de agosto de 1992).

81   Véase RHC, *Contra Viento y Marea* (2014), 422.

82   Departamento de Servicios Sociales, *Plan de visitas a 76,427 familias en sectores geográficos identificados como pobreza extrema* (s.f.), FRHC.

83   Departamento de Servicios Sociales, *Programa de rehabilitación económica y social* (s.f.), FRHC.

84   Lory Polanco a María Cristina, "Desahogo", s.f., FRHC.

85   Administración del Hon. Rafael Hernández Colón, *Informe a la Undécima Asamblea Legislativa en su Séptima Sesión Ordinaria: Nuestra Gente* (1992), FRHC.

86   *Informe Nuestra Gente.*

87   RHC, "Mensaje televisado sobre la privatización de los residenciales públicos" (San Juan, PR, 6 de mayo de 1992).

88   RHC, *Contra Viento y Marea* (2014), 179.

89   "A 25 años de Mameyes", *El Nuevo Día*, 3 de octubre de 2010.

90   RHC, "Mensaje especial sobre la reconstrucción de país luego del huracán Hugo" (San Juan, PR, 16 de octubre de 1989).

91   Héctor E. González, Sergio Camero, "Ahora, ¡Adelante!", *El Mundo*, 1 de octubre de 1989.

92   Dale la Mano a Puerto Rico, "Informe de Trabajo 1990–91", FRHC.

93   Manuel Luis Del Valle, de Bacardí, y Rubén Vélez Lebrón, de Rexach Construction, fueron copresidentes de Dale la Mano a Puerto Rico. Juan A. Cuyar fue su director ejecutivo. Los miembros de la Junta de Directores fueron: Manuel Fernández, Mario S. Belaval, Héctor Jiménez Juarbe, Ángel Blanco, Antonio J. Colorado, Enrique Cortés, Jorge Díaz, Pedro A. Galarza, Bartolomé Gamundi, Marisara Pont, Mario Roche, Luis Vigoreaux y Alberto M. Paracchini.

94   Dale la Mano a Puerto Rico, "Informe de Trabajo 1990–91", FRHC.

95   Véase RHC, *Contra Viento y Marea* (2014), 230.

96   En esta acepción, nacionalidad no debe confundirse con el concepto de ciudadanía. Nacionalidad alude al concepto de pertenecer a una unidad histórico-cultural llamada nación.

97   El problema es compartir en forma permanente un *quantum* importante del poder político nacional de Estados Unidos, dos senadores, siete representantes, voto presidencial, con otra unidad histórico-cultural diferente cuyos valores nacionales pretenden afirmarse frente a los que sostiene la mayoría dominante en Estados Unidos.

98   RHC, *La Nueva Tesis* (1979), 67.

99   Pablo José Hernández Rivera, *Se acabó el evento: El debate entre Hernández Colón y Corrada del Río (Documental)*, 11 de septiembre de 2016, YouTube, 19:48, https://www.youtube.com/watch?v=aFzT8ogTbgg.

100 Hernández Rivera, *Se acabó el evento*. En la encuesta interna de julio de 1988, Hernández Colón aventajaba a Corrada 45% a 35%. Peter D. Hart Research Associates, Inc., "A Survey of Voter Attitudes in Puerto Rico", 9 de agosto de 1988, Archivo RHC Campañas y Encuestas, Colección Personal de Familia RHC.

101 Hernández Rivera, *Se acabó el evento*. En la encuesta interna de julio de 1988, Hernández Colón aventajaba a Corrada 45% a 35%. Peter D. Hart Research Associates, Inc., "A Survey of Voter Attitudes in Puerto Rico", 9 de agosto de 1988, Archivo RHC Campañas y Encuestas, Colección Personal de Familia RHC.

102 Historia Política, "Anuncios Elecciones 1988", 21 de junio de 1988, YouTube, 7:21, https://www.youtube.com/watch?v=SCsj963fa9M&t=85s.

103 RHC, "Mensaje en ocasión de la celebración del trigésimo sexto aniversario del ELA" (San Juan, PR, 25 de julio de 1988).

104 Joseph Napolitan, "Analysis of Results Island-wide Survey September 14–19, 1988", 23 de septiembre de 1988, Archivo RHC Campañas y Encuestas, Colección Personal de Familia RHC.

105 Peter D. Hart Research Associates, Inc., "A Survey of Voter Attitudes in Puerto Rico", 14 de octubre de 1988, Archivo RHC Campañas y Encuestas, Colección Personal de Familia RHC.

106 RHC, *Retos y luchas* (1991), 316.

107 Bienvenido Olavarría, "Para Corrada el debate", *El Mundo*, 3 de noviembre de 1988; Carlos Galarza, "Audience call-in poll says Corrada won debate", *San Juan Star*, 4 de noviembre de 1988.

108 United Press International, "Satisfecho Hdez. Colón con su papel", *El Nuevo Día*, 4 de noviembre de 1988.

109 Hernández Rivera, *Se acabó el evento*.

110 Hernández Rivera, *Se acabó el evento*.

111 Irene Garzón Fernández, "Una anécdota para historia", en *Hombre sin final: Testimonios sobre Rafael Hernández Colón* (Ponce: FRHC, 2019), 141.

112 Hernández Rivera, *Se acabó el evento*.

113 Hernández Rivera, *Se acabó el evento*.

114 Garzón Fernández, "Una anécdota para historia", 141.

115 Hernández Rivera, *Se acabó el evento*.

116 Hernández Rivera, *Se acabó el evento*.

117 Garzón Fernández, "Una anécdota para historia", 142.

118 A. Quiñones Calderón, "Calculada estrategia de RHC", *El Mundo*, 5 de noviembre de 1988.

119 Garzón Fernández, "Una anécdota para historia", 142.

120 Hernández Rivera, *Se acabó el evento*.

121 Hernández Rivera, *Se acabó el evento*.

122 RHC, *Retos y luchas*, 325.

123 A. W. Maldonado, "What happened to the PDP landslide?", *San Juan Star*, 10 de noviembre de 1988.

124 *El Nuevo Día*, 13 de noviembre de 1988.

125 "El esfuerzo de Corrada resultó tardío", *El Nuevo Día*, 13 de noviembre de 1988.

126 Francisco de Jesús Schuck, "Apuntes sobre la victoria del PPD", *El Mundo*, 17 de noviembre de 1988.

127 Joseph Napolitan a RHC, 12 de octubre de 1989, Archivo RHC Campañas y Encuestas, Colección Personal de Familia RHC.

128 Historia Política, "Documental Rafael Hernández Colón 1992", 11 de julio de 2012, YouTube, 48:06, https://youtu.be/6ynFINsliEE.

129 RHC, "Mensaje Especial" (San Juan, PR, 31 de enero de 1985).

130 José A. Castrodad, "Autonomía y dinero para el COPR", *El Nuevo Día*, 1 de febrero de 1985.

131 Ley 3-1985.

132 Joaquín Martínez-Rousset, *50 Años de Olimpismo* (San Juan: Editorial Edil, 2003), 181.

133 RHC, "Mensaje en la inauguración de la Escuela Secundaria Técnico-Deportiva del Albergue Olímpico" (Salinas, PR, 1 de septiembre de 1989).

134 RHC, "Mensaje en la ceremonia de premiación olímpica por excelencia deportiva" (San Juan, PR, 28 de diciembre de 1986).

135 Pepo García, "'Esto será cuesta arriba'", *El Nuevo Día*, 29 de diciembre de 1986.

136 Guillermo Baralt, *Historia de El Nuevo Día (1909–2000)* (San Juan: Publicaciones Puertorriqueñas, 2002), 495.

137 RHC, "Mensaje en conferencia de prensa sobre la Segunda Cumbre Iberoamericana y las Olimpiadas" (San Juan, PR, 4 de agosto de 1992).

138 RHC, "Mensaje en la inauguración de la Casa Olímpica" (San Juan, PR, 4 de diciembre de 1992).

139 Pepo García, "Corre rezagado el País rumbo al 2004", *El Nuevo Día*, 27 de noviembre de 1994.

140 RHC, "Mensaje sobre situación del país a la undécima asamblea legislativa en su séptima sesión ordinaria" (San Juan, PR, 9 de marzo de 1992).

141 Historia Política, "Documental Rafael Hernández Colón 1992".

142 Silvia Álvarez Curbelo, "Conversación en Ponce", en *La nación de siglo a siglo y otros ensayos* (1998), 139.

143 Álvarez Curbelo, 139.

144 RHC, "Mensaje sobre situación del país" (1992).

145 Historia Política, "Documental Rafael Hernández Colón 1992".

146 Rubén Arrieta, "Tras el saqueo la restauración", *El Nuevo Día*, 2 de mayo de 1986.

147 RHC, "Mensaje en la ceremonia de premiación a los diseñadores de la Plaza del Quinto Centenario y Estacionamiento del Barrio Ballajá" (San Juan, PR, 22 de octubre de 1986).

148 RHC, "Mensaje sobre situación del país" (1992).

149 RHC, "Mensaje en la colocación de la primera piedra de Plaza del Caribe" (Ponce, PR, 11 de abril de 1989).

150 RHC, "Mensaje en la inauguración de las calles restauradas de la Zona Histórica de Ponce" (Ponce, PR, 19 de noviembre de 1987).

151 RHC, "Mensaje ante la Cámara de Comercio de Ponce" (Ponce, PR, 21 de marzo de 1992).

152 RHC, "Mensaje ante la Cámara de Comercio de Ponce".

153 RHC, "Mensaje en la inauguración de las calles restauradas de la Zona Histórica de Ponce".

154 RHC, "Mensaje ante la Cámara de Comercio de Ponce".

155 RHC, "Mensaje ante la Cámara de Comercio de Ponce".

156 RHC, "Mensaje ante la Cámara de Comercio de Ponce".

157 RHC, "Mensaje ante la Cámara de Comercio de Ponce".

158 RHC, "Mensaje ante la Cámara de Comercio de Ponce".

159 RHC, "Mensaje de bienvenida al equipo campeón de Baloncesto Superior, los Leones de Ponce" (San Juan, PR, 25 de agosto de 1990).

160 RHC, "Mensaje con motivo de recibir a los campeones del Baloncesto Superior de 1992: los Leones de Ponce" (San Juan, PR, 2 de octubre de 1992).

161 RHC, "Sobre la Descentralización IV", en *Pensamientos y reflexiones de Rafael Hernández Colón*, ed. Neysa Rodríguez Deynes (Ponce: Fundación Biblioteca Rafael Hernández Colón, 2010), 133–134.

162 RHC, "Mensaje con motivo de la firma de la Orden Ejecutiva que aprueba el Plan de Ordenamiento Territorial de Ponce y la enmienda a la Ley de Municipios Autónomos" (Ponce, PR, 29 de octubre de 1992).

163 RHC, "Mensaje Plan de Ordenamiento Territorial de Ponce", 29 de octubre de 1992.

164 RHC, "Mensaje Plan de Ordenamiento Territorial de Ponce", 29 de octubre de 1992.

165 Véase RHC, "Mensaje Congreso de Legisladores Municipales" (San Juan, PR, 24 de abril de 2018).

166 RHC, "Mensaje en la inauguración de la segunda fase del soterrado en la Zona Histórica de Ponce" (Ponce, PR, 26 de octubre de 1988).

167 "Manifestación de simpatías", *El Nuevo Día*, 25 de mayo de 1987.

168 Bienvenido Olavarría, "Los soberanos llegan a la tierra puertorriqueña", *El Nuevo Día*, 25 de mayo de 1987.

169 Luis Rafael Matos, "El Rey queda impresionado con El Morro", *El Mundo*, 26 de mayo de 1987.

170 Nydia Bauzá, "'La huella hispánica sigue viva en Puerto Rico'", *El Reportero*, 26 de mayo de 1987.

171 Rita Iris Pérez Soto, "Regresarán a celebrar el descubrimiento", *El Reportero*, 27 de mayo de 1987.

172 Samuel René Quiñones, "'Hasta luego' entre abrazos y besos", *El Reportero*, 27 de mayo de 1987.

173 RHC a Su Majestad Juan Carlos I, 2 de junio de 1987, FRHC.

174   "España y Puerto Rico", editorial, *El Vocero*, 1 de junio de 1987.

175   RHC, "Mensaje con motivo de su visita a Ribadesella" (Asturias, España, 17 de octubre de 1991).

176   RHC, "Mensaje en ocasión de la firma del proyecto de ley que declara el español como idioma oficial de Puerto Rico" (San Juan, PR, 5 de abril de 1991).

177   RHC, "Mensaje ley del español como idioma oficial".

178   RHC, "Mensaje ley del español como idioma oficial".

179   Entrevista de Pablo J. Hernández Rivera a RHC, San Juan, P.R., 25 de octubre de 2007.

180   Entrevista a RHC.

181   Jorge Luis Medina, "P.R. nominated for Spanish award", *San Juan Star*, 16 de abril de 1991.

182   Entrevista a RHC.

183   Entrevista a RHC.

184   "Discurso de don Felipe de Borbón", *La Voz Asturiana*, 19 de octubre de 1991.

185   Entrevista a RHC.

186   Dayani Centeno, "Puerto Rico en la Expo '92", *Diálogo*, febrero de 1992, 13.

187   Álvarez Curbelo, 139–141.

188   Fundación Rafael Hernández Colón, "Pelicula de Puerto Rico Sevilla 92", 20 de abril de 2017, YouTube, 17:40, https://www.youtube.com/watch?v=KC-8gnav4mU.

189   RHC, "Mensaje con motivo del cierre de la Exposición Universal Sevilla 92" (Sevilla, España, 12 de octubre de 1992).

190   Nilka Estrada Resto, "Encantados con el pedacito de Borinquen", *El Nuevo Día*, 21 de abril de 1992.

191   Raymond Sokolov, "Expo '92: We Missed the Boat", *Wall Street Journal*, 17 de abril de 1992.

192   Nilka Estrada Resto, "Resaltan la exposición gráfica en Sevilla", *El Nuevo Día*.

193   María Bird Picó, "Visit to Expo changes skeptics' minds", *San Juan Star*, 5 de julio de 1992.

194   María Bird Picó, "P.R. pavilion – a $17 million gamble", *San Juan Star*, 6 de julio de 1992.

195   María Bird Picó, "Zaga joins the big leagues", *San Juan Star*, 18 de mayo de 1992.

196   Nydia Bauzá, "Dan últimos toques a film para Pabellón", *El Vocero*, 30 de marzo de 1992.

197   Álvarez Curbelo, "Conversación en Ponce", 140.

198   María de Lourdes Seijo, "Cuéntame de La Gran Regata Colón 92", *El Mundo*, 19 de agosto de 1990.

199 Waldo D. Covas Quevedo, "Lazos entre los hombres del océano", *El Nuevo Día*, 25 de mayo de 1992.

200 Luis García de la Noceda, "244 embarcaciones en Regata Colón '92", *El Vocero*, 21 de marzo de 1992.

201 Marvin Fonseca, "A 2,400 millas de la Isla los veleros de la Colón", *El Nuevo Día*, 20 de mayo de 1992.

202 "2 mil policías para Gran Regata", *El Vocero*, 23 de mayo de 1992.

203 "P.R. puts best face forward", *San Juan Star*, 25 de mayo de 1992.

204 Waldo D. Covas Quevedo, "Velas al viento en tributo a Puerto Rico", *El Nuevo Día*, 26 de mayo de 1992.

205 Waldo D. Covas Quevedo, "Tráfico incesante por mar y tierra", *El Nuevo Día*, 9 de junio de 1992.

206 Aixa M. Pascual Amadeo, "Copados los hoteles por los turistas del patio", *El Nuevo Día*, 9 de junio de 1992.

207 Karl Ross, "Paradise of Sails a majestic sight", *San Juan Star*, 15 de junio de 1992.

208 Historia Política, "Documental Rafael Hernández Colón 1992".

209 Robert Friedman, "Island pride surfaced", *San Juan Star*, 15 de junio de 1992.

210 Samuel Cherson, "Orgullo boricua en Sevilla", *El Nuevo Día*, 24 de junio de 1992.

211 Paloma Usera, "Sevilla al día", *El Nuevo Día*, 5 de julio de 1992.

212 María Bird Picó, "Puerto Ricans show Seville how to throw a party", *San Juan Star*, 26 de junio de 1992.

213 Paloma Usera, "Sevilla al día", *El Nuevo Día*, 5 de julio de 1992.

214 Oficina del Gobernador, comunicado de prensa, 5 de julio de 1992, FRHC.

215 RHC, "Mensaje Cierre Exposición Sevilla".

216 Historia Política, "Documental Rafael Hernández Colón 1992".

217 Fundación Rafael Hernández Colón, "Pelicula de Puerto Rico Sevilla 92".

218 Andrea Martínez, "Abandona la vida pública", *El Nuevo Día*, 3 de enero de 1992.

219 RHC, "Mensaje de año nuevo" (San Juan, PR, 2 de enero de 1992).

220 Nydia Bauzá, "Rafael Hernández Colón, un exgobernador de lo más ocupado", *Primera Hora*, 12 de agosto de 2017, https://www.primerahora.com/noticias/gobierno-politica/notas/rafael-hernandez-colon-un-exgobernador-de-lo-mas-ocupado/.

221 Andrea Martínez, "Alejado del escenario político el Gobernador", *El Nuevo Día*, 29 de abril de 1992.

222 Andrew Viglucci, "Early indications", *San Juan Star*, 5 de enero de 1992.

223 A. W. Maldonado, "Hernández Colón's withdrawal", *San Juan Star*, 5 de enero de 1992.

224 P.J. Ortiz, "La Fortaleza staff disheartened", *San Juan Star*, 4 de enero de 1992.

225 Nelson Gabriel Berríos, "Espaldarazo pipiolo", *El Nuevo Día*, 3 de enero de 1992.

226 María Judith Luciano, "Rosselló felicita a 'Melo'", *El Nuevo Día*, 3 de enero de 1992.

227 "Ferré elogia decisión", *El Vocero*, 4 de enero de 1992.

228 Pedro Rosselló, *A mi manera* (San Juan: Sistema Universitario Ana G. Méndez, 2012), 1:43.

229 Joseph Napolitan a Victoria Muñoz Mendoza, "Rafael's Role", 14 de octubre de 1992, FRHC. La versión en posesión del archivo contiene anotaciones de Hernández Colón.

230 Joseph Napolitan a RHC, "Ideas for your television talk on behalf of Victoria", 14 de octubre de 1992, FRHC.

231 Napolitan a Muñoz Mendoza, 14 de octubre de 1992.

232 Andrea Martínez, "Pregonan las virtudes populares", *El Nuevo Día*, 2 de noviembre de 1992.

233 Joseph Napolitan a RHC, "Aftermath of the elections", 4 de noviembre de 1992, FRHC.

234 Joseph Napolitan a RHC, "Concepts for the post-election film", 12 de agosto de 1992, FRHC.

235 Napolitan a RHC, "Aftermath of the elections".

236 Historia Política, "Documental Rafael Hernández Colón 1992".

237 Historia Política, "Documental Rafael Hernández Colón 1992".

238 Historia Política, "Documental Rafael Hernández Colón 1992".

ÍNDICE

Secretarios de departamento y jefes de agencia (1988)

Made in the USA
Middletown, DE
23 October 2021